子どもの生活を支える
家庭支援論

小野澤昇／田中利則／大塚良一
[編著]

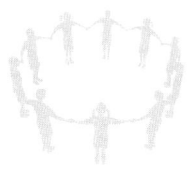

ミネルヴァ書房

はじめに

　学生が専門学校や短期大学，4年制大学などの保育士養成機関で保育士の国家資格を取得し，保育士として保育所に着任する際に，最も負担になり気がかりなのは，家庭との関係形成や相談支援の実践ではないかと思われる。
　たとえ養成機関で保育相談支援や相談支援について座学として学んだとしても，たいして保育実践の場では役に立つことはない（直接「役立っている」という実感が持ちにくい）という現状がこれらの背景にはあるのではないかと推察される。
　ましてや社会福祉士や精神保健福祉士の養成課程のように，相談支援や家庭支援に関するカリキュラムは保育実習や教育実習の中では行われていないことから，学生が二の足を踏むのもやむを得ないことである。
　しかし，その一方で保育所や幼稚園，あるいは他の児童福祉施設では，家庭を支援する意識づけや基本的な知識や技術を身につけてから着任してほしいという経営者サイドの希望があることも事実である。この背景にあるのは，多くの保護者が子育て不安や虐待不安も持ちやすい状況に置かれているからではないのであろうか。保護者は，育児に関する情報が溢れているにもかかわらず「孤独」なのである。
　相談支援という分野を遂行するためには，科学的な知識や技術を身につけると同時に，スーパーバイザー（相談支援の専門家）にアドバイスを受けながら相当数の臨床経験（相談支援の実践）を経なければ，なかなか容易にできるものではない。したがって，新任職員や経験の浅い職員にとっては，気が重い業務になりやすいのは致し方ないことである。
　保育士として勤務し始めると，担当する乳幼児を介して，多様な考え方や価値意識を持つ保護者とかかわることになる。三世代が同居している家庭がある。両親と子どもで暮らしている家庭もある。そして，父親あるいは母親のどちらかと子どもが力を合わせて家庭を維持している家庭もある。加えて，里親と子

どもで懸命につくり上げている家庭もあるかも知れない。それぞれ家庭の状況は画一ではない。やはり，収入や生活環境，家庭の円満度に相違があるのは当然のことである。あえて言うならば，乳幼児を育てる過程において，それぞれの家庭は大なり小なり気苦労や悩みを抱えている事態があるのは一様(いちよう)である。

　これらの理由から，保育士は多彩な家庭とかかわる能力を，相談支援を行う際に，最初に問われる。また，たしかな保育知識や技術，社会力，そして，ネットワークの創造が期待される。加えて，いかなる家庭の子どもや保護者が相談に来ても，自由自在に相談支援のスタイルを可変できる柔軟性や多様性は必要不可欠とされる。

　それゆえに，本書は，保育実践に活用できることを意識して章立てを行っている。具体的には，各章ごとに，コラムや事例，エピソード，演習問題を挟みながら，学生に受け入れやすいことを念頭に置いた構成を行っている。また，可能な限り，現実に近い事例や状況，課題などを意識して論じるよう心がけている。そして，家庭支援に必要な知識や技術についての情報を提示しながらも，児童家庭福祉や社会福祉，社会的養護，社会的養護内容などの関連科目と内容がなるべく重なり合わないように配慮している。

　これまでの「家族支援論」から「家庭支援論」に科目名が変わったが，これは単に科目名を変えただけではない。家庭支援論に変更されたのは，子どもや親・家庭の相談支援について，地域を視野に入れた支援体制を実践することが求められることを，保育士が理解しやすくするためである。つまり，家庭の内向きのまとまりやカプセルをイメージしやすい「家族支援」から，地域社会における家庭支援を含めた形で活動領域が広がる印象を持ちやすい，あるいは，地域社会の社会資源がかかわりを持ちやすいイメージの「家庭支援」に名称を変更したのである。加えて，家庭の構成員を限定せず，いかなるメンバーが構成する家庭であっても同等の尊さを持つものであるという意味も含まれている。

　これらの理由から，家庭支援論では，保育相談支援論や相談支援論などの相談支援技術を活用しながら，児童家庭福祉，社会福祉などの科目で学んできた知識を上手に整理し，かつ適切に活用しながら，各家庭を支える総合的な支援

　　　　　　　　　　　　　　　　　　　　　　　　　　はじめに

力を身につけることを目的として学ぶことになる。
　その意味では，家庭支援論の教科学習は，保育士になる人間としてばかりではなく，将来，母親になる，あるいは父親になるための一助となる機会であると思う。加えて，家庭支援論における教科学習を通じて，将来，自分がつくる家庭のイメージづくりに役立つものになれば幸いである。

　2013年4月

　　　　　　　　　　　　　　　　　　　　　　　　　　　　　　編著者

子どもの生活を支える
家庭支援論

目　　次

はじめに

第1章　現代社会と家庭 …………………………………………… *1*

第1節　現代社会の状況　*1*

第2節　家庭の形態と内容，質の変化　*6*

第3節　現代の家庭における人間関係　*10*

第4節　地域社会の変容と家庭支援　*14*

第5節　男女共同参画社会とワーク・ライフ・バランス　*17*

第6節　現代社会が抱える家庭と子どもの問題　*19*

第2章　家庭支援の意義と役割 …………………………………… *24*

第1節　家庭支援の意義　*24*

（1）家庭支援の目的　*24*

（2）欧米における家庭支援　*25*

（3）わが国における家庭支援の変遷　*26*

（4）現代における家庭支援の必要性　*27*

第2節　家庭支援の機能　*28*

（1）家庭の機能　*28*

（2）家庭支援の機能　*29*

（3）「家庭」と「個人」　*29*

（4）家族のライフサイクルと家庭支援　*30*

（5）家族政策としての家庭支援　*32*

第3節　家庭支援の構成要素と展開　*32*

（1）家庭支援の構成要素　*32*

（2）家庭支援の展開過程　*36*

第4節　家庭支援の原理・原則　*40*

（1）家庭支援と相談援助技術の原理・原則　*40*

（2）家庭支援の実践にあたっての倫理と価値観　*44*

目　次

第3章　家庭支援と法制度 …………………………………………… 48

第1節　家庭全体を支援することを目的とした場合に有効な法制度　50
  （1）児童福祉法　50
  （2）子育てに関連した経済的な支援制度　53
  （3）生活保護制度　57
  （4）民　法　59
  （5）介護保険制度　61
  （6）育児や介護のための休業制度　63

第2節　保護者（家族）を中心とした支援を行う場合に有効な法制度　64
  （1）母子及び寡婦福祉法　64
  （2）母子保健法　66
  （3）配偶者からの暴力の防止及び被害者の保護に関する法律　67

第3節　主に子どもを対象とした支援を行う場合に有効な法制度　68
  （1）児童虐待の防止等に関する法律　69
  （2）少年法　71
  （3）子どもが教育を受けることを支援するための制度　72

第4章　家庭を支援する技術 …………………………………………… 74

第1節　家庭支援で活用される技術　74
  （1）支援を行う対象　75
  （2）家庭支援で活用される一般的な支援技術　76

第2節　子どもに対する相談支援技術　79
  （1）子どもが抱える悩みや問題　79
  （2）子ども支援で活用する技術の実際　80

第3節　家庭支援のために必要な相談技術　85
  （1）導入・情報収集　86
  （2）情報分析・事前評価と支援計画の作成　88
  （3）相談支援の遂行（介入）とその他の相談支援に関する役割　89
  （4）相談支援の結果の終結とフィードバック　91

第4節　柔軟な環境設定　91

第5節　心理を支援する技術　*92*

　（1）主体性の保障をする技術　*92*
　（2）親や家庭の問題を理解する技術　*93*
　（3）状況を判断する技術　*94*
　（4）共感する技術　*95*
　（5）支持する技術　*95*
　（6）意見・助言を伝達する技術　*96*

第6節　スーパービジョン　*97*

第5章　家庭支援の形態 …………………………………… *101*

第1節　家庭支援の方法と情報提供　*101*

　（1）家庭支援の方法　*102*

第2節　相談支援の方法と具体的展開　*103*

　（1）家庭に対する相談支援を行う際の視点　*103*
　（2）国の家庭支援へ向けての取り組み　*107*
　（3）地域子育て拠点支援事業について　*107*

第3節　訪問支援の意義と具体的展開　*110*

　（1）乳児家庭全戸訪問事業（こんにちは赤ちゃん事業）　*111*
　（2）養育支援訪問事業　*112*

第4節　通所支援の意義と具体的展開　*114*

　（1）児童相談所　*115*
　（2）家庭児童相談室での相談支援　*118*
　（3）児童福祉施設を利用した相談支援　*120*

第5節　入所支援の意義と具体的展開　*121*

第6節　地域における家庭支援　*123*

　（1）地域で安心して生活を送ることを支えるための施策　*123*
　（2）求められる地域の相談支援体制　*123*

第 6 章　家庭支援にかかわる社会資源 129

第 1 節　私的な家庭支援地域活動　129
　（1）自治会・町内会　130
　（2）児童委員（民生委員）・主任児童委員　132
　（3）親戚・商店・職場（企業等）　133
　（4）母親クラブ　136

第 2 節　公的な家庭支援相談機関　137
　（1）市町村　138
　（2）児童相談所　139
　（3）福祉事務所　143
　（4）家庭児童相談室　145
　（5）婦人相談所　145
　（6）保健所・市町村保健センター　146
　（7）社会福祉協議会　148
　（8）警察（生活安全課）　149
　（9）家庭裁判所　150
　（10）法テラス　152

第 7 章　子育て支援政策 156

第 1 節　子育て支援施策の歴史的展開　156
　（1）少子化の進行　156
　（2）子どもの権利条約　158
　（3）エンゼルプランと新エンゼルプラン　159
　（4）少子化対策プラスワン　162

第 2 節　待機児童ゼロ作戦　162
　（1）待機児童　162
　（2）緊急保育対策等 5 か年事業　164
　（3）待機児童ゼロ作戦　164
　（4）新待機児童ゼロ作戦　165
　（5）待機児童解消「先取り」プロジェクト　167

第 3 節　次世代育成支援　167
　（1）次世代育成支援対策推進法　168

（2）少子化社会対策基本法と少子化社会対策大綱　*168*
　　　（3）子ども・子育て応援プラン　*169*
　　　（4）新しい少子化対策　*169*
　　　（5）子どもと家族を応援する日本重点戦略　*170*
　　　（6）子ども・子育てビジョン　*170*
　　　（7）子ども・子育て新システム　*171*
　　第4節　子育て支援施策に対する評価・効果　*172*
　　　（1）子ども・子育てビジョンにかかわる点検・評価のための指標調査　*172*
　　第5節　子育て支援施策の課題　*179*

第8章　保育所の子育て支援機能　*183*

　　第1節　保育所における子育て支援機能　*183*
　　第2節　子どもとその保護者に対する支援　*185*
　　　（1）子どもに対する保育を通じての支援　*186*
　　　（2）子ども・保護者への相談支援　*188*
　　　（3）他機関へとつなげる支援　*191*
　　第3節　地域の子どもとその保護者に対する支援　*194*
　　　（1）保育所における地域住民との交流　*195*
　　　（2）子育てにかかわる相談　*197*
　　第4節　地域子育て支援センターの機能を活かす　*199*
　　　（1）親子の居場所を提供　*199*
　　　（2）保育講座・保育研修の開催　*200*
　　第5節　関係機関との連携　*205*
　　　（1）家庭支援における連携とは何か　*205*
　　　（2）家庭支援における連携の困難性　*207*
　　　（3）家庭支援における連携の課題　*209*
　　第6節　保育所における子育て支援の課題　*211*

第9章　保育所における子育て支援サービス……………………215

第1節　保育サービスの規制緩和　*215*
　　（1）公立保育所の民営化　*217*

第2節　多様な認可保育園に関するサービス　*225*
　　（1）通常保育事業　*226*
　　（2）乳児保育事業　*227*
　　（3）障害児保育事業　*228*
　　（4）延長保育事業　*229*
　　（5）病児・病後児保育事業　*230*
　　（6）休日・夜間保育事業　*231*
　　（7）一時預かり等事業　*233*
　　（8）地域子育て支援事業　*235*

第3節　認定・認証保育所におけるサービス　*235*

第4節　家庭的保育サービス　*237*

第5節　認可外保育所におけるサービス　*238*

第6節　子育て支援サービスの課題　*239*
　　（1）保護者のニーズに合わせたきめ細やかな保育サービスの必要性　*239*
　　（2）保護者の「働き方の見直し」や「雇用の安定」が不可欠　*240*
　　（3）子育て家庭への経済的支援　*241*

第10章　特別な配慮の必要な家庭への支援……………………244

第1節　「支援する」ということについて　*244*
　　（1）そばに寄り添うことの大事さ　*244*
　　（2）相談業務に必要な支援者の態度　*245*

第2節　虐待の可能性のある家庭への支援　*247*
　　（1）虐待の現状　*249*
　　（2）虐待の分類　*249*
　　（3）早期発見と初期対応　*250*
　　（4）虐待を受けた子どもへの対応　*252*
　　（5）虐待をする親へのかかわり　*254*
　　（6）虐待の見守り支援と関係各機関との連携　*257*

第3節　発達障害を抱えている子どもとその家庭支援　258
　（1）さまざまな発達障害　259
　（2）発達障害のある子どもへの対応　261
　（3）発達障害のある子どものいる家庭への支援　264
第4節　今後も保育者に求められる特別に配慮の
　　　　必要な家庭への支援に向けて　271

おわりに　275
索　　引　277

第1章
現代社会と家庭

学習のポイント

　2011（平成23）年3月11日の東日本大震災でエネルギー政策としての原子力発電の安全性が問われている。同様に，多くの人や物を失ったことから，「家族の絆」が改めて見直されている。

　しかし，家族形態は三世代家族から核家族化，さらに単身家族が増加している。家族力の低下による孤独死，お年寄りや子どもへの虐待などが社会問題として取り上げられている。本章では，現代社会の子どもの状況や，社会的支援について，保育士の立場から考えていただきたい。

第1節　現代社会の状況

　戦後，私たちの生活は大きく変化してきた。戦後の混乱期から復興期，さらに，高度経済成長期，バブル期などの経済成長期では企業の完全雇用が達成された。しかし，その後，1991（平成3）年に起こったバブル崩壊による土地や株価などの資産価値の急激な下落が生じた。また，不良債権問題などの発生や，終身雇用を柱としていた企業がリストラなどの人員削減を行い，人件費も削減されていった。さらに，円高不況，デフレ経済から企業などの海外移転が進み産業の空洞化が進行している。

　表1-1は2012（平成24）年の一般会計予算である。総額は90兆3,339億円になっている。歳出に関しては，社会保障関係費，国債費，地方交付税交付金等の三大経費で，64兆9,283億円になり全体の約7割を占める。また，歳入に関

表1-1 2012（平成24）年度一般会計予算（平成24年4月5日成立）

歳　出	金額（億円）	％	歳　入	金額（億円）	％
一般会計歳出総額	903,339	100	一般会計歳入総額	903,339	100
社会保障関係費	263,901	29.2	所得税	134,910	14.9
地方交付税交付金等	165,940	18.4	法人税	88,080	9.8
公共事業	45,734	5.1	消費税	104,230	11.5
文教及び科学振興	54,057	6.0	その他	96,240	10.7
防　衛	47,138	5.2	その他収入	37,439	4.1
その他	107,127	11.9	建設公債	59,090	6.5
債務償還費	120,896	13.4	特別公債	383,350	42.4
利払費等	98,546	10.9			

出所：財務省「わが国税制・財政の現状全般に関する資料（平成24年4月末現在）」から筆者作成。

表1-2 2011（平成23）年度主要経済指標の動向（対前年度）

実費国内総支出	0.0％	鉱工業生産	△1.0％
実費消費支出	△1.3％	企業倒産	12,707件
民間設備投資	△2.3％		（△2.7％）
新設住宅着工戸数	84.1万戸	有効求人倍率	0.68倍
	（2.7％）	完全失業率	4.5倍
公共工事受注額	5.9％	消費者物価	△0.1％
輸出数量	△4.3％		
輸入数量	2.2％		

出所：内閣府「月例経済報告」, 2012（平成24）6月。

しても，44兆2,440億円（44％）は公債金収入である。これは，国の基本となる税収入が伸び悩んでいる中で，公債などの将来世代の負担となる借金で運営している状況である。2012（平成24）年度の公債残高は709兆円になっている。

表1-2は2011（平成23）年度，主要経済指標の動向である。全体としてマイナスになっている現状である。また，雇用状況に関しても各年の平均有効求人倍率，完全失業率をみると，有効求人倍率が0.68倍，完全失業率が4.6％になっている（図1-1）。有効求人倍率が1.0より高い数を示すことは，仕事を求めている人より求人の方が多いということを意味しており，経済的に活気がある社会ということになる。日本の場合は依然としてきびしい経済情勢の中にある。

第1章　現代社会と家庭

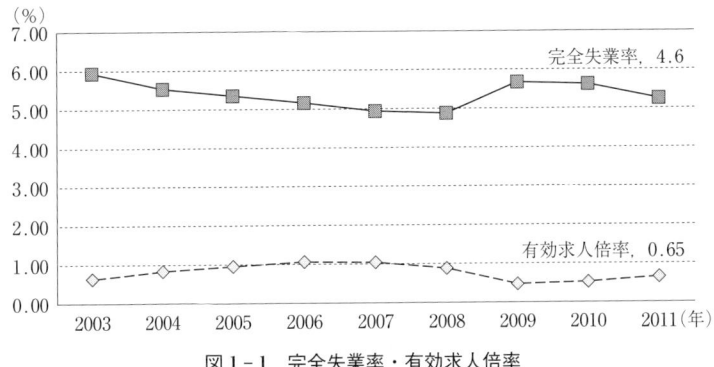

図1-1　完全失業率・有効求人倍率

注：各年平均値から作成。
出所：厚生労働省統計情報・白書「一般職業紹介状況（職業安定業務統計）」から筆者作成。

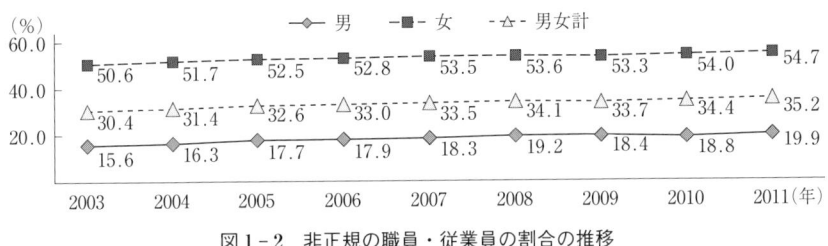

図1-2　非正規の職員・従業員の割合の推移

注：2010年・2011年は実数および割合は，岩手県，宮城県および福島県をのぞく全国の結果。
出所：総務省統計局「非正規の職員・従業員の割合の推移」『労働力調査（詳細集計）平成23年平均（速報）』（平成24年2月20）2頁から作成。

　総務省統計局「労働力調査（詳細集計）平成23年平均（速報）結果の要約」（平成24年2月20日）によると，2011（平成23）年平均の雇用者（役員を除く）は4,918万人であり，このうち正規の職員・従業員は3,185万人，パート・アルバイト，派遣社員，契約社員などの非正規の職員・従業員は1,733万人となっている。男女別では，男性は正規の職員・従業員が2,200万人，非正規の職員・従業員は545万人となっている。女性は正規の職員・従業員が985万人，非正規の職員・従業員は1,188万人となっている。非正規の職員・従業員の割合で見ると図1-2の通りであり，年々増加傾向にある。
　さらに，非正規の職員・従業員を雇用形態別に見ると，パート・アルバイト

3

は2011(平成23)年平均で1,181万人,契約社員・嘱託は340万人,労働者派遣事業所の派遣社員は92万人となっている。

　日本的雇用慣行は,雇用の長期安定による生活の安定という雇用者にとっての利点と,長期的観点から必要な人材の育成確保ができるという企業にとっての利点で合致したものであった。しかし,産業再編,グローバル経済,国際競争力の確保などから雇用についてはより労働賃金の安い方向へと流れている。また,厚生労働省によると,3年以内の新規学卒採用者の2008(平成20)年の離職率は大学卒で30%,短大等卒で40.2%,高校卒で37.6%,中学卒で64.7%になっている。従来の日本的雇用慣行はすでに崩壊している状況にある。

　このような社会情勢の中で,国際協定としてFTA(「自由貿易協定」)やEPA(「経済連携協定」)と呼ばれる協定が結ばれている。FTAは特定の国や地域とのあいだでかかる関税や企業への規制を取り払い,物やサービスの流通を自由に行えるようにする取り決めであり,EPAは貿易の自由化に加え,投資,人の移動,知的財産の保護や競争政策におけるルール作り,さまざまな分野での協力の要素等を含む,幅広い経済関係の強化を目的とする協定である。現在,アセアン諸国を中心に13か国にEPAが発効されている。身近な問題としては,2011(平成23)年度,第24回介護福祉士国家試験にEPA介護福祉士候補者36名(合格率37.9%)が合格したことが挙げられる。

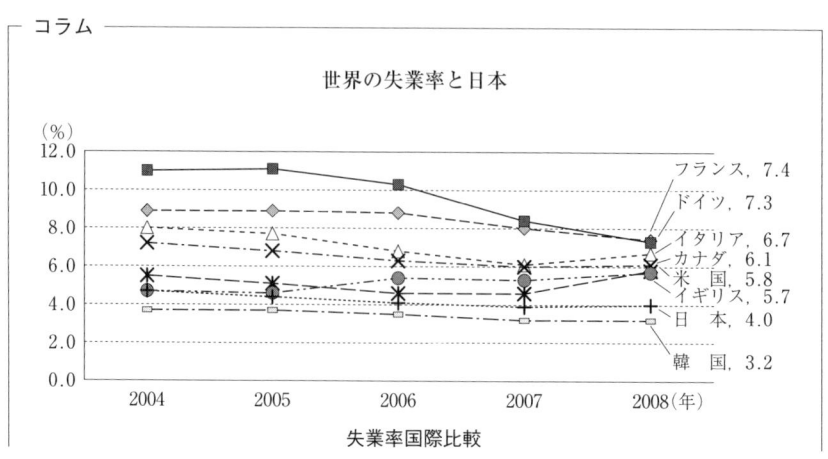

コラム

世界の失業率と日本

失業率国際比較

第1章　現代社会と家庭

　本調査では失業者とは「就業可能な状態にあるが仕事がなく，仕事を探している者を言う」とし，失業率とは「経済活動人口に占める失業者の割合」としている。算定の仕方は各国によって違いがみられるため，この数字では実態に即していないのではとの意見もある。(J-CAST ニュース「日本の失業率，実は米国並みの9％」(2009年7月12日)
　また，求職意欲を失った，仕事に就くのをあきらめた人も失業者となっていない。ニートやフリーターも失業者として算出していない。
　　注：ニートとは，「Not in Education, Employment or Training」の頭文字をとった言葉であり，教育，労働，訓練のいずれも参加していない状態の者を指す。厚生労働省は総務省が行っている労働力調査における，15〜34歳で，非労働力人口のうち家事も通学もしていない者を，いわゆるニートとして定義している。
　　出所：総務省統計局・政策統括官（統計基準担当）・統計研修所「世界の統計　男女別失業者数及び失業率」から筆者作成。各国15歳以上（米国16歳以上）。

　さらに，TPP（環太平洋パートナーシップ協定）について，日本が立場をどうするべきかの問題がある。TPPは2010（平成22）年3月にP4協定（環太平洋戦略的経済連携協定）参加の4か国（シンガポール，ニュージーランド，チリおよびブルネイ）に加えて，米国，豪州，ペルー，ベトナムの8か国で交渉が開始された。現在はマレーシアを加えた9か国で，アジア太平洋地域において高い自由化を目標とし，非関税分野や新しい貿易課題を含む包括的な協定として交渉が行われている（外務省経済外交から）。
　これらの協定は今後の私たちの生活に大きな影響を与えてくる。特に，第一次産業である農業については周辺諸国からの農産物の輸入により大きな打撃を受けることが予想される。
　このように，方向性の見えない社会情勢の中で，増加傾向にあるのが自殺である。1978（昭和53）年では，自殺者総数は20,788人（男性12,859人，女性7,929人）であったが，現在では3万人を超えている状況である。男性の自殺者数は女性の2倍になっている（図1-3）。
　このような状況に対処するため，政府は自殺対策基本法を2006（平成18）年6月21日に公布，同年10月28日から施行された。さらに，2007（平成19）年6月8日に「自殺総合対策大綱」が閣議決定され自殺対策基本法にもとづき，政府が推進すべき自殺対策の指針が示された。

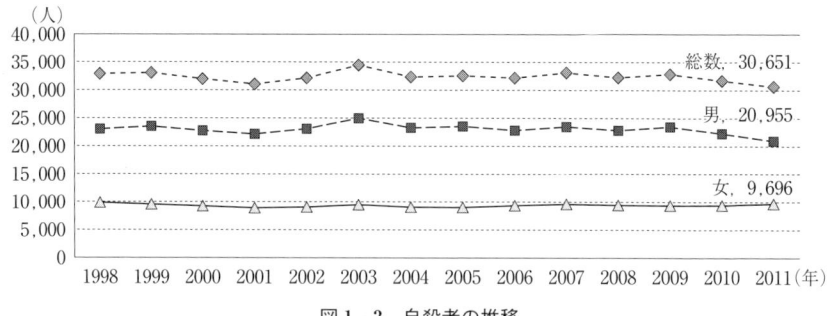

図1-3 自殺者の推移

出所:警察庁生活安全局生活安全企画課「平成22年中における自殺の概要資料」4頁から筆者作成。

―― コラム ――

自殺に関するデータ

自殺が多い世代は	①50〜59歳（33.8）　②60〜69歳（30.2）　③40〜49歳（30.9）
自殺の原因・動機は	①健康問題（46.5％）　②経済・生活問題（20.4％） ③家庭問題（14.5％）
自殺死亡率が高い県は	①山梨県（36.1）　②秋田県（31.6）　③新潟県（30.5） （単位：人/10万）
自殺が多い月は	①5月（3,375人）　②6月（3,037人）　③7月（2,813人）

注：世界各国の自殺率については、リトアニア（人/10万、38.6）、ベラルーシ（人/10万、35.1）、ロシア連邦（人/10万、32.2）になっている。日本は8番目になっている（平成21年5月8日内閣府自殺対策推進室資料より）。
　　健康問題の中で、うつ病が43.8％（警察庁「自殺の概要」〔平成21年〕）になっている。
出所：内閣府自殺対策推進室・警察庁生活安全局生活安全企画課「平成23年中における自殺の状況」（平成24年3月9日）から筆者作成。自殺が多い世代の値は人口10万人当たりの自殺者数。

第2節　家庭の形態と内容，質の変化

　少子高齢化社会，社会経済状況の大きな変化などの中で，私たちの生活も大きく変わってきた。1960（昭和35）年代は，映画『ALWAYS三丁目の夕日』に見られるように，貧しくても希望の持てる時代であり，隣近所，人情，下町などの言葉が生活の中で自然に使われていた時代でもあった。戦後の復興期には，第1次ベビーブーム1947（昭和22）年から1949（昭和24）年（年間出生数約

表1-3 少子高齢化の状況

年　次		65歳以上	75歳以上	総人口（万人）	合計特殊出生率
1970（昭和45）年	高齢化社会	7.1%	2.1%	10,372	2.13
1995（平成7）年	高齢社会	14.6%	5.7%	12,557	1.42
2005（平成19）年	超高齢社会	21.5%	9.9%	12,777	1.34
2012（平成24）年（9月概算値）		24.1%	11.9%	12,752	1.39（平成23年）

注：1970年・1995年は「国勢調査」、2012年は「人口推計」。
出所：総務省統計から作成、厚生労働省「人口動態統計」から筆者作成。

270万人）があり、また、その世代が出産した第2次ベビーブームと言われる1971（昭和46）年から1974（昭和49）年（年間出生数約200万人）の2つの人口の急増があった。しかし、1984（昭和59）年には150万人を割り込み、2010（平成22）年現在の出生数は、107万1,304人である。

働く年齢が減少する中で、65歳以上の高齢者の示す割合が、2012（平成24）年現在で24.1%になっている。さらに、少子化を示す指標である**合計特殊出生率**も1.39になっている（表1-3）。これは、現在の人口を維持する2.08より大幅に下回っている状況である。

重要語解説

高齢化社会

高齢化社会とは総人口の中で、65歳以上の人口が7%以上14%未満の状況を言う。高齢社会とは総人口の中で、65歳以上の人口が14%以上21%未満の状況を言い、超高齢社会とは総人口の中で、65歳以上の人口が21%以上になったことを言う。

合計特殊出生率

合計特殊出生率：期間合計特殊出生率。その年次の15歳から49歳までの女性の年齢別出生率を合計したもので、1人の女性が仮にその年次の年齢別出生率で一生の間に生むとした時の子どもの数に相当する（厚生労働省定義）。

$$合計特殊出生率 = \left\{ \frac{母親の年齢別出生数}{年齢別女性人口} \right\} \quad 15〜49歳までの合計。$$

注：都道府県別は5歳階級で算出し、5倍したものを合計している。

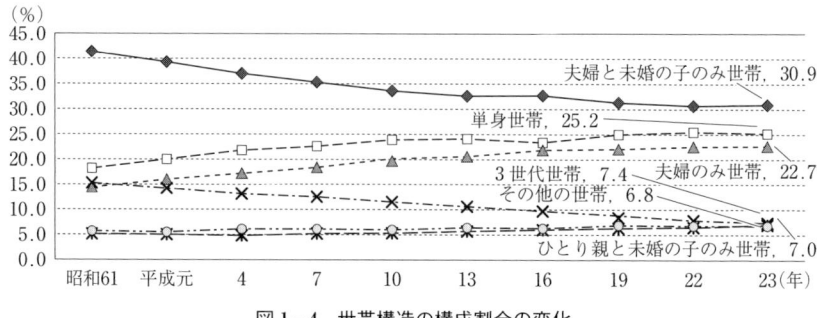

図1-4 世帯構造の構成割合の変化
出所：厚生労働省「平成23年国民生活基礎調査の概況」から筆者作成。

　少子高齢化の進行と共に，家族形態にも大きな変化が表れている。

　また，産業構造の変化にともない，家族の世帯構成も変化してきた。農業を行うには広い土地と家屋が必要となる。それには，伝統的な3世代世帯が適している。しかし，日本の農業の現状をみると年々減少しており，農業を行う者は高齢化してきており，3世代世帯（平成23年：7.4％）も減少している。同時に，核家族と呼ばれる「夫婦と未婚の子のみ世帯」「ひとり親と未婚の子のみ世帯」「夫婦のみ世帯」も変化してきている。夫婦と未婚の子のみ世帯（平成23年：30.9％），ひとり親と未婚の子のみ世帯（平成23年：7.0％）は減少し，夫婦のみ世帯（平成23年：22.7％），単身世帯（平成23年：25.2％）が増加している（図1-4）。

　結婚・離婚を見てみると2011（平成23）年では，婚姻件数67万件（5.3‰）離婚件数23万5千件（1.86‰）である（‰：パーミル。1,000分の1を1とする単位のこと）。

--- コラム ---

夫妻の届出時年齢（5歳階級）別に見た親権を行う者別離婚率（人口千対）平成20年

夫

（‰）縦軸：離婚率（男性人口千対）、横軸：15～19歳、20～24、25～29、30～34、35～39、40～44、45～49、50～54、55～59、60～64、65～69、70～74、75～79、80～84、85歳以上

注：15～19歳の離婚率算出に用いた人口は15～19歳の人口である。

妻

（‰）縦軸：離婚率（女性人口千対）、横軸：15～19歳、20～24、25～29、30～34、35～39、40～44、45～49、50～54、55～59、60～64、65～69、70～74、75～79、80～84、85歳以上

凡例：
■ 親権を行わなければならない子がいない離婚
□ 妻が全児の親権を行う離婚
▨ 夫妻が分け合って親権を行う離婚
▤ 夫が全児の親権を行う離婚

注：15～19歳の離婚率算出に用いた人口は15～19歳の人口である。

　離婚に関しては30～34歳までの割合が最も高く，妻が全児の親権を行う離婚が多いことがわかる。

　出所：厚生労働省人口動態統計特殊報告「平成21年度「離婚に関する統計」の概況」から引用。

第3節　現代の家庭における人間関係

　2011（平成23）年6月2日現在，わが国の世帯総数（岩手県，宮城県および福島県をのぞく）は4,668万4,000世帯となっている。戦後，女性の社会進出が急激に増大した。男女雇用格差についても徐々に少なくなっている。共働き等の世帯については1980（昭和55）年では614万世帯であったが，2010（平成22）年では1,012万世帯になっている（図1-5）。正規職員の年間収入を見ると300万円台が最も多く，非正規職員・従業員では女性の50～99万円までが最も多い（図1-6）。

　厚生労働省「平成23年賃金構造基本統計調査」では，所得金額階級別の世帯数では，「200～300万円未満」が13.5％，「300～400万円未満」が13.1％と多くなっている。中央値は438万円であり，平均所得金額（549万6,000円）以下の割合は61.4％となっている。また，貯蓄に関しては，1世帯当たり平均貯蓄額1,078.6万円であり，高齢者世帯は1,207.1万円，児童のいる世帯では793.9万円，母子世帯では331.9万円となっている。貯蓄がないと答えた割合は全世帯

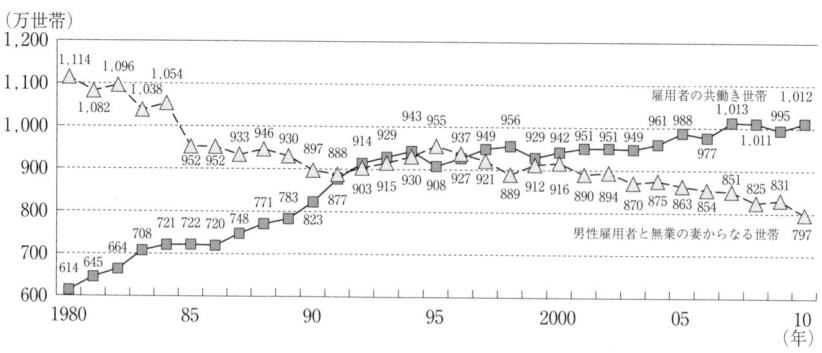

図1-5　共働き等世帯数の推移

注：「男性雇用者と無業の妻から成る世帯」とは，夫が非農林業雇用者で，妻が非就業者（非労働力人口および完全失業者）の世帯。「雇用者の共働き世帯」とは，夫婦共に非農林業雇用者の世帯。
出所：総務省「労働力調査特別調査」（各年2月，ただし，昭和55年から57年は各年3月）平成14年以降は「労働力調査（詳細集計）」（年平均）から筆者作成。

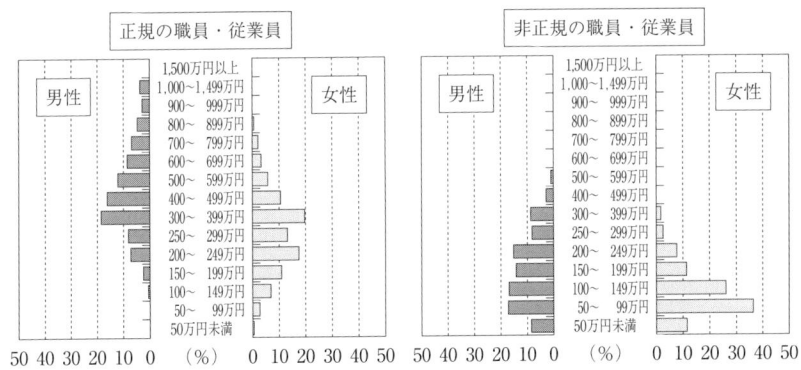

図1-6 正規・非正規の職員（従業員）の男女，年間収入階級別の構成比
出所：総務省統計局「就業構造基本調査」（平成19年）。

では10.0％，高齢者世帯は11.1％，児童のいる世帯では9.4％，母子世帯では28.7％となっている。

また，借入金に関しては，「ある」と答えた世帯は全体では31.2％であり，高齢者世帯は8.9％，児童のいる世帯では52.6％，母子世帯では26.5％である。1世帯当たり平均借入金額は全体では441.7万円であり，高齢者世帯は91.7万円，児童のいる世帯では867.4万円，母子世帯では93.5万円である。高齢者世帯に関しては貯蓄額が多く，借入金が少ない傾向が見られるが，子育て世帯の家計の厳しさがわかる。特に，貯蓄がない母子世帯が28.7％になっている現状では何らかの公的な支援が必要であると考えられる。

さらに，現代家庭の大きな問題として介護問題がある。3世代世帯（7.4％）が減少し，単身世帯（25.2％），夫婦のみ世帯（22.7％）になっている。これは，平均寿命の延びと大きく関係している。日本人の平均寿命は1945（昭和20）年代では50歳代であったが，2011（平成23）年の日本人の平均寿命は女性85.9歳，男性79.44歳になっている。妻の夫が引退してからの老後期間は1961（昭和36）では16.3年であったが，2009（平成21）年では23.4年となっている。その内，夫が亡くなってからの期間が7.6年となっている（平成23年度版『厚生労働白書』

表1-4 妻の年齢別親の介護要否

妻の年齢	妻の親						夫の親					
	父親			母親			父親			母親		
	総数	介護不要	介護必要	総数	介護不要	介護必要	総数	介護不要	介護必要	総数	介護不要	介護必要
29歳以下	283	99.3%	0.7%	297	97.3%	2.7%	247	98.8%	1.2%	274	98.2%	1.8%
30〜39歳	1,085	94.9	5.1	1,208	95.4	4.6	980	94.4	5.6	1,150	95.5	4.5
40〜49歳	843	86.1	13.9	1,132	85.8	14.2	656	85.7	14.3	1,002	81.9	18.1

注:2008(平成20)年に実施された国民生活基礎調査のために全国から系統抽出法によって選定された1,083の国勢調査区の中から、さらにもう一度無作為に抽出した300の国勢調査区に居住する結婚経験のある女性を対象とした。調査方法は配票自計方式で行った。調査票配布数は13,045票、回収された調査票は11,046票で回収率は84.7%であった。ただし、回収票のうち集計が困難な(1,037票)をのぞいた有効回収票は11,009であり、有効回収率は76.7%であった。
出所:国立社会保障・人口問題研究所「第4回全国家庭動向調査結果の概要(2008年7月実施)」から筆者作成。

から)。これは、公的年金制度や介護問題についても与える影響が大きい。

表1-4は、2008(平成20)年7月に実施された国立社会保障・人口問題研究所「第4回全国家庭動向調査結果」である。29歳以下の若い妻の介護が必要な親で0.7%〜2.7%であり、30歳代夫の親では4.5%〜5.6%、40歳代ではいずれの親も13.9%〜18.1%である。また、同調査の結果では、「子どもが3歳ぐらいまでは、母親は仕事を持たず育児に専念した方がよい(85.9%)」、「夫婦は自分たちのことを多少犠牲にしても、子どものことを優先すべきだ(81.5%)」、「年をとった親は、子ども夫婦と一緒に暮らすべきだ(49.7%))」、「年老いた親の介護は家族が担うべきだ(62.1%)」、「高齢者への経済的援助は、公的機関より家族が行うべきだ(25.5%)」となっている。

内閣府が行っている「第7回高齢者の生活と意識に関する国際比較調査」では、表1-5は在宅で生活する上でだれかの介護が必要になった場合、だれに介護を期待する人では、各国とも「配偶者あるいはパートナー」(日本46.2%、アメリカ35.8%、韓国47.1%、ドイツ45.9%、スウェーデン58.1%)の割合が最も高くなっている。また、2番目に割合が高い項目を見ると、日本、ドイツおよびスウェーデンでは「ホームヘルパー等の介護を職業とする人」(日本15.7%、ド

第 1 章　現代社会と家庭

表 1-5　介護が必要になった場合に介護を期待する人

	日本	アメリカ	韓国	ドイツ	スウェーデン
配偶者あるいはパートナー	46.2	35.8	47.1	45.9	58.1
息子（養子を含む）	8.1	9.2	16.1	7.2	3.8
娘（養女を含む）	13.0	22.4	8.5	15.9	6.2
子供の配偶者あるいはパートナー	5.4	0.6	3.8	1.0	0.3
その他の家族・親族	1.6	6.7	0.1	4.6	2.1
知人・友人	0.1	2.7	—	3.6	2.4
ボランティア等の介護を職業としない人	0.8	0.6	1.8	0.5	0.1
ホームヘルパー等の介護を職業とする人	15.7	12.4	7.4	16.5	23.1
その他	0.8	2.0	0.7	0.3	1.3
介護してくれる人がいない	2.9	2.8	8.4	2.7	1.0
わからない	5.4	4.8	6.3	1.8	1.6
無回答	—	—	—	—	—

出所：内閣府「第7回高齢者の生活と意識に関する国際比較調査（平成22年度）」から筆者作成。

イツ16.5%，スウェーデン23.1%），アメリカでは「娘（養女を含む）」（22.4%），韓国では「息子（養子を含む）」（16.1%）となっている。

　これらは，高齢期間23.4年と大きく伸びていることが影響している。介護を期待する人に「配偶者あるいはパートナー」が高い数値を示していることは，高齢者同士の介護となり，老老介護と呼ばれる，65歳以上の高齢者が夫婦や親の介護を行う現状にも大きな影響を与えることとなる。当然，50歳代，60歳代での介護の負担が大きくなってくることも予想できる。

　さらに，家族形態を見ると，「家族形態別に見た65歳以上の者の数および構成割合」（表1-6）では，65歳以上の単身世帯が16.8%で，夫婦のみ世帯が37.2%であり，単身世帯と夫婦のみ世帯で半数以上の54%になる。

　このように，現代の日本社会は，少子高齢化の進行と共に日本経済の低迷，夫婦のみ世帯，単身世帯の増加，共働き世帯の増加，妻が全児の親権を行う離婚の増加，40代から10%以上介護が必要な両親を抱えるなどの問題が山積している。

表1-6　家族形態別に見た65歳以上の者の数および構成割合

	65歳以上合計	単独世帯	夫婦のみの世帯	子と同居	子夫婦と同居	配偶者のいない子と同居	その他の親族と同居	非親族と同居
人　数(単位：千人)	27,979	4,697	10,413	11,799	4,639	7,160	1,040	29
割　合(％)	100	16.8	37.2	42.2	16.6	25.6	3.7	0.1

出所：厚生労働省『平成23年　国民生活基礎調査の概況』「家族形態別にみた65歳以上の者の数及び構成割合の年次推移」から筆者作成。

1999年（平成11）年6月23日「男女共同参画社会基本法」が制定された。しかし，介護や子育て，家計を助けるための仕事など，主婦を中心とした女性にかかる負担は大きく夫婦の役割の見直しが，さらに必要となってくる。

第4節　地域社会の変容と家庭支援

地域社会の変容の原因として，まず，産業別就業者の変化（表1-7参照）にともなう家族成員の減少が挙げられる。農業を中心とした社会から製造業，鉱業・建設業の第2次産業，サービス業の第3次産業への転換がなされた。1961（昭和36）年には第1次産業である農林魚業が29.0％であったが，2010（平成22）年には4.0％まで減少してきた。世帯数は1953（昭和28）年では1,718万世帯（平均世帯人員5人）であったが，2011（平成23）では4,668万4千世帯（平均世帯人員2.58人）になっている。

これは，日本の伝統文化や地域組織，さらに，里山や食の安全性の崩壊にもつながりかねない。伝統的な日本の地域社会の基盤となっているのが神社などの祭礼である。祭りを通して町内会がそれぞれの役割を背負い氏子（うじこ）として活躍する。この祭りは農閑期に行われることが多く田植えが終わった後の夏祭り，稲刈りが終わった後の秋祭りなど収穫を占い，感謝するものであった。このように，第1次産業が日本の文化，アイデンティティ（主体性）に与える影響は大きい。

第 1 章　現代社会と家庭

表 1-7　産業別就業者の変化

(%)

産　業	各事業	1961	1982	各事業	2010
第三次産業	公　務		3.3	3.5	公　務	3.3
	サービス業	38.2	12.9	18.9	サービス業（他に分類されないもの）	66.8	7.3
					複合サービス	0.7
					医療・福祉	10.4
					教育，学習支援業	4.6
					生活関連サービス業，娯楽業	3.8
					宿泊業，飲食サービス業	6.2
					学術研究，専門・技術サービス業	3.2
	卸売・小売業，金融・保険業，不動産業		19.8	26.6	卸売・小売業，金融・保険業，不動産業	21.3
	運輸・通信・電気・ガス・熱供給・水道業		5.5	6.8	運輸・通信・電気・ガス・熱供給・水道業	9.3
第二次産業	製造業	29.4	22.5	34.3	24.5	製造業	24.8	16.8
	鉱業・建設業		6.9	9.8	鉱業・建設業	8.0
第一次産業	農林漁業	29.0	9.7	農林漁業	4.0

出所：総務省統計局「労働力調査」，厚生労働白書「産業別就業者の変化」から筆者作成。

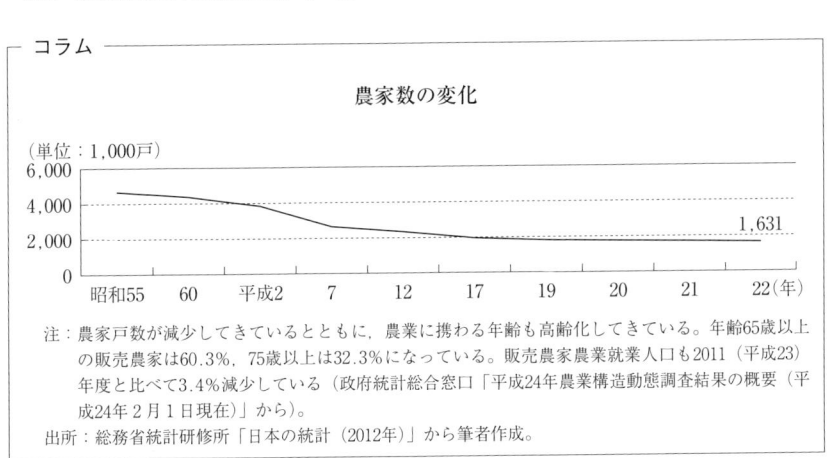

──コラム────────────────────────

農家数の変化

(単位：1,000戸)

注：農家戸数が減少してきているとともに，農業に携わる年齢も高齢化してきている。年齢65歳以上の販売農家は60.3％，75歳以上は32.3％になっている。販売農家農業就業人口も2011（平成23）年度と比べて3.4％減少している（政府統計総合窓口「平成24年農業構造動態調査結果の概要（平成24年2月1日現在）」から）。

出所：総務省統計研修所「日本の統計（2012年）」から筆者作成。

しかし，日本の農業を中心とする第1次産業は国際競争の中で生き残れるかという問題が出ている。それが，TPP（環太平洋パートナーシップ協定）の参加である。諸外国・地域の**食料自給率**（カロリーベース）では，2009（平成21）年でアメリカ130％，カナダ223％に対して日本は40％である。さらに，穀物自給率（コメ・小麦・トウモロコシ・大豆）は176の国・地域中127番目，OECD加盟34か国中30番目の26％である（農林水産省「食料需給表（平成23年度版）」から）。TPPの参加により日本農業が大きく影響を受けることは確実である。子どもの専門家として保育士も，子どもに与える自然環境や遊びなどを，社会的視点を持って考えていくことが大切である。

> **重要語解説**
>
> **食料自給率**
>
> 　食料自給率には小麦やコメなどを品目別で算出する品目別自給率と，国内の総合的自給率をみる総合食料自給率が使用されている。総合食料自給率では国民一人当たりの供給カロリーにどれくらい国内生産カロリーがあるかをみるカロリーベース総合食料自給率と，生産額ベースで換算する生産額ベース総合食料自給率がある。

　核家族化や単身家族の増加にともない，家族の孤立化，孤独死の問題が出てきている。これらのことから，地域でのつながりが再検討されている。厚生労働省は2012（平成24）年5月11日付「地域において支援を必要とする者の把握及び適切な支援のための方策等について」を各都道府県などに通知した。その内容としては，①情報の一元化，②関係団体との連絡強化，③個人情報保護の適応外の理解促進，④地域づくりの推進等の呼びかけである。

> **コラム**
>
> **孤独死**
>
> 　誰にも看取られないで，家の中でひとりで死んでいく孤独死の問題が社会問題化している。2005（平成17）年9月，千葉県松戸市の団地内での孤独死がNHKで放映され反響を呼んだ。
> 　最近のニュースでは，2012（平成24）年1月には札幌市で，マンション入居者の女

> 性2人(姉42歳,妹40歳〔知的障害〕)の死亡が発見された。さらに,同年2月には餓死が疑われる状態で(60歳代男性,60歳代女性,30歳代男性)の遺体が発見された。また,立川市のマンションでも45歳の母親と4歳の男児(知的障害)が遺体で発見された。
> 　ニッセイ基礎研究所の調査によると「全国において年間15,603人(男性10,622人,女性4,981人)の高齢者が死後4日以上を経て発見される状態で亡くなっていることになる」と発表されている。
> 　出所:廣渡健司『孤独死のリスクと向き合う』ニッセイ基礎研究所,2012年。

　2003(平成15)年に成立された「個人情報の保護に関する法律」があるため行政からの情報収集がされにくい面があり,改めて,③で個人情報保護の適応外の理解促進についてふれている。通知では,「人の生命・身体を保護するために個人情報を提供する際の基本的な考え方」として,個人情報保護法上,人の生命・身体を保護するために,個人情報取扱事業者から情報提供することは阻害されていないとしている。

　しかし,これらの個人情報を取得すること,また,取得した後のトラブルなどを考えると,住民相互のネットワーク化が必要であり,行政とともに地域社会をつくり上げていく市民活動が必要である。保育士も専門家として,また,地域の社会資源としての参加が大切となる。

第5節　男女共同参画社会とワーク・ライフ・バランス

　戦後,女性の社会進出が急速に進められた。しかし,女性が社会に出ることにより女性への偏見や差別が改めて問われた。日本の伝統的な女性に対する考え方を表す言葉として,「大和撫子」「良妻賢母」などがある。日本女性は控えめで芯が強く,また,夫に対してはよい妻であり,子に対しては賢い母であることが求められていた。しかし,女性の社会進出と共に,**セクシャルハラスメント**や,子育て,家事労働の不平等など女性に対して厳しい社会であることがわかった。

> **重要語解説**
>
> セクシャルハラスメント
>
> 職場における性的嫌がらせのことを言う。男女雇用機会均等法では、「事業主は、職場におけるセクシュアルハラスメントをなくすため、雇用管理上必要な対策をとらなければならない（第11条）としている。

　政府は1999（平成11）年6月23日「男女共同参画社会基本法」を成立させた。この法律の目的は、「この法律は、男女の人権が尊重され、かつ、社会経済情勢の変化に対応できる豊かで活力ある社会を実現することの緊要性にかんがみ、男女共同参画社会の形成に関し、基本理念を定め、並びに国、地方公共団体及び国民の責務を明らかにするとともに、男女共同参画社会の形成の促進に関する施策の基本となる事項を定めることにより、男女共同参画社会の形成を総合的かつ計画的に推進することを目的とする」(第1条)となっている。

　また、第3条では「男女共同参画社会の形成は、男女の個人としての尊厳が重んぜられること、男女が性別による差別的取扱いを受けないこと、男女が個人として能力を発揮する機会が確保されることその他の男女の人権が尊重されることを旨として、行われなければならない」としている。

　さらに、第13条では「政府は、男女共同参画社会の形成の促進に関する施策の総合的かつ計画的な推進を図るため、男女共同参画社会の形成の促進に関する基本的な計画を定めなければならない」とし、第21条で「内閣府に、男女共同参画会議を置く」としている。

　高度経済成長期から安定成長期では、会社人間、ワーカーホリック（仕事中毒）と呼ばれるように必死になって働く世代をつくり上げた。「24時間戦えますか」のCMが好評を得て、ジャパニーズビジネスという曲とともに時代を象徴していた。しかし、鬱などの精神疾患や過労死などの問題も出てきた。バブル時代、バブル崩壊から低経済成長時代に入り、バブルの後遺症としての不良債権やリストラなど円高不況による産業の空洞化により、日本的雇用関係が崩壊していった。

このような中で，2007（平成19）年12月，関係閣僚，経済界・労働界・地方公共団体の合意により，「仕事と生活の調和（ワーク・ライフ・バランス）憲章」，「仕事と生活の調和推進のための行動指針」が策定された。仕事と生活の調和（ワーク・ライフ・バランス）憲章では具体的に目指すべき社会として，①就労による経済的自立が可能な社会，②健康で豊かな生活のための時間が確保できる社会，③多様な働き方・生き方が選択できる社会を挙げている。

コラム

死亡数・出生数

死亡数が出生数を上回ったのが2005（平成17）年であり，出生数1,062,530人，死亡数1,083,796人であった。また，1980（昭和55）年の死亡原因は，1位　脳血管疾患，2位　悪性新生物，3位　心疾患であった。2010（平成22）年では，1位　悪性新生物（353,499人），2位　心疾患（189,360人），3位　脳血管疾患（126,000人）になっている。

出所：厚生労働省「平成23年（2011）人口動態統計の年間推計」から。

第6節　現代社会が抱える家庭と子どもの問題

現代社会の子どもの問題はその問題自体でとらえることはむずかしい。家族の経済状態，家族形態，地域の環境，行政サービスの状況など複合的にとらえることが大切である。ここでは，現代社会が抱える家庭と子どもの問題の中で特徴的な児童虐待とDV（ドメスティック・バイオレンス）の問題について，その基本的なことを紹介する。

虐待が増加していると言われているが，その判断はどこで行われているかというと児童相談所の相談対応件数で示される。1999（平成11）年に虐待相談対応件数は1万件を超えた。2011（平成23）年では5万9,862件になっている（図1-7）。

虐待の種類としては，2000（平成12）年5月24日施行された児童虐待防止法では，児童虐待の定義として第2条で，この法律において，「児童虐待」とは，

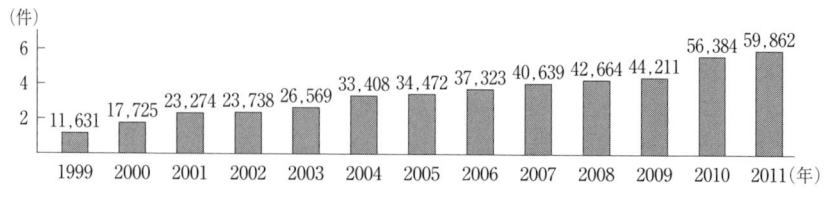

図1-7 児童虐待相談の対応件数

注:「東日本大震災の影響により,平成22・23年は福島県を除いて集計した数値」としている。
出所:厚生労働省「児童相談所での児童虐待相談対応件数」から筆者作成。

「保護者(親権を行う者,未成年後見人その他の者で,児童を現に監護するものをいう。以下同じ)がその監護する児童(18歳に満たない者をいう。以下同じ)について行う次に掲げる行為をいう。①児童の身体に外傷が生じ,又は生じるおそれのある暴行を加えること。②児童にわいせつな行為をすること又は児童をしてわいせつな行為をさせること。③児童の心身の正常な発達を妨げるような著しい減食又は長時間の放置,保護者以外の同居人による前二号又は次号に掲げる行為と同様の行為の放置その他の保護者としての監護を著しく怠ること。④児童に対する著しい暴言又は著しく拒絶的な対応,児童が同居する家庭における配偶者に対する暴力(配偶者〔婚姻の届出をしていないが,事実上婚姻関係と同様の事情にある者を含む。〕の身体に対する不法な攻撃であって生命又は身体に危害を及ぼすもの及びこれに準ずる心身に有害な影響を及ぼす言動をいう)その他の児童に著しい心理的外傷を与える言動を行うこと」とし,身体的虐待,性的虐待,ネグレクト,心理的虐待を定義している。

　虐待に対しては,子どもの命を守ることが最優先されなければならない。社会保障審議会児童部会児童虐待等要保護事例の検証に関する専門委員会(平成24年7月)の報告では,2010(平成22)年4月1日から2011(平成23)年3月31日までの12か月間に発生し,または表面化した児童虐待による死亡した82事例(98人)のうち,心中による虐待死37事例(47人),心中以外の虐待死45事例(51人)となっている。なお,警視庁の虐待相談取扱件数については3,694件となっている。

　また,現代社会が抱える大きな問題としてDV(ドメスティック・バイオレン

第 1 章　現代社会と家庭

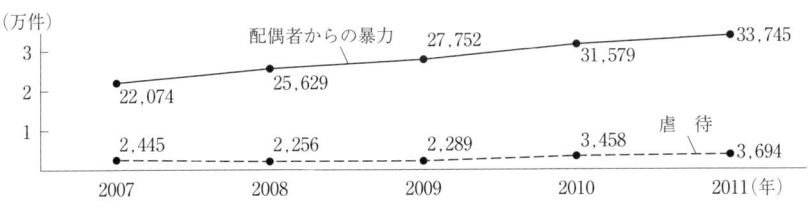

図1-8　警察庁相談件数の推移

出所：警察庁「平成23年中の警察安全相談の状況について」（平成24年4月12日）から筆者作成。

事 例

どうして手が出てしまうかわからない

　小学校4年生のひとし君（仮名）は、両親、妹（小2）と生活していた。父親は工事現場の仕事をしており、お酒が入るとひとし君に対して「男は馬鹿にされてはいけない」、「目を殴られたら、鼻を殴れ」と小さい頃から教え込まれていた。また、母親はそんな父親に対して何も言うことが出来ず、父親が帰ってくる前に子どもたちを寝かしつけていた。次第に父親のひとし君に対しての暴力が始まった。母親は怖くなり下の妹を連れて父親から逃げ出した。ひとし君はしばらく父親と二人で生活していた。その後、父親は行方不明になりひとし君は近所の通報により児童養護施設に入所となった。

　しかし、登校時のある日、通学班の女の子がひとし君の帽子姿を見て「全然似合わない」と言った瞬間にひとし君が女の子の首を絞めていた。まわりの子どもたちは何が起こったかわからず、女の子も突然の出来事に驚いて泣いているだけであった。

　児童養護施設の職員がひとし君になぜしたのかと尋ねたところ、「どうして手が出てしまうか分からない」と答え泣いていた。

出所：児童養護施設職員へのインタビューから筆者作成。

ス）の問題がある。内閣府「男女間における暴力に関する調査」（2011〔平成23〕年）によると、身体的暴行、心理的攻撃、性的強要のいずれかについて配偶者から被害を受けたことは「あった（26.2%）」となっている。そのうち、「何度もあった（7.3%）」、「一、二度あった（18.9%）」である。[1]

　警察庁の相談取扱件数によると、図1-8の通り「配偶者からの暴力」は、2011（平成23）年度では3万3,745件であった。

　これらに対応するためには、地域のネットワーク化が大切である。図1-9

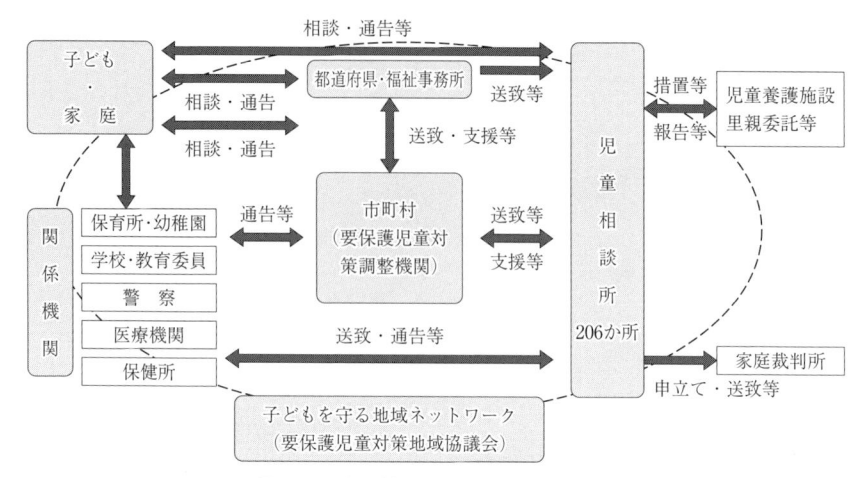

図1-9 市町村における要保護児童対策

出所：厚生労働省「社会的養護の現状について（参考資料）」2012年，46頁から引用。

は厚生労働省から出された「市町村における要保護児童対策」である。地域の中でのきめ細かな支援体制が必要となる。

【演習課題】
1　現代の社会問題について，文中から書き出してみよう。
2　日本の食糧政策と地域社会との関係について考えてみよう。

〈注〉
(1)　内閣府「男女間における暴力に関する調査」（平成23年）は全国20歳以上の男女5,000人を対象に，無作為抽出によるアンケート調査を実施している。

〈引用文献〉
厚生労働省編『厚生労働白書（平成24年版）』ぎょうせい，2012年。
厚生労働統計協会編『国民衛生の動向2012/2013』2012年。
社会福祉の動向編集委員会編『社会福祉の動向2012』中央法規出版，2012年。
厚生労働統計協会『国民の福祉と介護の動向2012/2013』2012年。

〈理解を深めるための本・ビデオ〉

新保哲編『医療現場と福祉のこころ』北樹出版，2002年。
　　――執筆者のうち，福祉教育の職員は一人しかなく，他は病院の介護士，全盲で私立のアジア視覚障害者教育協会を設立している理事長，哲学者，教育学者，心理学者，禅寺の住職などである。しかし，この本の中には本当の福祉の現場がある。保育を学ぶ学生には少し深い内容になるかもしれないが，生きること，そして死ぬことの営みの中にある人間を考える上でも大切な本である。

田代国次郎編『続・地域から社会福祉を切り開く』本の泉社，2003年。
　　――社会福祉を研究しているグループが田代先生の下で発表した書籍である。地域の中にある歴史的問題や障害者問題など研究者の視点・テーマで構成されている。「福祉とは何か」をそれぞれの研究から考えることができる本である。

映画『ALWAYS三丁目の夕日』
　　――2005（平成17）年，西岸良平の漫画『三丁目の夕日』を原作とした日本映画。日本が高度経済成長に向かう時代を下町の自動車修理工場を中心に描いている。

映画『アイアムサム』（監督：ジェシー・ネルソン）2001年，アメリカ。
　　――サムは知的障害を持つアメリカの男性であり，行きずりの女性との間にルーシーという娘を持つ。サムの知的レベルは7歳。ルーシーが7歳になった時に，「育てられない」と児童福祉局から言われ，ルーシーは施設に移される。そこで，サムが弁護士を雇い訴訟するという内容である。この映画は親子愛の映画であるが，同時に，福祉現場のケアの本質である「人と接する仕事は，お互いが成長していくこと」を教えてくれる映画でもある。

　　　　　　　　　　　　　　　　　　　　　　　　　　　　　　　　　（大塚良一）

第2章
家庭支援の意義と役割

> **学習のポイント**
> 　家庭支援は，人の生活に介入する行為である。支援にあたる者が，どのような理念，態度，方法で支援にあたるかは，支援の質を決定し，利用者の生活や人権にも大きく影響を与える。ここでは，家庭支援の目的や意義，実際の展開過程，支援にあたる際の態度などについて学ぶ。

第1節　家庭支援の意義

(1) 家庭支援の目的

　家庭には，①人間形成，②人間性回復，③生活の保持・向上，④地域連帯の拠点としての役割が期待されており，それぞれの家庭は，多様な内外の資源をやりくりしながら，毎日大小の課題を乗り越えて生活している。だが時として，家族の力だけでは課題が乗り越えられないことがある。家庭支援の第1の目的は，家族が持つ潜在的な力を引き出すと共に，家族をさまざまな社会資源の活用につなげることによって，家族がその時に直面している問題を解決することにあるが，と同時に，その過程を通じて，その家族が再び困難に出合った際には，家族みずからが社会資源を活用して問題の解決，課題の実現にあたることができるように，**ストレングス視点**に立ってその家庭の**コーピング能力**を高め，**エンパワメント**することにある。

第2章 家庭支援の意義と役割

重要語解説

ストレングス視点（strengths perspective）

　家族成員一人ひとりおよびその家庭が持つ強み（ストレングス）に着目し，その強みを活用して，その人が主体的に課題を実現し，生きていくことを支援しようとする考え方。

コーピング（cooping）能力

　ある困難な出来事に出合った際に，その危機的状況を自分なりに受け止め，その状況を乗り切り，解決していくために具体的な知恵や行動力を発揮する総合的な力のこと。「対処能力」「対抗力」と訳されることもある。

エンパワメント（empowerment）

　個人や個々の家庭は，自らのおかれている困難な状況に対して，主体的に立ち向かう強さや力を持っていると考え，その力を引き出すための援助を行うこと

　家庭支援は，①家族および家庭を対象とし，②家族，家庭による主体的な問題解決を促し，③家族および家庭と地域共同社会のつながりを強め，④問題を担っている家族および家庭を支援するために専門機関，団体，専門職との連携を強め，⑤支援方法（体制・職種・技術）の発展を期するという使命を持っている。

（2）欧米における家庭支援

　欧米では，早い時期から家族への支援が意識されていた。1869年にロンドンで設立された慈善組織協会では，友愛訪問員が貧困「家庭」を個別に訪問し，物質的援助と共に，友人あるいは助言者として家族全体の問題の相談に応じるという活動を行っていた。アメリカでは1877年にバッファローに慈善組織協会が発足した当初から"works with families"という言葉が用いられている。またケースワークの母と言われるメアリー・リッチモンド（Richmond, M. E.）は「ケースとは，すべて，家族のケースである」とし，著書『社会診断』では"the family as a whole"という言葉で，家族を全体としてとらえる考え方を示している。これは目の前にある問題を子どもの問題，高齢者の問題，障害者

の問題として家族から分離した形でとらえるのではなく，さまざまな問題の側面を家族の問題としてとらえ解決を図ろうとする視点である。1919年に創設されたアメリカ家族福祉協会は，家族援助のカテゴリーに夫婦の不和，親子関係の調整，父親不在の家庭，青少年問題，未婚の母，身体障害者，適応障害者，高齢者，経済的な問題，住居の問題や失業，職場適応障害などを挙げており，生活上に現れる多様な問題のほとんどを家族，家庭の問題ととらえている。

　アメリカの児童福祉領域ではもともと「できるだけ家族に近い形で児童を保護する」という考えから，困難を抱える家庭の子どもには主に里親家庭による社会的養護が行われていた。だが1960年代になると，家族は個人の重要な支援環境であるという認識の下，安易に実親から子どもを引き離し里親に委託してきたのではないかとの反省から，**家族保全運動**が広まり，さまざまな家族支援プログラムや方法の研究，開発，特に**ハイリスク家族**への援助，支援の具体的なプログラム開発が盛んになった。アメリカの家族保全運動は他の欧米先進国にも影響を与え，各国の文化や福祉制度を反映させた形で家庭支援プログラムが開発され，実践されている。

重要語解説

家族保全運動

　従来，困難を抱える家族の子どもに対して「里親委託」という方法が安易にとられすぎてきたことを反省し，実親のもとでの養育を可能とするための運動。

ハイリスク家族

　家族に複数の困難が重複して現れており，処遇の困難な家族のこと。

（3）わが国における家庭支援の変遷

　わが国で「家族，家庭を支援する」という考え方が打ち出されるようになったのは1990年代中頃からで，先進諸外国に比べるとかなり遅い。欧米では「家族は個人の支援環境」との考えから，家族がその役割を果たすことができるように，家族を支援するプログラムを開発するという方向に進んだのに対し，日

本では，家族内で困難が発生していることを他の人に知られるのは「家の恥」とされ，家族内で発生した困難は家族の中で処理すべきと考えられてきたからである。その結果，家庭が崩壊したり，障害者や高齢者，子どもなどが家族から脱落するに至って初めて社会的な援助の対象とされた。つまり家族に生じた問題は家族から引き離されて個人に起因する問題に矮小化され，高齢者，障害者，子どもといった対象者別に構成された社会福祉制度で対応されることとなり，家族，家庭をまるごととらえるという視点を欠落させてきたのである。

　1960年代後半になると，「個人が示す問題は，家族全体の機能に支障が生じているサインであると理解し，その個人を含む家族全体にアプローチをし，家族全体の生活姿勢を積極的に変容[1]」させることを意図した家族ソーシャルワークや「問題家族」という家族の特異性に着目した援助が欧米から紹介されたが，わが国では根づくには至らなかった。1970年代になると国の財政負担抑制の動きの中で「日本型福祉社会」が唱えられ，子育てや介護，老親扶養といった機能を果たす伝統的家族像が理想的な家族としてイデオロギー化された。家族が機能を果たせなくなった時はその機能を代替・補完するのではなく，家族機能の維持・強化により，福祉問題発生の家族レベルでの予防を意図する「家族」「家庭」への援助，支援が行われるようになった。そこでは特に女性の家族成員に対して，個人の自己実現よりも家族機能の遂行を期待する規範が内包されていたと言える。

（4）現代における家庭支援の必要性

　現代の家族の特徴としては，多様化と個人化が挙げられる。従来家族の変化は，家父長制的家族から核家族へという文脈で語られてきたが，1980年代後半になると，非婚，子どもを持たない夫婦，一人親家庭など家族形態が「多様化」した。同時に，家族意識においても，家族のために自分を合わせるのではなく，自分の生き方を大切にし，その限りで家族を構成していくというあり方，家族の「個人化」の現象が見られるようになった。このような中で子どもの虐待，子育て不安や子育てへの負担感，家族介護負担などがクローズアップされ，

それら問題状況の解消や軽減のために家庭への支援が着目されるようになった。子育て期の家庭支援について言えば、従来は、家族機能が果たせない家庭に対しその代替を行うこと（いわゆる「保育に欠ける」子どもに保育所での保育サービスを提供する等）が子育て支援であり、家庭支援であったわけであるが、2000年代からは、子育てに専念できる専業主婦に対しても、その子育て機能が十分に果たせるための子育て支援、家庭支援が目されるようになったのである。前述のように、かつての支援は、困難を持つ個人、困難の要因となっている個人という固有の対象への援助が意図されてきた。現代では、個人の集団である家庭を支援していくことが求められている。

第2節　家庭支援の機能

（1）家庭の機能

　家庭は、家族が生活する場であり、それぞれの欲求を持った個人（夫、妻、子、祖父、祖母等）が一緒に日々の生活を営んでいる。それぞれの個人は家庭を構成する家族メンバーとして家庭内での役割を果たすと共に、職場や学校、地域での役割を果たし、さらに自分自身を生きている。その生きる拠点が家庭である。家庭は、**家族員**に対し、①食事や入浴、睡眠の場の提供　②子どもの保護、世話、教育　③高齢者や障害を持つ家族員の介護や世話　④収入のない家族員の経済的扶養　⑤家族員の情緒的受容などの機能を果たしている。通常家庭は、これらの機能を果たすことにより、今を生きる家族員個々の日々の再生産、次世代の再生産を綿々と行っているのである。

重要語解説

家族員

　家族を構成しているメンバー、"family member" のこと。家族構成員とも訳される。
　家族員は互いに独立した存在であるが、親子や夫婦、兄弟姉妹等のサブシステムを持ち、それぞれに期待される役割が存在する。

（2）家庭支援の機能

　家族員全員に対してこれらがうまく機能している時，家庭は，家族員にとってかけがえのない「安定し，安心できる場所」となる。しかし家族員の欲求が必ずしも一致するとは限らず，相反する場合もあれば，社会関係や社会資源の不十分が家庭の機能に支障を生じさせる場合もある。また家族員が家族や家庭のありように違和感を感じた時，家庭は家族員にとって「安定し，安心できる場所」ではなくなり，家庭の機能に支障が生じる。通常，家族はその違和感を解消すべく，折り合いをつけながら暮らしていく。違和感を感じたら，それを他の家族員に伝え，互いに話し合い，互いの欲求を受け入れ合う経験を繰り返すことによって，家族の力は強められ，安定していく。だが，違和感が表現されることなくくすぶり続けたり，折り合いがつけられなかったりした場合，家庭は「安定した，安心できる場所」ではなくなり，家族員が互いに息苦しさを感じ，がまんのできない場所になってしまい，家族員だけでの解決が困難となる。家庭支援とは，家族員それぞれが自分の欲求と相手の欲求とをすり合わせ，互いに受け入れられる状況を見出していく過程を，相談支援やさまざまな社会資源の利用等によって支援していくと同時に，家族のそれらの調整能力を育成していく営みである。

（3）「家庭」と「個人」

　家庭支援はこれまで，たとえば「子育ての機能を十分に果たす家族」といったような理想的家族像を目指すための営みを行ってきたと言える。その機能の担い手としては家庭内の女性が想定され，それが女性自身にとっても幸福であるという図式が想定されてきた。また子どもや高齢者にとっても，血のつながった家族と暮らすことが何よりも幸福であるという図式が想定されてきた。家族の中で生活し，家族員としての役割を果たすことが，個人の幸福であり福祉でもあるとされてきたのである。だが現実には，家族の中で生活すること，家族員としての役割を果たすことが，必ずしも個人の福祉とイコールではなくなってきていることが明らかになりつつある。家族介護問題は，介護者個人の福

祉を阻害する状況を招き，また必ずしも適切で十分でない家族介護を受けることは要介護者本人の福祉を阻害する。子ども虐待やマルトリートメント（不適切な子育て）は子どもの心身を傷つけ，生命を奪うことにもなりかねない。家庭支援においては「家族は，そのメンバーである個人の福祉を阻害する存在にもなり得る」こと，そして「個人としての家族メンバーの福祉の実現」を基礎に置き，時には「家族から個人を離すことの支援」も含むことを念頭に置く必要がある。

（4）家族のライフサイクルと家庭支援

　家庭支援が必要となる家庭の危機は，突発的に家族員のだれかが病気になり入院する，事故に遭う，精神的に行き詰まる，失業する，災害に遭う等の急性の問題と，家族のあるステージに特徴的な圧力に対して適応できないという，ライフサイクル上，出合うことが予測される問題の2つに分けられる。表2-1のように，私たちの家庭は通常，結婚による新しい家族の誕生，子どもの出産による家族の拡大，子どもの成長にともなう家族の拡散，子どもの自立による家族の縮小，配偶者の死による1つの家族の消滅という**ライフサイクル**をたどり，各ライフステージにおいて家族を維持し期待される機能を果たすための課題に直面する。個人の集合体である家族は，家族員個々の課題を同時に抱えることになる。ライフサイクルの各段階において，課題を解決していく過程が，家族員の成長を促進していくような支援および支援体制が求められる。

重要語解説

ライフサイクル，ライフステージ

　ライフサイクルとは，生命を持つものの発生から消滅までの一生に見られる，規則的な推移のことである。人間ならば，出生から死亡に至るまでの段階的な発達とその推移のことを言う。ライフサイクル上の各発達段階をライフステージと言う。

第2章 家庭支援の意義と役割

表2-1 M. マクゴールドリックとB. カーターによる家族周期にもとづいた家族支援のニーズ

段階	心理的な移行過程	発達に必須の家族システムの第2次変化	ニーズの可能性
第1段階 独立した若者としての巣立ち	親子分離の受容	(a) 自己の出生家族からの分離 (b) 親密な仲間関係の発達 (c) 職業面での自立	・就労支援、仕事場での適応を進めるサポート、心身、経済的な自立支援（公的な支援は必要としないかもしれないが、気軽な相互援助のためのネットワーキング）
第2段階 結婚による家族としての参加	家族システムをつくる	(a) 夫婦システムの形成 (b) 親の家族と友人の関係の再編成	・夫婦関係の調整、新しい家族としてのルール作り、私生活の変化に伴う職場への再適応の促進 ・家庭内外での役割の変化に互いに適応するための支援 （例：パートナーの両親とのそれぞれの役割、関係性）
第3段階 子どもの誕生によって親となる	家族システムへの新たなメンバーの受容	(a) 子どもを含めた夫婦システムの調整 (b) 親役割の取得 (c) 父母の役割、祖父母の役割を含めて、親族との関係の再調整	・子育て支援：子育て不安を軽減するサポート、仕事と育児の両立、子育てできるような職場、地域、家庭環境の調整 ・両親などの親世代が子どもの養育に関わるときの親世代への支援、子どもの発達や健康に関する不安への対処（医療、保健、産業等との連携） ・新しい役割の取得（父親、母親役割）、子どもとの関係性の樹立の促進
第4段階 子どもが青年期の家族システムの変容	子どもの独立を進め、家族の世代間境界を柔軟にする	青年が家族システムに出入りできるよう親子関係変化	・子どもへの支援（子ども、親、教育の現場で）：子どもの教育の場での不適応、非行・自殺等 ・親子の関係性の変化の調整 ・若者の巣立ちの促進：若者が巣立っていく新たなシステム、学校、職場等の擦り合わせ（産業、教育、司法分野との連携）
第5段階 中年期の家族：子どもの巣立ちと別れ	家族システムからの出入りの増大の受容	(a) 二者関係としての夫婦関係の再調整 (b) 親子関係を成人同士の関係に発展させる (c) 配偶者の親・兄弟や孫を含めての関係の再編成 (d) 父母（祖父母）の老化や死に対処する	・家族関係の調整：子どもが思春期の家族の変容。子どもの自立に向けての家族関係・相互役割の変化。改めて、カップルとしての役割と関係の再調整。 ・若者が巣立った後の家族（原家族）の再編成と家族内や役割の再取得（この時、親世代への心理的フォローが必要となるかもしれない） ・子どもたちにも経済的自立の問題や精神的な問題が生じる場合もある ・リストラ・倒産、定年退職等の危機に対処（医療、産業との連携） ・中年期への変化に対する心身ともの支援：老後への不安、自分達の喪失への対応。自分達の老親の介護
第6段階 晩年の家族	世代的な役割交代の受容	(a) 自分及び夫婦の機能維持、生理的老化への直面、新たな家族的社会的役割の選択 (b) 中年世代がより中心的な役割をとれるよう支援 (c) 死の準備 (d) ライフレヴュー（life review）による人生の統合	・世代交替の役割変化へのフォロー：子どもたちとの役割交替 ・自分及び夫婦の機能維持、生理的老化への直面と死の準備（人生の統合）を支える ・介護を巡る問題への支援：老々介護、社会的孤立、自殺、老人虐待、老親との別れ、老親やパートナーの介護（医療、保健との連携） （ケアマネージャーが場合によっては支援の中核）

出所：得津慎子編著『家族支援論――一人ひとりと家族の為に』相川書房、78～79頁から引用（Carter, Betty & McGoldrick, Monica, (1989) *The Changing Family Life Cycle*, Allyn & Bacon. をもとに得津慎子が作成）。

（5）家族政策としての家庭支援

わが国の家庭支援は、少子化対策として打ち出されたサービスである。少子化対策とは、低下した出生率にどのように対応するかという、事後的に生み出された政策である。欧米諸国では通常、「少子化対策」という言葉は用いられず、わが国でいう少子化対策の範疇(はんちゅう)は、子どもやその家族に対して支援を行う「家族政策（ファミリー・ポリシー）として位置づけられている。家族政策とは、具体的には、①家族に関する法制（婚姻、親子、児童扶養、相続など）、②経済的支援に関する政策（児童手当、育児休業給付など）、③サービスに関する政策（保育サービス、児童虐待への対応、母子保健など）のことである。わが国では少子化対策から始まった家庭支援であるが、今後は個々の家庭や家族員の福祉の増進・向上を図るための「家族政策」の1つの方策として位置づけていくことが重要である。

第3節　家庭支援の構成要素と展開

（1）家庭支援の構成要素

家族支援が成立するための要素としては、利用者、利用者のニーズ、支援の提供を行う場、支援に従事する支援者、問題解決に利用可能な社会資源の5つを挙げることができる。

1）利用者

家庭支援が成立するためには、まず第1に、家庭支援を必要とする利用者の存在が必要となる。前節で見たように、私たちはだれでも生涯を通じて病気や事故、災害など突発的な問題に遭遇する可能性を持っており、またライフサイクルの各ステージにおいて想定される課題に直面する。通常それらの問題は、個人と家族の力、家族機能をもって解決されたり、乗り越えられていく。だが、その時の個人と家族の状況によっては、その力が十分に発揮されない、あるいは発揮できないことがある。家庭支援はそのような際に、家族員個々の成長を図ることによって家族機能の回復や向上を導き、その家族が問題を克服できる

ように支援する。すなわち、私たちはだれでも家庭支援の利用者になる可能性を持っているということができる。家庭支援の利用者となるには、支援を提供する機関や施設に出向いて支援を受けることによって「利用者」となるわけであるが、支援者は、潜在的利用者が相談機関を訪れるのを待つだけでなく、支援者側が地域に出向いて潜在的利用者を発見することが求められている。

２）利用者のニーズ

　私たちはだれでも家庭支援の利用者になる可能性を持っているが、実際の利用者になるには、直面している問題、解決すべき課題の存在が必要となる。支援の実践において、第一義的に焦点が当てられるべきものは、利用者が訴える「生活上の諸問題」である。利用者が直面している問題に対して客観的な理解、より詳細な理解を図ると共に、利用者自身はどう感じているのか、今後どのようにしたいと考えているのかといった利用者自身の思いや考えに耳を傾け、寄り添うことが求められる。こうして得られた情報をもとに、支援者は、その個人および家族が解決すべきニーズは何なのかを把握することになる。

　ニーズには、本人や家族が支援を望んでいるもの、支援は望んでいないが実際問題として困難をきたしているもの、本人や家族は意識していないが専門職（支援者）から見て支援が必要だと考えられるもの等が想定される。支援にあたっては、利用者自身の自己決定や思いを尊重しつつ、支援者の専門性に基づく判断を提示して本人と家族にとって最善の利益となる支援を目指さなければならない。子育て期における家族のニーズ、支援すべき対象は大きく、①子ども自身の成長・発達に関わる支援、②親が親になるための、あるいはひとりの社会人としての生活していくための親への支援、③親子間、夫婦間など家族関係への支援、④子どもを育み円滑な家族関係を営むための家庭環境（経済的基盤や住宅環境等）への支援、⑤子どもが育ち家族が生活を営むのに値する地域環境への支援、に集約される。

３）場

　ここで言う「場」とは、支援を提供する機関、施設を意味する。機関、施設により利用する地域の社会資源や具体的に行使できる権限が異なっており、そ

の機関，施設の目的や性格は，支援のあり方に大きく影響する。子育て期にある家族に支援を提供する機関，施設としては，行政機関である児童相談所，福祉事務所，家庭児童相談室，保健所，保健センター，家庭裁判所等，公私の児童家庭支援センター，保育所，幼稚園，学校，子育て支援センター，児童養護施設，乳児院，母子生活支援施設，障害児施設，病院等の専門機関，地域で活動を展開している民生児童委員，主任児童委員，社会福祉協議会や子育てサークル，子ども会等がある。専門機関には専門性を持った専門職がおり，専門性を活かした高度な支援が期待されるが，「専門」機関であるがゆえに利用者と対等の関係になりにくく，子どもや家族の自主性が疎外される恐れを内包している。また利用に際しては申請主義が原則であること，窓口での対応を主とすることから，問題の発見にはそぐわない面がある。一方，民間団体が行っている地域活動は地域を活動の拠点としており，家族に身近な存在として家族のニーズにより柔軟に応えることが可能であるが，十分な専門性を備えているわけではなく，活動場所の確保や経済的基盤の脆弱性(ぜいじゃくせい)を抱えている。

4）支援者

　支援者は，支援を提供する機関，施設に所属し，個人と家族の生活のさまざまな場面で直接的・間接的な支援を行う専門職である。子育て期の家族の支援者としては，保育士，児童指導員，児童福祉司，臨床心理士，母子指導員，医師，看護師，栄養士，民生児童委員，主任児童委員等が想定され，単独での支援だけでなく，同じ専門性を持つ複数の専門職による支援，専門性を異にする複数の専門職による支援が展開される。他職種の専門職と協力するにあたっては，家庭支援に固有の専門的知識や技能，価値観や態度を備えることが必要である。また支援者が行う支援は，支援者の所属する「場」，すなわち施設や機関，団体などの機能に制約される。支援者は，所属機関の目標や機能をふまえて，支援を行わなければならない。近年では，身近な専門機関として保育所や幼稚園，こども園等が注目され，子どもに関する専門的知識や技術を持つ保育者に家庭支援の支援者としての期待が高まっている。家庭支援に職業として従事する者は，次節にあるような理念，価値観，原理・原則をふまえて，支援に

あたらなければならない。

5）社会資源

家庭支援の過程で利用される社会資源とは，支援の目的を効果的に達成するために利用可能な，公私にわたる一切の物的・人的な要素をいう。具体的には，法制度，機関・組織，施設，設備，物品，金銭，技能知識，専門職，ボランティア等であり，上述した「場」や「支援者」も社会資源となる。近年では，NPO法人や営利企業によるサービスも社会資源として大きな位置を占めつつある。また当事者団体による活動（障害児を持つ親の会や子育て中の親による子育てサークル，ピアカウンセリング等）も重要な社会資源である。利用者の抱える問題のかなりの部分は社会資源の利用によって解決可能と考えられるが，社会資源は必ずしも量的にも質的にも十分ではないこと，問題を抱え孤立している個人や家族は社会資源の存在を知り得にくいことから，家族の抱える問題の解決が阻まれるという状況が生じている。

家庭支援の過程に社会資源の利用を織り込む場合には，利用者の主体的な立場を尊重し，的確なアセスメントと計画性にもとづいて行う必要がある。利用者が何を必要とし，どのような社会資源が役に立つのかを考え，利用者がそれを希望しているのか，受け入れるにはどのような条件が必要か，利用により予測される効果はどのようなものかを考え，社会資源の利用計画を立てなければならない。利用者が必要としている社会資源が現存していなかったり，利用条件やサービス内容に適合しなかったりした場合は，支援者は，利用者の必要性を尊重し，社会資源を改善したり，拡充したりする視点を持たなければならない。

またそれぞれの社会資源の特徴を生かしてより有効な支援を実施するためには，社会資源間の連絡・連携，地域でのネットワークが不可欠である。2004（平成16）年には地域の関係機関や団体の連携を密にするために，児童福祉法で，専門機関と地域活動を行う団体が参加する要保護児童対策協議会の設置が規定されたが，現状ではいまだ十分な連携が取れているとは言えず，今後の課題となっている。

（2）家庭支援の展開過程
　1）家庭支援の目標
　マザー・テレサ（Mother Teresa）は，「人間にとって最もつらく，悲しいことは，貧困でも不治の病にかかることでもない。それゆえに見離され，誰からも愛してもらえないことである」と述べ，カルカッタのスラム街で貧しい人々の救済にあたった。ひるがえって，現代の日本では，カルカッタのスラム街のような絶対的貧困の問題はほぼ見られなくなっている（なくなったわけではない）が，経済的状況の如何によらず，家族，親族，友人，近隣などの人間関係が希薄化し，人々が孤立化しやすい傾向にあることが問題となっている。孤立化とは，家族・親族，友人・知人がいないというだけでなく，配偶者，家族，親族，友人が物理的には周囲にいるにもかかわらず，本人が主観的・心理的にひとりぼっちの状態にあると感じている場合も含む。周囲に人がいる中で意識的に無視され，自分を理解してくれる人がだれもいない，という孤立感はいっそうつらく，個人を追い込むものであろう。
　家庭支援の目標は，社会資源の利用等によってそれぞれの利用者，利用者家族の抱える生活問題の解決，軽減を図るという具体的ニーズの充足と共に，利用者の心理的ニーズにも目を向け，利用者が訴え，表出している気持ち，感情，思い，心の動きを積極的に傾聴し，共感，受容していくことで利用者の心理的安定，まわりの人との人間関係の調整，孤立化の予防を図り，心理的ニーズの充足を図ることにある。
　2）プロセス（展開過程）
　支援者は利用者に対しさまざまな支援を提供するが，その支援の柱は相談支援である。相談支援は，利用者から相談が持ち込まれる，あるいは支援者が問題を発見することから始まる。支援者は，利用者や家族との話し合い，利用者や家族と社会資源の仲介，諸機関・施設との連携によって，利用者や家族が自分達自身で生活上の諸問題を解決していけるように支援する。この支援は，場当たり的に行われるのではなく，基本的には一定の手順と方法をもって進められる。この手順と方法を家庭支援の「プロセス（展開過程）」と言い，その概要

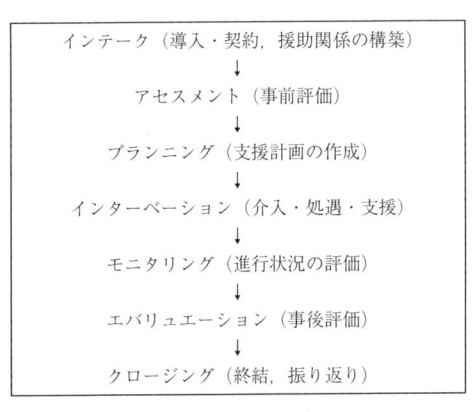

```
インテーク（導入・契約，援助関係の構築）
          ↓
     アセスメント（事前評価）
          ↓
    プランニング（支援計画の作成）
          ↓
  インターベーション（介入・処遇・支援）
          ↓
    モニタリング（進行状況の評価）
          ↓
    エバリュエーション（事後評価）
          ↓
    クロージング（終結，振り返り）
```

図2-1　家庭支援のプロセス
出所：筆者作成。

は図2-1の通りである。またこの支援の過程は支援者が一方的に進めるのではなく，利用者である家族が主体的に参加し，両者が共に進めていくことが求められる。

①インテーク（intake：導入・契約，援助関係の構築）

支援を必要としている家族とかかわる最初の段階である。当事者や家族からの相談，保育所や子育てひろば等の活動を通して支援の必要を感じた支援者（保育者等）からの家族への働きかけ，子どもや家族のことを心配した親族や近隣からの相談等から支援の過程が始まる。インテークでは相談者の主訴とニーズの把握，家族の相談目的・内容と機関の提供できる支援機能の合致の確認，機関が提供できる支援についての相談者への説明が行われる。家族が必要としている支援と機関が提供できる支援が一致しない場合は，他専門機関への紹介を行う。円滑な支援を展開するためには，この段階で相談者との良好な支援関係を構築できるよう，情報収集と状況把握のための会話に終始することなく，相談者の葛藤や不安，憤り等さまざまな感情に共感する等の姿勢を示し，相談者や家族と共に課題を整理し，必要な支援を明確にすることが重要となる。

重要語解説

主　訴

　支援者に対して，相談者が訴える主な相談内容のこと。主訴と，相談者が有するニーズが一致しないこともある。

---

　②アセスメント（assessment：事前評価）
　家庭への支援を有効に進めていくには，その家族が抱える課題とニーズを詳細に把握することが必要となる。そのための情報収集と収集した情報の分析をアセスメントと言う。収集すべき情報としては，家族の状況，これまでの経過，家族が居住する地域の状況，家族の課題に取り組む力などがある。また収集の方法としては，当事者である相談者や家族から直接面接等により得るほか，保育等の活動場面における子どもや保護者の様子の観察，またその家族にかかわっている他機関からの聴取等が考えられるが，情報収集にあたっては，原則として，相談者に事前の説明を行い，了承を得る必要がある。アセスメントは事前評価と訳されるが，情報の収集と分析は，支援の過程を通して行われる。

　③プランニング（planning：支援計画の作成）
　プランニングとは，家族と支援者とが協働して目標を定め，目標を達成するための具体的な方法を考え計画を作成するプロセスを言う。家族と支援者が支援の目標や方法に共通の認識を持つことは，課題解決への家族の主体的なかかわりを強化する。目標には，家族のニーズが充足された状態あるいは緩和された状態を示す最終的な目標（ゴール）と，最終的な目標に到達するための具体的な目標がある。目標は明確で測定可能，達成可能なものであり，機関の機能と一致している必要がある。支援方法としては，家族のニーズ充足のために，だれが，だれに対して働きかけたらよいのかを明らかにし，家族の個別的な状況や特性に応じた手段や資源，情報を選択し，提供することが求められる。支援計画は絶対的なものではなく，状況の変化や介入後のモニタリングの結果に応じて見直す必要がある。

④インターベーション（intervention：介入・処遇・支援）

　具体的な援助，介入の段階である。支援者の立場からすると「個々の問題を抱えている利用者のケースに介入し，サービスを提供する，あるいはサービスにつなげる」段階であるが，家族が「ニーズを充足するために支援の場，社会資源を活用している」段階であると，家族を主体として捉え返す視点が大切となる。支援者の役割も，サービスの提供やより適したサービスへの仲介と共に，サービスを利用して問題の解決に向かおうとする家族の意欲を支持することも大切な役割となる。介入の内容としては，資源の紹介によって自ら問題を解決するきっかけを提供する相談・情報提供サービス，家族が主体性を獲得し自立を図るための活動を行える場を提供するサービス，そのような場において利用者同士の交流や利用者による組織同士のネットワークづくりを支援する交流支援サービス，支援者が直接家族に対してグループワークや学習会などのプログラムを提供する直接支援サービスなどが想定される。また家庭支援の形態としては，相談支援型，訪問支援型，通所支援型，入所支援型などが想定される。

⑤モニタリング（monitoring：進行状況の評価）

　介入により利用者と家族にどのような変化があったか，介入の効果はあったか，新たな課題は発生していないか等について評価することをモニタリングと言う。支援計画は絶対的なものではなく，モニタリングで得られた情報によっては，アセスメント，プランニングの段階に戻って支援計画の修正を行わなければならない。評価は支援者と家族が協働で行うことが望ましく，家族は支援者と共に状況を振り返ることによって，問題の解決を阻んでいる要因は何か，状況の変化によって何がもたらされたか，家族にとって必要な資源や援助は何か等を意識化することができ，評価作業そのものが支援活動の一環となる。

⑥エバリュエーション（evaluation：事後評価）

　支援終結時の評価をエバリュエーションと言う。支援の開始から終結までの全過程を振り返り，目標の達成度や支援の有効性や効果，効果の継続性や問題の再発の可能性等について確認する。エバリュエーションにおいても，家族がその作業に支援者と共にあたることが重要である。適切な事後評価を行うには，

事前評価（アセスメント）において問題や家族の状況についてきちんと整理されていること，プランニングにおいて評価の対象や目標が明確に示されている必要がある。

⑦クロージング（closing：終結，振り返り）

支援の最期の段階をクロージングあるいはターミネーション（termination）と言う。終結の条件は，支援計画における家族の目標が達成され家族のニーズが充足されることであるが，その他家族の転居や他機関への送致によって終結となる場合，また支援による効果がないとの判断により終結に至る場合もある。終結にあたっては，それまでの支援過程を家族と共に振り返り，家族と支援者との合意により終結を決定する。家族が終結を納得し次の段階に移行するためにも，また将来同じような問題に直面した際には家族が自分達で解決の糸口をつかむことができるようにするためにも，今回の支援過程を通じて得たものを確認し合うなど，丁寧な振り返りが求められる。

第4節　家庭支援の原理・原則

（1）家庭支援と相談援助技術の原理・原則

家庭支援は対人援助であり，社会福祉援助に位置づけられる。ヘップワース（Hepworth, D. H.）とラーセン（Larsen, J. A.）は，社会福祉援助の実践目標として以下の6点を挙げているが，これらはまさに家庭支援の目標そのものである。

①人々が自分自身の対処能力を高められるように援助する。
②人々が社会資源を得られるように援助する。
③身近な環境にいる人々の交流を援助する。
④組織が人々のニーズに応えるようにする。
⑤組織間の交流・協力を促進する。
⑥社会政策や環境政策の発展を目指して働きかける。

相談援助技術では，これらの目標を達成するために，いくつかの原理・原則が示されているが，これらは家庭支援の実践にも通ずる原理・原則である。利

用者と支援者のよりよい支援関係の構築に必要な原則を示した「**バイスティック（Biestek, F. P.）の7原則**」が広く知られているところだが，佐藤（2001）は，バイスティックの7原則を含みながら，1次的原理，2次的原理，3次的原理と，より構造化した相談援助技術の原理・原則を示している。ここでは佐藤の基本原理・原則に則りつつ，家庭支援の原理・原則について述べる。佐藤は「ここでいう原理とは，援助技術を展開する際に基礎となる本源的・本質的なものをいい，原則とは，原理から導き出され，援助関係の多くの現象に適用可能な共通の法則をいう」(2)と説明している。

┌─ 重要語解説
│
│　　　　　　　　　バイスティックの7原則
│
│　バイスティックは，利用者は支援者からどのように扱われたいと思っているかということから，支援者が取るべき態度として以下の7項目を見出した。
│　①個別化
│　②意図的な感情表出
│　③統制された情緒的関与
│　④受　容
│　⑤非審判的態度
│　⑥自己決定
│　⑦秘密保持

1）1次的原理（専門的支援関係の価値原理）

1次的原理とは支援を展開する際に基礎に置くべき価値であり，それは「人間の尊重・人間としての尊厳の重視」である。支援者は，人の持っている属性（性別や年齢，経済的・社会的状況や心身の状況等）によって価値を見るのではなく，それ以前の「人である」という本質に根源的価値を置かなければならない。この価値原理の背景には，ノーマライゼーションの思想にもとづく「平等主義・機会均等」の思想，予定調和にもとづく「社会連帯」の思想，民主主義・人道主義の擁護を目する「民主社会」の思想がある。

2）2次的原理（支援者の基本的態度原理）

2次的原理は1次的原理を具体化したもので，3つの支援者の基本的態度が示されている。1つめは「個別化の原理」であり，人は一人ひとり特定の人格を持つかけがえのない個人として尊重され，支援者は利用者一人ひとりの個別性を認識して支援にあたるべきとするものである。2つめは「**主体性**尊重の原理」で，具体的には「選択意志尊重の原則」「自立（律）性尊重の原則」「自己決定の原則」が挙げられている。人は生まれながらにして自己決定を行う能力を持っているという信念を背景に，その人にかかわる選択や決定は支援者ではなくその人自身が行う，他者の支援を受けていても，自分の意志で自らの生活を律し自主の地位を保つよう支援していくという原則である。3つめは，人はいついかなる状況でも変化する可能性を根底に持っているという確信を背景とした，「変化の可能性の尊重の原理」である。支援者は利用者個々人の潜在的能力を信じると同時に，利用者のささいな変化をとらえることができる力量を持たなければならない。

重要語解説

主体性（identity）

人間は，環境との相互作用の中で，他者とは違う「自分らしさ」をつくり上げていく。主体性とは，その人なりのある程度一貫した論理と行動で，自己の生活の営みをその人なりの責任のとり方で引き受けていくことである。

3）3次的原理（専門的援助関係の展開過程）

3次的原理は，利用者と支援者の基本的信頼関係（ラポール）の上に展開される支援過程において支援者はどのようにあるべきかを示す原理・原則で，「支援者の基本的態度原理」，「専門的支援関係の過程重視の原理」，「社会福祉支援システム介入の原則」に大別される。

「支援者の基本的態度原理」は，以下の4つの原則から成っている。1つめは，支援者は利用者の長所と短所，好感の持てる態度と持てない態度，肯定的感情と否定的感情などすべてをそのまま受け入れなければならないとする

「受容の原則」で，2つめは，支援者は道徳的観念や自分自身の価値観で利用者を裁いてはならないとする「非審判的態度の原則」である。3つめは「統制された情緒関与の原則」で，支援者が自分の感受性を働かせて利用者の言葉の裏にある真の感情を理解し，その感情に意図的に共感的反応を示すというものである。4つめは「秘密保持の原則」で，自分の話したことが第三者に漏れることはないと利用者に理解してもらうことである。これらの原則により，利用者は自己防衛を解き，自己を自由に表現することが可能になる。

「専門的支援関係の過程重視の原理」は，「参加の原則」と「意識化の原則」から構成されている。「参加の原則」は，利用者も支援の過程に共に参加し，利用者と支援者が「共同で問題解決にあたる」ことである。「意識化の原則」は，支援者は，常に支援者としてあるべき姿，取るべき言動を意識して臨まなければならないという原則で，より具体化された以下の6つの原則が示されている。1つめは，利用者と支援者の関係は，家族や友人のように無意識の関係ではなく，関係を意識的につくり上げていかなくてはならないとする「意図的な支援関係樹立の原則」，2つめは，支援者は，どのようなプログラムや社会資源を活用するか等を意識的に考えなければならないとする「意図的な支援方法活用の原則」，3つめは，利用者が表出しにくい自分の感情を表現しやすいように導く「意図的な感情表現の原則」，4つめは，支援の初期，中期，終期にわたって，可能な限り利用者と共に振り返りを行うべきとする「継続評価の原則」，5つめは，支援者は私的自己ではなく，専門職としての自分自身を活用しなければならないという「専門職的自己の活用の原則」，6つめは「制限の原則」で，たとえば「自己決定の原則」があったとしても，その決定が法律を逸脱する内容であったり，他の人を傷つけるようなものであった場合は，その自己決定には制限がかけられるという原則である。

「社会福祉支援システム介入の原則」は，より具体的な「社会福祉支援システム開発の原則」，「社会福祉支援システム維持・強化の原則」，「社会福祉支援システムと関連システムの連携・調整の原則」で構成している。支援者は，支援過程において必要な社会資源や支援システムが存在しない場合は，新たに

開発したり，現在あるシステムの有効性をより高めるためにシステムの強化を図る役割，利用者と他のシステムとの仲介者，調停者，利用者の代弁者として他のシステムとの連携や調整を図る役割を担うというものである。

（2）家庭支援の実践にあたっての倫理と価値観

上記は，対人支援にあたる者として，支援者がわきまえておくべき基本的な原理原則である。家庭支援にあたっては，支援者にはさらに，自身がそれまでの育ちと文化の中で育んできた家族観，ジェンダーへの意識，親子観についての認識を持つと同時に，利用者およびその家庭のそれらへの傾向を文化的感受性をもって確認し，それぞれの家庭の文化と価値観の多様性を認めることが求められる。人は，自分の文化にもとづいて考え，「あれは正しい」，「これは間違っている」等ものごとへの態度を示し，行動しがちであるからである。以下に，憲法，法律等の条文を参考に，家族観，親子観等について記す。

1）家族と家族構成員の関係

日本国憲法第24条では「家族」について，夫婦は同等の権利を有していること，家族の生活は個人の尊厳と両性の平等の上に成立しなければならないことが述べられている。

1994（平成6）年からの国際家族年では「家族からはじまる小さなデモクラシー」がスローガンとされ，家族をはじめとする身近な人同士が，互いを尊重し合うことが謳われている。1999（平成11）年に成立した男女共同参画社会基本法前文では，男女が社会の対等な構成員として，あらゆる分野の活動に参画することが今後の重要な課題であるとされている。だが，現実はどうであろうか。わが国では収入における男女の格差が大きいこと，男性の家事・育児に携わる時間が極端に短いことなどはよく知られているところである。利用者と家族の持つ家族観を尊重しつつ，その家族観は本当に利用者や家族が理想としているものなのか，社会規範や経済的格差によって選択の余地なく押しつけられたものでないかなど，利用者と共に振り返る作業が家庭支援の過程においては求められるであろう。

> コラム
>
> ### 家族関係における個人の尊厳と両性の平等
>
> ①婚姻は両性の合意のみに基づいて成立し，夫婦が同等の権利を有することを基本として，相互の協力により，維持されなければならない。
> ②配偶者の選択，財産権，相続，住居の選定，離婚並びに婚姻及び家族に関するその他の事項に関しては，法律は，個人の尊厳と両性の本質的平等に立脚して，制定されなければならない。
>
> （日本国憲法第24条）

> コラム
>
> ### 男女共同参画社会基本法前文
>
> 少子高齢化の進展，国内経済活動の成熟化等我が国の社会経済情勢の急速な変化に対応していく上で，男女が互いにその人権を尊重しつつ責任も分かち合い，性別にかかわりなく，その個性と能力を十分に発揮することができる男女共同参画社会の実現は，緊要な課題となっている。
> このような状況にかんがみ，男女共同参画社会の実現を21世紀の我が国社会を決定する最重要課題と位置付け，社会のあらゆる分野において，男女共同参画社会の形成の促進に関する施策の推進を図っていくことが重要である。

2）親権と親の責任

「親権」とは，子を持つ親に対して法的に与えられている社会的かつ経済的な権利および義務の総称のことである。親権は民法に規定されており，監護教育権（第820条），居所指定権（第821条），懲戒権（第822条），職業許可権（第823条），財産管理権（第824条），法定代理権（第832条），未成年の子の非嫡出子の親権（第833条）などが規定されている。親権の行使は父母の婚姻中は父母が共同で行うのが原則であり，近年他国では，父母の離婚後も2人の親を持つという子どもの権利を尊重し，共同親権がとられるようになっている。だが日本では，父母の離婚に際しては，父親か母親いずれか一方に親権が委ねられるのが原則とされている。また親権の考え方については，イギリスでは親の「権利」から親の「責任」へととらえ方がシフトされている。親権は親が子どもに対して何かを行う「権利」というより，子どもを育てるにあたり，子どもの最

善の利益を護るための配慮や施策を求めることができる親の権利と考えることが適当であろう。子どもの権利に相対する親の権利について，家庭支援に携わる者としてどう考えるのか，利用者はどう考えているのかを意識する必要がある。

3）家族の多様性の尊重

これまでの家族への援助においてはある1つの「理想的な」家族像があり，それに沿って一人ひとりの家族成員がそれぞれの成員としての役割を担うことが期待されてきた。そしてそのあるべき姿から外れていると考えられる家庭に対して「低下した家族機能を補う」ことによって，「あるべき理想的家庭」を取り戻すことが目指された。しかし現代は，法律婚によらない夫婦，非婚の母子家庭，同性のカップル，など多様な家族の形態が存在する。私たちは，どのような家族を形成するか（家族を形成しないという選択を含めて）選択する自由を持っているのである。家庭支援の実践にあたっては，多種多様な家族の構成や文化があることを認めた上で，その家庭を営んでいる家族成員個々の生活を支援するという視点を忘れてはならない。

【演習課題】

1　「家庭を支援する」とは具体的にどのようなことか，その目的や方法について考えてみよう。
2　自分の家族など身近な例を想定して，「家族」と「個人」の関係，「家族」と「個人」のバランスについて考察してみよう。
3　家族を支援する際に留意すべきことについて挙げてみよう。

〈注〉
(1) 太田義弘「家族ソーシャルワーク」京極高宣監修『現代福祉学レキシコン』雄山閣出版，1993年，171頁。
(2) 福祉士養成講座編集委員会編『新版介護福祉士養成講座⑤　社会福祉援助技術』中央法規出版，2001年，117頁。

〈参考文献〉

神原文子・杉井潤子・竹田美知編著『よくわかる現代家族』ミネルヴァ書房，2009年。

畠中宗一編『よくわかる家族福祉（第2版）』ミネルヴァ書房，2007年。

バイステック，F. P./尾崎新・福田俊子・原田和幸訳『ケースワークの原則〔新訳版〕──援助関係を形成する技法』誠信書房，1996年。

福祉士養成講座編集委員会編『社会福祉援助技術Ⅰ（第3版）』中央法規出版，2006年。

福祉士養成講座編集委員会編『社会福祉援助技術Ⅰ（第4版）』中央法規出版，2007年。

〈理解を深めるための本〉

香山リカ『母親はなぜ生きづらいか』講談社現代新書，2010年。

　　──明治期の「近代化」以降，日本の母親たちは社会に振り回され，国家の都合に従わされながら，「良妻賢母」「母性愛」など特定のイメージにあてはめられ，孤立していった。このように「つくられた母親像」に苦しめられたのは当事者である母親たちだけでなく，男性もまた自分の母親や妻を見る時，理想のイメージと現実とのギャップに苦しめられている。母性の歴史をひもときながら母子関係について考えることのできる本である。

星野智子・和田美智代『家族のこれから──社会学・法学・社会福祉学からのアプローチ』三学出版，2010年。

　　──各家族が孤立しないように支援するためには，現代社会の諸相，現代の家族が対面している課題を知り，家族にかかわる制度や法律，施策を学ぶ必要がある。本書では，結婚・離婚，子育て観や介護観，ワーク・ライフ・バランス，しつけと虐待，ドメスティック・バイオレンス，高齢者虐待，子育て支援，お墓の継承等が取り上げられ，問題点や課題点の整理，解決法の思索がなされている。

（五十嵐裕子）

第3章
家庭支援と法制度

学習のポイント

　家庭が支援を必要とする課題は多岐にわたっており，支援を行っていくためには，各種の法制度を知り活用することにより支援効果を上げられる場合が多い。家庭支援を行う際に知っておくとよい法制度にはどのようなものがあるのかを学習し，家庭支援に取り組むために必要な基礎知識を身につけてほしい。

　少子高齢化や核家族化などにともなう家族関係の変化や，昨今の経済的不況等にともなう貧困層の増加や格差社会の拡大などの社会構造の変化にともない，家族が必要とする支援課題は多様化してきている。子育て支援センターの活動のように，保育士や幼稚園教諭などの保育活動にかかわる者（以下，「保育者」と記す）が家族を対象とした相談・援助や支援の活動にかかわる機会はますます増加することが予測される重要な活動領域であると言える。

　家族に対する相談援助や支援活動は，子どもの成長・発達や，子どもの保育や教育に関すること，あるいは子どもの養育全般に関することなど，心理や保育技術など保育者の専門性に依拠する取り組みによって解決可能な課題が多いと思われるが，家族の経済的な問題やドメスティック・バイオレンス（以下，「DV」と記す）や家族の介護問題，児童虐待などを含む家族間の人間関係などに依拠する問題で支援を求められる場合も考えられる。家族に対する相談援助，支援の活動内容は，その家族が必要としている支援課題によって大きく異なってくる。

　前者のような，子どもの成長・発達や子育て支援に関するような保育者の専

門性を駆使することにより支援活動が進められる場合には，保育者は自信を持って支援の手をさしのべることが可能であるが，後者のような経済的な支援や，DVや家族の介護問題，児童虐待などを含む家族間の人間関係の調整等に関する援助や支援にかかわる場合には，戸惑いを感じる保育者は多いであろう。後者のような場合には，保育者の専門性だけではなく，ソーシャルワーク等の相談支援に関する技術を活用した取り組みや，関連する法律や各種の制度を効果的に活用しての支援活動が必要となる。

　家庭や家族への相談支援に関する活動を行っていると，縁あって結婚し，子どもを授かったが，夫婦の関係がうまくいかなくなり，離婚するといったケースに出合うことがある。こうした場合の相談支援を行う際にまず気をつけたいことは，父親や母親の生活設計も大切であるが，「子どもの生活はどうするのか」ということである。子どもの安全を確保し，子どもが安心して生活できる環境を得るためには，児童福祉法などの福祉関係の法律だけではなく，民法などの関連する法律に関する知識と共に，福祉事務所や家庭裁判所，警察などの関係機関や福祉関係だけではなく教育関係や司法関連の専門家との連携が不可欠となる。

　たとえば，家族の経済的な問題や人間関係などをはじめとした生活にかかわる支援を行う際には，保育所等で行われている保育活動とは異なった取り組みが必要となってくる場合がある。そうした場合には保育所などの福祉関連の機関に限定するのではなく，関連する各種の社会資源を駆使して相談支援に活動を進める事が必要とされ，相談援助にあたる者はそうした社会資源，特に，国や地方公共団体などを中心として進められている公的な制度や支援の仕組みを上手に活用して行くことが必要となってくる。

　本章においては家族への支援活動を行う際に，支援する側が知っておくべき法制度や理解しておくと効果的な法制度について，次の観点から説明を行うこととする。①家庭全体を支援することを目的とした場合に有効な法制度，②保護者（家族）を中心とした支援をする場合に有効な法制度，③主に子どもを対象とした支援を実施する場合に有効な法制度，の3つである。

第1節　家庭全体を支援することを目的とした場合に有効な法制度

　子どもを育てる家庭を支援するための法制度しては児童福祉法をはじめ，子育てに関連した経済的支援を目的とした児童手当法や，児童扶養手当法，特別児童扶養手当法等の他，生活保護法，民法，介護保険制度などがある。各法制度についての解説を行う。

（1）児童福祉法

　児童福祉法は，1947（昭和22）年に制定され翌1948（昭和23）年1月に施行された児童福祉に関する基本となる法律である。児童福祉法の総則には「すべて国民は，児童が心身ともに健やかに生まれ，且つ，育成されるよう努めなければならない」と，国民の努力義務規定が設けられている（第1条）。続いて，「国及び地方公共団体は，児童の保護者とともに，児童を心身ともに健やかに育成する責任を負う」と児童福祉の推進に対する公的責任が明確にされている（第2条）。第3条では前2条について「児童の福祉を保障するための原理であり，この原理は，すべて児童に関する法令の施行にあたつて，常に尊重されなければならない」と規定されている。

　児童福祉法の対象となる児童について「児童とは満18歳に満たない者」と定義され，「児童」を，乳児（満1歳に満たない者），幼児（満1歳から小学校就学の始期に達するまでの者），少年（小学校就学の始期から，満18歳に達するまでの者）とに分類している（第4条）。この点については少年法（後述）などで定められている「少年」や民法（後述）で定める「未成年」などとは年齢設定が異なるので留意する必要がある。

　また，「保護者」や「里親」，「児童福祉施設」について次の通り定義している。

　①「保護者」については，「親権を行う者，未成年後見人その他の者で，児童を現に監護する者」と定義づけている（第6条）（親権については，「民法」につ

いての解説を参照）。

②「里親」については「養育里親及び厚生労働省令で定める人数以下の要保護児童を養育することを希望する者であつて，養子縁組によつて養親となることを希望するものその他のこれに類する者として厚生労働省令で定めるもののうち，都道府県知事が第27条第1項第3号の規定により児童を委託する者として適当と認めるもの」と定義づけている（第6条の4）。

③「児童福祉施設」として，「助産施設，乳児院，母子生活支援施設，保育所，児童厚生施設，児童養護施設，障害児入所施設，児童発達支援センター，情緒障害児短期治療施設，児童自立支援施設及び児童家庭支援センター」の各施設が規定されている（第7条）。

児童福祉法にもとづく児童や妊産婦の福祉や保護などに関する業務の実施については次のように定められている（第10条から第11条）。また，市町村の役割，都道府県の役割，児童相談所の役割について次のように規定されている。

1）市町村の役割

児童および妊産婦の福祉に関し，①必要な実情の把握に努めること。②必要な情報の提供を行うこと。③家庭その他からの相談に応じ，必要な調査および指導を行うこと並びにこれらに付随する業務を行うこと。

2）都道府県の役割

①市町村の業務の実施に関し，市町村相互間の連絡調整，市町村に対する情報の提供，市町村職員の研修その他必要な援助を行うこと及びこれらに付随する業務を行うこと。

②児童及び妊産婦の福祉に関し，主として次に掲げる業務を行うこととして，

イ．各市町村の区域を超えた広域的な見地から，実情の把握に努めること。

ロ．児童に関する家庭その他からの相談のうち，専門的な知識及び技術を必要とするものに応ずること。

ハ．児童及びその家庭につき，必要な調査並びに医学的，心理学的，教育学的，社会学的及び精神保健上の判定を行うこと。

ニ．児童及びその保護者につき，ハの調査又は判定に基づいて必要な指導を

　　　　行うこと。
　　ホ．児童の一時保護を行うこと。
　　ヘ．里親につき，その相談に応じ，必要な情報の提供，助言，研修その他の
　　　　援助を行うこと。
の6項目の業務が定められている。
　このように，児童福祉法では都道府県および市町村の児童福祉の向上に関する公的な責任が明確に定められており，こうした業務の実施機関として「都道府県は，児童相談所を設置しなければならない」（第12条）と児童相談所の設置義務と，児童相談所が行うべき具体的な業務内容が定められている。
　こうした活動に従事する者として児童福祉法では幾つかの専門職が定められているが，家庭への支援を実施する際には保育士や地域で活動する児童委員や民生委員の役割が大きい。
　児童委員とは，児童福祉法（第16～17条）に定められている役職で，厚生労働大臣の委嘱を受けて，地域の子どもたちが元気に安心して暮らせるように，子どもたちを見守り，子育ての不安や妊娠中の心配ごとなどの相談・支援等を行う者のことである。一部の児童委員は，児童に関することを専門的に担当する「主任児童委員」の指名を受けている。児童委員と民生委員は共に，地域において家族に対する相談支援活動を進めていく際には大きな役割が期待できる存在である。
　児童委員の職務としては，次のように定められている（第17条）。
①児童および妊産婦の生活および取り巻く環境の状況を適切に把握しておく
　こと。
②児童および妊産婦の保護，保健その他福祉に関し，サービスを適切に利用
　するために必要な情報の提供その他の援助および指導を行うこと。
③児童および妊産婦に係る社会福祉を目的とする事業を経営する者または児
　童の健やかな育成に関する活動を行う者と密接に連携し，その事業または
　活動を支援すること。
④児童福祉司または福祉事務所の社会福祉主事の行う職務に協力すること。

⑤児童の健やかな育成に関する気運の醸成(じょうせい)に努めること。
⑥このほか，必要に応じて児童および妊産婦の福祉の増進を図るための活動を行うこと。

　本書を手にする読者の多くは保育士の資格の取得を目指す者と思われるが，保育士の役割については次の様に定められているので理解しておく必要がある。

　保育士とは，児童福祉法に定められた国家資格であり，主に保育所や乳児院，児童養護施設等の児童福祉施設において，児童の保育や養護活動に従事する専門職であり，児童福祉法では保育士を「保育士の名称を用いて，専門的知識及び技術をもつて，児童の保育及び児童の保護者に対する保育に関する指導を行うことを業とする者」（第18条の4）としており「保育士登録簿に，氏名，生年月日その他厚生労働省令で定める事項の登録を受けなければならない」（第18条の18）ことが定められている。

（2）子育てに関連した経済的な支援制度

　子育てには安心して子どもを育てることのできる経済的な支援が重要である。現在わが国で制度化されている子育てに関連した制度としては児童手当，児童扶養手当，特別児童扶養手当等がある。

1）児童手当

　児童手当は児童手当法に定められた手当であり，「児童を養育している者に児童手当を支給することにより，家庭における生活の安定に寄与するとともに，次代の社会をになう児童の健全な育成および資質の向上に資する」ことを目的として1971（昭和46）年に制定されたものである。児童手当の支給要件としては，①15歳に達する日以後の最初の3月31日までの間にある児童（中学校修了前の児童），②中学校修了前の児童を含む二人以上の児童（施設入所等児童を除く），③日本国内に住所を有しない父母等がその生計を維持している支給要件児童と同居し，これを監護し，かつ，これと生計を同じくする者のうち，当該支給要件児童の生計を維持している父母等が指定する者であつて，日本国内に住所を有するもの，④該当する児童が委託されている小規模住居型児童養育事

業を行う者若しくは里親又は障害児入所施設等の設置者などを対象として支給されるものと定められている（第4条）。

　児童手当法の定める「児童」とは，「18歳に達する日以後の最初の3月31日までの間にある者であつて，日本国内に住所を有するもの又は留学その他の厚生労働省令で定める理由により日本国内に住所を有しないもの」を指し，「父には，母が児童を懐胎した当時婚姻の届出をしていないが，その母と事実上婚姻関係と同様の事情にあつた者を含む」（第3条）と定められている。

　支給額については，「月を単位として支給する」ものとし，その額は認定を受けた受給資格に係る支給要件児に応じて，(1)当該支給要件児童の全てが3歳に満たない児童又は3歳以上小学校修了前の児童である場合には，(i)当該支給要件児童の全てが3歳に満たない児童である場合15,000円に当該3歳に満たない児童の数を乗じて得た額，(ii)当該3歳以上小学校修了前の児童が1人又は2人いる場合15,000円に当該3歳に満たない児童の数を乗じて得た額」などの基準が示されている。また，支給額については「国民の生活水準その他の諸事情に著しい変動が生じた場合には，変動後の諸事情に応ずるため，すみやかに改定の措置が講ぜられなければならない」（第6条）ことや，児童手当の受給にあたっては，受給資格者であっても「住所地の市町村長の認定を受けなければ手当の受給は出来ない」（第7条）ことが定められている。

　2010（平成22）年3月に「平成22年度における子ども手当の支給に関する法律」が2011（平成23）年3月31日までの時限立法として成立し，同年4月1日より施行されたことにより「児童手当」の支給は一時凍結され，新たに「子ども手当」が支給されることとなった。子ども手当とは，「15歳以下の子供を扶養する保護者等に対し手当を支給する」という制度であるが国の財政的な理由や東日本大震災に対する復興財源の確保を優先するため，子ども手当制度は支給額および法律名を変更した上で2012（平成24）年3月まで継続し，2012（平成24）年3月31日をもって廃止し，「児童手当法」を改正した上で，4月1日からは改正された児童手当法にもとづく手当の支給が行われることとなった。

2）児童扶養手当

　児童扶養手当法は,「父又は母と生計を同じくしていない児童が育成される家庭の生活の安定と自立の促進に寄与するため,当該児童について児童扶養手当を支給し,もつて児童の福祉の増進を図ることを目的とする」(児童扶養手当法第1条)ことを目的として,1961（昭和36）年に制定された（第1条）。

　児童扶養手当法の第2条には,この制度の性格について次のように述べられている。

　①児童扶養手当は,児童の心身の健やかな成長に寄与することを趣旨として支給されるものであつて,その支給を受けた者は,これをその趣旨に従つて用いなければならない。

　②児童扶養手当の支給を受けた父又は母は,自ら進んでその自立を図り,家庭の生活の安定と向上に努めなければならない。

　③児童扶養手当の支給は,婚姻を解消した父母等が児童に対して履行すべき扶養義務の程度又は内容を変更するものではない。

　また,同法が対象とする児童については,「18歳に達する日以後の最初の3月31日までの間にある者又は20歳未満で政令で定める程度の障害の状態にある者」（同法第3条）と定められており,手当の支給対象としては,父母のどちらが子どもの養育監護を行うかによって表3-1のように定められている。

　2010（平成22）年8月1日からは「子と生活を共にしている父」（いわゆる父子家庭）についても支給対象に加えられることに,また2012（平成24）年8月からは新たに「父又は母が裁判所からのDV保護命令を受けた子ども」の母,父または養育者が監護等している場合にも支給されることとなった。この改定はいわゆるDV被害者に対して児童扶養手当を支給することを可能とするための改定である。この改定により,児童扶養手当は表3-2のような場合に支給されることとなった。

　児童扶養手当の支給方法は月を単位として支給するものとされているが,支給額については,全国の消費者物価指数を基に見直しが行われることとなっており,2012（平成24）年4月からの支給額は以下の通りである。

表3-1 児童扶養手当の支給対象者

母に支給される場合	父に支給される場合
児童の母が当該児童を監護する場合	児童の父が当該児童を監護し，かつ，これと生計を同じくする場合
イ 父母が婚姻を解消した児童 ロ 父が死亡した児童 ハ 父が政令で定める程度の障害の状態にある児童 ニ 父の生死が明らかでない児童 ホ その他イからニまでに準ずる状態にある児童で政令で定めるもの	イ 父母が婚姻を解消した児童 ロ 母が死亡した児童 ハ 母が前号ハの政令で定める程度の状態にある児童 ニ 母の生死が明らかでない児童 ホ その他イからニまでに準ずる状態にある児童で政令で定めるもの

出所：児童扶養手当法をもとに筆者作成（平成24年10月1日）。

表3-2 改定された児童扶養手当の支給対象者

- 父母が婚姻を解消した子ども
- 父又は母が一定程度の障害の状態にある子ども
- 父又は母が1年以上遺棄している子ども
- 父又は母が1年以上拘禁されている子ども
- 父または母が裁判所からDV保護命令を受けた子ども
- 棄児などで父母がいるかいないかが明らかでない子ども
- 父又は母が死亡した子ども
- 父又は母が生死不明の子ども
- 婚姻によらないで生まれた子ども

※この他の支給要件もあるので，支給要件に該当するかについては市町村に相談すること。

出所：厚生労働省発行「平成24年8月から，児童扶養手当の支給要件に，配偶者からの暴力（DV）で「裁判所からの保護命令」が出された場合が加わりました！」啓発パンフレットより引用。

○子ども1人の場合　　　全額支給　　41,430円
　　　　　　　　　　　　一部支給　　41,420～9,780円
○子ども2人以上の加算額
　　2人目　5,000円　　3人目以降1人につき　3,000円

児童扶養手当ての支給を希望する場合には，受給資格要件および手当ての支給額に関して都道府県知事等の認定を受けることが必要とされている（第6条）。

3）特別児童扶養手当

特別児童扶養手当は，「精神又は身体に障害を有する児童について特別児童扶養手当を支給し，精神又は身体に重度の障害を有する児童に障害児福祉手当を支給するとともに，精神又は身体に著しく重度の障害を有する者に特別障害者手当を支給することにより，これらの者の福祉の増進を図ることを目的」と

して1964（昭和39）年に創設された制度である（第1条）。同法が規定する「障害児」とは、「20歳未満であつて、第5項に規定する障害等級（第5項には「障害等級は、障害の程度に応じて重度のものから1級及び2級とし、各級の障害の状態は、政令で定める」とされている）に該当する程度の障害の状態にある者」、「重度障害児」とは「障害児のうち、政令で定める程度の重度の障害の状態にあるため、日常生活において常時の介護を必要とする者」と定義づけている。さらに「特別障害者」について、「20歳以上であつて、政令で定める程度の著しく重度の障害の状態にあるため、日常生活において常時特別の介護を必要とする者」と定義づけている（第2条）。

特別児童扶養手当の支給要件としては、「障害児の父若しくは母がその障害児を監護するとき、又は父母がないかもしくは父母が監護しない場合において、当該障害児の父母以外の者がその障害児を養育するときは、その父若しくは母又はその養育者に対し、特別児童扶養手当を支給する」と定められている（第3条）。

手当は、「月を単位として支給するものとし、その月額は、障害児1人につき3万3,300円（障害の程度が第2条第5項に規定する障害等級の1級に該当する障害児にあっては、50,000円（平成24年4月以降）。2級に該当する障害児については33,570円）」が支給される（第4条）。特別児童扶養手当法では「障害児福祉手当」（第3章）や「特別障害者手当」（第3章の2）等の支給についても定められている。

手当の支給を希望する場合には、受給資格および手当の額等については都道府県知事の認定を受けることが必要とされている（第5条）ほか、都道府県知事の行った特別児童扶養手当、障害児福祉手当または特別障害者手当の支給に関する処分に不服がある者は、都道府県知事に異議申立てをすることができる（第27条）ことも定められている。

（3）生活保護制度

家庭支援を行う際に知っておくべき法律のひとつとして生活保護制度がある。

生活保護制度は生活保護法にもとづいて行われる生活扶助制度である。生活保護法は戦後まもなくつくられた法律で「日本国憲法第25条（「生存権の保障」）に規定する理念に基き，国が生活に困窮するすべての国民に対し，その困窮の程度に応じ，必要な保護を行い，その最低限度の生活を保障するとともに，その自立を助長することを目的」（第1条）としている。主に金品等の現物給付による中心とした支援が行われている。生活保護法による給付を受給するためには，給付を受けるための要件が定められているが，申請にあたっては無差別平等（第2条）であること，健康で文化的な生活水準を維持するために必要とされる最低限度の生活を保障する（第3条）ものであること，保護は，生活に困窮する者が，その利用し得る資産，能力その他あらゆるものを，その最低限度の生活の維持のために活用することを要件として行われる（保護の補足性）等が定められている（第4条）ほか，実際の利用にあたっては次のような原則が定められている。

　①「保護は，要保護者，その扶養義務者又はその他の同居の親族の申請に基いて開始するものとする。但し，要保護者が急迫した状況にあるときは，保護の申請がなくても，必要な保護を行うことができる」（申請保護の原則：第7条）。

　②「保護は，厚生労働大臣の定める基準により測定した要保護者の需要を基とし，そのうち，その者の金銭又は物品で満たすことのできない不足分を補う程度において行うものとする」「前項の基準は，要保護者の年齢別，性別，世帯構成別，所在地域別その他保護の種類に応じて必要な事情を考慮した最低限度の生活の需要を満たすに十分なものであつて，且つ，これをこえないものでなければならない」（基準及び程度の原則：第8条）。

　③「保護は，要保護者の年齢別，性別，健康状態等その個人又は世帯の実際の必要の相違を考慮して，有効且つ適切に行うものとする」（必要即応の原則：第9条）。

　④「保護は，世帯を単位としてその要否及び程度を定めるものとする。但し，これによりがたいときは，個人を単位として定めることができる」（世帯単位の原則：第10条）。

生活保護法で利用できる保護の種類（扶助）としては以下の8種類がある。①生活扶助，②教育扶助，③住宅扶助，④医療扶助，⑤介護扶助，⑥出産扶助，⑦生業扶助，⑧葬祭扶助。

　生活保護の決定および実施については，都道府県知事や市長，社会福祉法により規定されている福祉に関する事務所（福祉事務所）を管理する町村長が行うことが定められている。

（4）民　法

　家族や子どもに対する相談支援を行う際には，子どもの養育や基本的な権利を擁護するための法制度等についての理解が不可欠である。私たちの基本的な権利を擁護することを目的とした法律として民法がある。民法は1044条からなる法律で，私たちの日常生活に密接に関連した基本的な権利や契約行為，家族関係や相続に関すること，高齢者や障害者などの権利擁護を支えることなどを主目的とした内容が定められている。保育者が家族に対する支援活動を行う際に必要とされる「基本的な知識」として知っておくべき事項が多く含まれている。以下に，主に保育者が家族に対する相談支援を行う際に重要と思われる点について概説する。

　民法では，基本原則として，個人の権利である私権について，無制限に認められるわけではなく，第1条では次のような一定条件のもとで制限される場合のあることが説明されている。

　　1　私権は，公共の福祉に適合しなければならない。
　　2　権利の行使及び義務の履行は，信義に従い誠実に行わなければならない。
　　3　権利の濫用は，これを許さない。

　民法は私たちの生活に密着している法律ではあるが，民法に定められている各種の規定を理解する上での基本的視点としては以下のような点を挙げることができる。

　法律上の解釈を行う基本姿勢としては「個人の尊厳と両性の本質的平等を旨として，解釈しなければならない」（第2条）と示されている。

また，民法では個人の権利や財産の保全，各種の契約行為に関することなどが多岐にわたって説明されているが，民法上で，法律上の責任をとることのできる年齢，つまり成人（成年）として扱われる年齢については「年齢20歳をもって，成年とする」（第4条）と定められている。成年に達しない者（未成年）の行う法律行為については明確に禁止されており，未成年の行った法律行為は保護者（法定代理人を含む）の同意がない限り原則として無効で，取り消すことができることが定められている（第5条）。

　民法では，親族関係に関すること，婚姻や夫婦関係に関すること，親子関係や親権に関すること，扶養義務に関することなど，家族関係に関する規定が定められている。

　頻発する児童虐待や子どもの人権侵害に対応するため，民法に定められている「親権制限制度」が改正され，これまでに制度化されていた「親権喪失」（親の持つ親権を法的に奪うこと）に加え，最長2年間，一時的に親権の行使を制限する「親権停止」という制度が創設され，2012（平成24）年4月1日から施行されることとなった。親権が制限される原因として，「子どもの利益を害するとき」と明記された。親権の制限については親族や検察官だけではなく，子ども本人や未成年後見人であっても家庭裁判所に請求することが可能となった。

　このように民法では，私たちの生活に不可欠な基本的な権利や契約に関すること，家族関係や相続に関することについて定められているが，子どもたちや障害者，高齢者の中には法律で保障されているはずの基本的な権利を侵害されてしまう場合もある。こうした高齢者や障害者などの権利擁護を支えることを目的として，未成年後見制度や成年後見制度等により，家庭裁判所の定めた者が本人に代わって権利擁護を行うための制度もつくられている。

コラム

「未成年後見制度」と「成年後見制度」

　私たちには，さまざまな財産や権利を持つが親権者のいない未成年者や精神上の障害や認知症などのため判断能力を欠くような場合に，民法ではこうした人たちの権利を保護するために法律行為・事実行為両面における支援を行うことを目的とした後見

人制度が設けられている。後見人制度には，未成年者に親権者がいないか，または親権者が財産管理権を持たない場合の未成年者を対象とした未成年後見制度と，認知症などによる精神上の障害により能力を欠く人たちを対象とした成年後見制度がある。

未成年後見人とは，未成年者に対して親権を行う者が死亡や行方不明等の理由によりいなくなった時に，未成年者の有する財産管理などに関する基本的権利を守るために民法で定められている法定代理人となる者（民法第838条1号）のことであり，未成年者の身上監護や財産管理を行うことで，判断能力や生活能力が十分でない未成年者を保護するための制度であり，未成年後見人には，親権を行う者がいない場合などに親権者とほぼ同一の権利義務を持つ場合と，親権を行う者が管理権（財産に関する権限）を有しない時に，その代わりに管理権のみを有する場合がある。

未成年後見人は1人とされてきたが（第842条），2011（平成23）年に行われた改正で複数人あるいは法人を選任することが可能となった。未成年後見人の選任は，親権者が指定する場合（民法第839条）と未成年被後見人又はその親族その他利害関係人の請求により家庭裁判所によって選任される場合（民法第840条）があり，後見人は，原則として未成年者が満20歳（成人）に達するまで，未成年者の援助などに関する事務を行うと共に，その結果について定期的に家庭裁判所に報告する義務を負っている。

成年後見制度とは，認知症，知的障害，精神障害などの理由で判断能力が不十分な方々の所持する不動産や預貯金などの財産を管理したり，身のまわりの世話のために介護などのサービスや施設への入所に関する契約を結んだり，遺産分割の協議をしたりする必要があっても，自分自身ではこうした行為を行うのが困難な場合，自分に不利益な契約であってもよく判断ができずに契約を結んでしまい，悪徳商法の被害にあうおそれがある。こうした判断能力の不十分な方々の権利保護や必要な支援を行う事を目的として，民法を改正してつくられた制度である。

成年後見制度は未成年後見人制度と共に，これからの家庭支援を行う際には知っておくべき制度である。

（5）介護保険制度

少子高齢化の問題は家庭の支援にあたる場合，深刻な問題となっていることに気づく場合がある。

介護を必要とする者が家庭にいる場合，介護を受ける者と，介護にあたる者との関係がうまくいかず，家族関係が破綻してしまい，家庭崩壊というような危機状態に陥ってしまう場合がある。

そのような時に活用できる仕組みが「介護保険制度」である。介護保険制度

は介護保険法にもとづいて2000（平成12）年４月にスタートした保険制度である。

　介護保険法は、「加齢に伴って生ずる心身の変化に起因する疾病等により要介護状態となり、入浴、排せつ、食事等の介護、機能訓練並びに看護及び療養上の管理その他の医療を要する者等について、これらの者が尊厳を保持し、その有する能力に応じ自立した日常生活を営むことができるよう、必要な保健医療サービスおよび福祉サービスに係る給付を行うため、国民の共同連帯の理念に基づき」つくられた制度（第１条）であり、「被保険者の要介護状態又は要支援状態に関し、必要な保険給付を行うものとする」（第２条）と定められている。介護保険制度には40歳以上の国民全員が被保険者として加入することが定められているが、実際に利用するためには、介護（**要介護状態**）や特別な支援（**要支援状態**）が必要であると認められた65歳以上の者とされている（国の定めた特別な疾病の場合には40歳以上でも利用が可能）。実際に介護保険制度を利用する場合には各種の手続きが必要となるため、最寄りの市区町村役所の担当窓口で相談支援を受けることが必要となる。

重要語解説

「要介護状態」と「要支援状態」

　介護保険制度における「要介護状態」とは「身体上又は精神上の障害があるために、入浴、排せつ、食事等の日常生活における基本的な動作の全部又は一部について、厚生労働省令で定める期間にわたり継続して、常時介護を要すると見込まれる状態であって、その介護の必要の程度に応じて厚生労働省令で定める区分のいずれかに該当するもの（要支援状態に該当するものを除く）をいう」。

　「要支援状態」とは、「身体上若しくは精神上の障害があるために入浴、排せつ、食事等の日常生活における基本的な動作の全部若しくは一部について厚生労働省令で定める期間にわたり継続して常時介護を要する状態の軽減若しくは悪化の防止に特に資する支援を要すると見込まれ、又は身体上若しくは精神上の障害があるために厚生労働省令で定める期間にわたり継続して日常生活を営むのに支障があると見込まれる状態であって、支援の必要の程度に応じて厚生労働省令で定める区分のいずれかに該当するものをいう」。

（介護保険法第７条）

(6) 育児や介護のための休業制度
 1) 育児休業，介護休業等育児又は家族介護を行う労働者の福祉に関する法律

　育児や介護という活動は，育児や介護問題を抱える家族にとっては思うように仕事が休めず，育児や介護活動が思うようにできず，生活に困難をきたす場合がある。
　このような事態に対応するため，国は「育児休業及び介護休業に関する制度並びに子の看護休暇及び介護休暇に関する制度を設けるとともに，子の養育及び家族の介護を容易にするため所定労働時間等に関し事業主が講ずべき措置を定めるほか，子の養育又は家族の介護を行う労働者等に対する支援措置を講ずること等により，子の養育又は家族の介護を行う労働者等の雇用の継続及び再就職の促進を図り，もってこれらの者の職業生活と家庭生活との両立に寄与することを通じて，これらの者の福祉の増進を図り，あわせて経済及び社会の発展に資すること」（第1条）を目的として「育児休業，介護休業等育児又は家族介護を行う労働者の福祉に関する法律」を制定した。
　この法律によれば，労働者は，その養育する一歳に満たない子について，その事業主に申し出ることにより，育児休業をすることができる（第5条）と定められ，男女の別なく育児休業が取れるようになった。2010（平成22）年度の改正により，母だけではなく父も，育児休業を取る場合には期間延長などの制度も取り入れられることとなり，父親が育児参加を行うことが奨励されている。実際に育児休業を取得する際には，本人から事業主への申し出が必要となる。家族に介護を必要とする者がおり，介護のための休業を必要とする場合にも，育児休業同様，事業主に申し出ることにより，介護休業をすることができる（第11条）とされている。介護休業を取得するためには雇用期間や雇用形態などによる制限があるため，事業所に確認する必要がある。
　育児休業や介護休業は，雇用している者から休業の申し出があった場合には事業主は拒否することはできない（第6条，第12条）と定められている。また，休業を取得することにより賃金や勤務上の不利益を与えるようなことは禁止さ

れている（第10条）。

　育児休業や介護休業を取得していた期間の賃金については，事業主に支払い義務はないが，一定の条件を満たした会社員や労働者には雇用保険制度から「育児休業基本給付金」や「育児休業者職場復帰給付金」，「介護給付金」等の支給を受けることができる。

　育児や介護のために家族が疲労感を覚え，家庭崩壊とならないよう，こうした制度を効果的に利用した家庭支援が必要となる。

第2節　保護者(家族)を中心とした支援を行う場合に有効な法制度

　保護者（家族）を支援するための主な法体制としては「母子及び寡婦福祉法」や「母子保健法」，「配偶者からの暴力の防止及び被害者の保護に関する法律」等がある。それぞれについて解説を行う。

(1) 母子及び寡婦福祉法

　母子及び寡婦福祉法は，「母子家庭等及び寡婦の福祉に関する原理を明らかにするとともに，母子家庭等及び寡婦に対し，その生活の安定と向上のために必要な措置を講じ，もつて母子家庭等及び寡婦の福祉を図ることを目的」として1964（昭和39）年に制定された法律である。母子及び寡婦福祉に対する基本的な理念として「すべて母子家庭等には，児童が，その置かれている環境にかかわらず，心身ともに健やかに育成されるために必要な諸条件と，その母等の健康で文化的な生活とが保障されるものとする」，「寡婦には，母子家庭等の母等に準じて健康で文化的な生活が保障されるものとする」（第2条）と示されており，国および地方公共団体は「母子家庭等及び寡婦の福祉を増進する責務」を有するとして，国および地方公共団体は「母子家庭等又は寡婦の福祉に関係のある施策を講ずるに当たつては，その施策を通じて，前条に規定する理念が具現されるように配慮しなければならない」（第3条）とする一方で，母子家庭の母および寡婦に対しては，「自ら進んでその自立を図り，家庭生活及び職業

生活の安定と向上に努めなければならない」(第4条)と自立へ向けての自助努力を求めている。

　この法律における原則的なこととして,次のようなことが示されている(第6条)。

　「配偶者のない女子」とは,「配偶者(婚姻の届出をしていないが,事実上婚姻関係と同様の事情にある者を含む)と死別した女子であって,現に婚姻(婚姻の届出をしていないが,事実上婚姻関係と同様の事情にある場合を含む)をしていないものおよびこれに準ずる次に掲げる女子」として,「離婚した女子であつて現に婚姻をしていないもの」,「配偶者の生死が明らかでない女子」,「配偶者から遺棄されている女子」,「配偶者が海外にあるためその扶養を受けることができない女子」,「配偶者が精神または身体の障害により長期にわたって労働能力を失っている女子」。

　「児童」とは,「20歳に満たない者」。

　「寡婦」とは,「配偶者のない女子であつて,かつて配偶者のない女子として民法(明治29年法律第89号第877条)の規定により児童を扶養していたことのあるもの」。

　「母子家庭等」とは,「母子家庭及び父子家庭」であること。

　「母等」とは,「母子家庭の母及び父子家庭の父」であること。

　都道府県知事,市長および福祉事務所を管理する町村長は,「社会的信望があり,かつ,次項に規定する職務を行うに必要な熱意と識見を持っている者のうちから,母子自立支援員を委嘱」(第8条)し,配偶者のない女子で現に児童を扶養しているものおよび寡婦に対し,「相談に応じ,その自立に必要な情報提供および指導」や,「職業能力の向上および求職活動に関する支援」を行うことを目的とした活動に取り組むことが規定されている。

　厚生労働大臣には,「母子家庭及び寡婦の生活の安定と向上のための措置に関する基本的な方針を定める」(第11条)とともに,基本方針に即した「母子家庭及び寡婦自立促進計画」を策定することが定められている(第12条)。

　母子家庭等に対する福祉の措置としては「母子福祉資金の貸付け」規定(第

13条）がある。

　さらに，国および地方公共団体は，「就職を希望する母子家庭の母及び児童の雇用の促進を図るため，事業主その他国民一般の理解を高めるとともに，職業訓練の実施，就職のあっせん，公共的施設における雇入れの促進等必要な措置を講ずるように努める」（第29条）ために，公共職業安定所や母子自立支援員その他母子家庭の福祉に関する機関，児童家庭支援センター，母子生活支援施設および母子福祉団体等の役割を示している。

（2）母子保健法

　子どもを出産し養育するにあたって何よりも大切なことは，母子の健康の保持と増進である。母子保健法は「母性並びに乳児及び幼児の健康の保持及び増進を図るため，母子保健に関する原理を明らかにするとともに，母性並びに乳児及び幼児に対する保健指導，健康診査，医務その他の措置を講じ，もつて国民保健の向上に寄与する」（第1条）ことを目的として，1965（昭和40）年に制定された法律である。

　母子保健法の基本理念は「母性の尊重」と「乳幼児の健康の保持・増進」である。「母性の尊重」については「母性は，すべての児童がすこやかに生まれ，かつ，育てられる基盤であることにかんがみ，尊重され，かつ，保護されなければならない」（第2条）とし，「乳幼児の健康の保持・増進」については，「乳児及び幼児は，心身ともに健全な人として成長してゆくために，その健康が保持され，かつ，増進されなければならない」（第3条）とされている。

　母性および保護者の努力すべきこととして，「母性は，みずからすすんで，妊娠，出産又は育児についての正しい理解を深め，その健康の保持及び増進に努めなければならない」，「乳児又は幼児の保護者は，みずからすすんで，育児についての正しい理解を深め，乳児又は幼児の健康の保持及び増進に努めなければならない」（第4条）ことや，母子保健の増進のためには，「保護者の乳幼児の健康の保持及び増進に努めることに関する義務」（第5条）など，国および地方公共体の責務について示されている。

母子保健法の対象となる者としては，①「妊産婦」とは「妊娠中又は出産後1年以内の女子」，②「乳児」とは「1歳に満たない者」，③「幼児」とは「満1歳から小学校就学の始期に達するまでの者」，④「保護者」とは「親権を行う者，未成年後見人その他の者で，乳児又は幼児を現に監護する者」，⑤「新生児」とは「出生後28日を経過しない乳児」，⑥「未熟児」とは「身体の発育が未熟のまま出生した乳児であつて，正常児が出生時に有する諸機能を得るに至るまでのもの」（第6条）と示されている。

第2章では「母子保健の向上に関する措置」として，「知識の普及」（第9条），「保健指導」（第10条），「新生児の訪問指導」（第11条），「健康診査」（第12条，13条），「栄養の摂取に関する援助」（第14条），「妊娠の届出」（第15条），「母子健康手帳」（第16条），「妊産婦の訪問指導等」（第17条），「低体重児の届出」（第18条），「未熟児の訪問指導」（第19条），「養育医療」（第20条），「医療施設の整備」（第20条の2），「調査研究の推進」（第20条の3）などが，第3章では母子保健センターの設置など，「母子保健施設」（第22条）に関する事項が定められている。このように，保育者が，妊産婦や「子どもの成長発達や健康面にかかわる」家庭支援を行う際には，最も関連性の強い法律のひとつである。

（3）配偶者からの暴力の防止及び被害者の保護に関する法律

この法律は，「日本国憲法に個人の尊重と法の下の平等がうたわれ，人権の擁護と男女平等の実現に向けた取組が行われている」が，「配偶者からの暴力は，犯罪となる行為をも含む重大な人権侵害であるにもかかわらず，被害者の救済が必ずしも十分に行われてこなかった」ため，配偶者からの暴力により「個人の尊厳を害し，男女平等の実現の妨げとなっている」状況を改善し，「配偶者からの暴力に係る通報，相談，保護，自立支援等の体制を整備することにより，配偶者からの暴力の防止及び被害者の保護を図る」（同法前文より抜粋）ことを目的として，2001（平成13）年に制定されたものである。

「配偶者からの暴力」とは，配偶者からの身体に対する暴力（身体に対する不法な攻撃であって生命又は身体に危害を及ぼすものをいう）又はこれに準ずる心身に

有害な影響を及ぼす言動をいい，配偶者からの身体に対する暴力等を受けた後に，その者が離婚をし，又はその婚姻が取り消された場合にあっては，当該配偶者であった者から引き続き受ける身体に対する暴力等を含む」ものであること。

「被害者」とは「配偶者からの暴力を受けた者」であり，「配偶者」には「婚姻の届出をしていないが事実上婚姻関係と同様の事情にある者」も含み，「離婚」には，「婚姻の届出をしていないが事実上婚姻関係と同様の事情にあった者が，事実上離婚したと同様の事情に入ること」（第1条）を含むことなどが定められている。

国および地方公共団体には，「配偶者からの暴力を防止するとともに，被害者の自立を支援することを含め，その適切な保護を図る責務を有する」（第2条）と定められている。具体的な責務の内容としては，国に対しては「配偶者からの暴力の防止及び被害者の保護のための施策」に関して，①配偶者からの暴力の防止及び被害者の保護に関する基本的な事項，②配偶者からの暴力の防止および被害者の保護のための施策の実施内容に関する事項，③その他配偶者からの暴力の防止および被害者の保護のための施策の実施に関する重要事項，に関する基本的な方針を定めることが義務づけられている。都道府県に対しては，当該都道府県における配偶者からの暴力の防止および被害者の保護のための施策実施に関する基本計画の策定を行うことが義務づけられている。

第2章では，配偶者暴力相談支援センターの設置や婦人相談員・婦人保護施設に関すること，第3章では「被害者の保護」に関すること，第4章では裁判所による「保護命令」に関する規定などについて定められている。

第3節　主に子どもを対象とした支援を行う場合に有効な法制度

子どもの生活を支えるための法律には，前述した「児童福祉法」をはじめ，「児童虐待の防止等に関する法律」や「少年法」などがあるが，子どもが教育を受けることの大切さをふまえ，教育を受けるために必要とされる経済的支援に関する制度を含めて解説することとする。

（1）児童虐待の防止等に関する法律

　児童虐待の防止等に関する法律は，「児童虐待が児童の人権を著しく侵害し，その心身の成長及び人格の形成に重大な影響を与えるとともに，わが国における将来の世代の育成にも懸念を及ぼすことにかんがみ，児童に対する虐待の禁止，児童虐待の予防及び早期発見その他の児童虐待の防止に関する国及び地方公共団体の責務，児童虐待を受けた児童の保護及び自立の支援のための措置等を定めることにより，児童虐待の防止等に関する施策を促進し，もって児童の権利利益の擁護に資する」（第1条）ことを目的として，増加する児童虐待に対応するために2000（平成12）年に議員立法として制定されたものである。

　児童虐待については，保護者（親権を行う者，未成年後見人その他の者で，児童を現に監護するものをいう）がその監護する児童（18歳に満たない者をいう）についての4つの行為（下記，重要語解説参照）を示し，こうした行為については，「何人も，児童に対し，虐待をしてはならない」と完全に禁止している（第3条）。

重要語解説

児童虐待の種類

　児童虐待の防止等に関する法律には「児童虐待とは次のような行為を行うこと」だと定められている。

①身体的虐待（児童の身体に外傷が生じ，または生じるおそれのある暴行を加えること）。

②性的虐待（児童にわいせつな行為をしたり，させたりすること）。

③育児放棄（ネグレクト）（児童の心身の正常な発達を妨げるような著しい減食または長時間の放置，保護者以外の同居人による①②または④に掲げる行為と同様の行為の放置その他の保護者としての監護を著しく怠ること）。

④心理的虐待（「精神的虐待」とはいわない）（児童に対する著しい暴言または著しく拒絶的な対応，児童が同居する家庭における配偶者に対する暴力〔身体に対する不法な攻撃であって生命または身体に危害を及ぼすものおよびこれに準ずる心身に有害な影響を及ぼす言動をいう〕その他の児童に著しい心理的外傷を与える言動を行うこと）。

（児童虐待の防止等に関する法律第2条）

児童虐待を防止するためには，国および地方公共団体の役割が重要であることから，国および地方公共団体の責務として，「①児童虐待の予防及び早期発見，迅速かつ適切な児童虐待を受けた児童の保護及び自立の支援（児童虐待を受けた後18歳となった者に対する自立の支援を含む。）並びに児童虐待を行った保護者に対する親子の再統合の促進への配慮その他の児童虐待を受けた児童が良好な家庭的環境で生活するために必要な配慮をした適切な指導及び支援を行うため，関係省庁相互間その他関係機関及び民間団体の間の連携の強化，民間団体の支援，医療の提供体制の整備その他児童虐待の防止等のために必要な体制の整備に努めなければならない。②児童相談所等関係機関の職員及び学校の教職員，児童福祉施設の職員，医師，保健師，弁護士その他児童の福祉に職務上関係のある者が児童虐待を早期に発見し，その他児童虐待の防止に寄与することができるよう，研修等必要な措置を講ずるものとする。③児童虐待を受けた児童の保護及び自立の支援を専門的知識に基づき適切に行うことができるよう，児童相談所等関係機関の職員，学校の教職員，児童福祉施設の職員その他児童虐待を受けた児童の保護及び自立の支援の職務に携わる者の人材の確保及び資質の向上を図るため，研修等必要な措置を講ずるものとする，④児童虐待の防止に資するため，児童の人権，児童虐待が児童に及ぼす影響，児童虐待に係る通告義務等について必要な広報その他の啓発活動に努めなければならない。⑤児童虐待を受けた児童がその心身に著しく重大な被害を受けた事例の分析を行うとともに，児童虐待の予防及び早期発見のための方策，児童虐待を受けた児童のケア並びに児童虐待を行った保護者の指導及び支援のあり方，学校の教職員及び児童福祉施設の職員が児童虐待の防止に果たすべき役割その他児童虐待の防止等のために必要な事項についての調査研究および検証を行うものとする。⑥児童の親権を行う者は，児童を心身ともに健やかに育成することについて第一義的責任を有するものであって，親権を行うに当たっては，できる限り児童の利益を尊重するよう努めなければならない。⑦何人も，児童の健全な成長のために，良好な家庭的環境及び近隣社会の連帯が求められていることに留意しなければならない」（第4条）ことなどが示されている。

児童虐待は，早期に発見して適切な対応を行うことが大切であることから，「学校，児童福祉施設，病院その他児童の福祉に業務上関係のある団体及び学校の教職員，児童福祉施設の職員，医師，保健師，弁護士その他児童の福祉に職務上関係のある者は，児童虐待を発見しやすい立場にあることを自覚し，児童虐待の早期発見に努めなければならない」（第5条）と虐待の早期発見に努めることや，「児童虐待を受けたと思われる児童を発見した者は，速やかに，これを市町村，都道府県の設置する福祉事務所若しくは児童相談所又は児童委員を介して市町村，都道府県の設置する福祉事務所若しくは児童相談所に通告しなければならない」（第6条）といった児童虐待に係る通告義務を課している。児童虐待に関する通告は個人情報保護法等に関する守秘義務違反とはならないことも示されている。

　この法律は，虐待を受けた児童等に対する保護や支援に関する取り組み，児童相談所等の活動や親権行使の制限などに関すること等，家庭支援を行う際に配慮すべき点が示されていると言える。

（2）少年法

　少年法は，「少年の健全な育成を期し，非行のある少年に対して性格の矯正及び環境の調整に関する保護処分を行うとともに，少年の刑事事件について特別の措置を講ずること」（第1条）を目的としており，1948（昭和23）年に公布されたもので，少年保護および更生の観点から，少年犯罪に対しては一般刑事事件とは異なる特別の措置を設けることを示している。少年法で「少年」とは，「20歳に満たない者」を言い，「成人」とは「満20歳以上の者」を言う。また「保護者」とは，「少年に対して法律上監護教育の義務ある者および少年を現に監護する者」（第2条）と定義されている。少年法では，①罪を犯した少年，②14歳に満たないで刑罰法令に触れる行為をした少年，③次に掲げる事由があって，その性格または環境に照して，将来，罪を犯し，または刑罰法令に触れる行為をする虞のある少年（(イ)保護者の正当な監督に服しない性癖のあること，(ロ)正当な理由がなく家屋に寄り付かないこと，(ハ)犯罪性のある人もしくは不道徳な人と交際

し，またはいかがわしい場所に出入すること，㈡自己または他人の徳性を害する行為をする性癖のある少年）に対しては家庭裁判所の審判に付することを定めている（第3条）。

　また，罪を犯してしまった少年についての児童相談所への送致に関することや，家庭裁判所での審判のあり方や少年鑑別所に関することなどが定められている。

（3）子どもが教育を受けることを支援するための制度

　日本国憲法第26条には，「すべて国民は，法律の定めるところにより，その能力に応じて，ひとしく教育を受ける権利を有する」（第1項），「すべて国民は，法律の定めるところにより，その保護する子女に普通教育を受けさせる義務を負ふ。義務教育は，これを無償とする」（第2項）と，義務教育を受ける際に必要とされる費用については無償（授業料不徴収）とされている。子どもの「教育を受ける権利」，「教育を受けさせなければいけない親の義務」について，家庭支援にかかわる者はしっかりとした認識を持つ必要がある。義務教育にかかわる費用のうち，義務教育諸学校の児童・生徒が使用する教科書については「教科書無償給与制度」により無償で給与されるほか，経済的理由により就学が困難と認められる児童生徒の保護者に対しては，市区町村等は学用品費，医療費，学校給食費等を援助し，義務教育の円滑な実施を図るための就学援助制度などの取り組みが行われている。

　高等学校の場合には，家庭の状況にかかわらず，すべての意志ある高校生等が安心して勉学に打ち込める社会をつくるため，公立高等学校の授業料の無償化（公立高校授業料無償制）や，国立・私立の高等学校等の生徒に対する高等学校等就学支援金の支給（高等学校等就学支援金制度）により，家庭の教育費負担の軽減を図る等の取り組みが行われている。国立・私立の高等学校等の場合，家計の急変や生活保護による経済的理由から授業料等の納付が困難となった児童生徒に対し授業料等の軽減措置をとっている場合がある。

　教育を受けるための貸付制度としては，独立行政法人日本学生支援機構（旧

日本育英会）が実施してきた高校生に対する奨学金事業（都道府県に移管され，継続して実施されている）や，都道府県が実施している高等学校奨学金事業などがある。

【演習課題】
1　家庭支援を行う際に法制度が必要とされる理由についてまとめてみよう。
2　子ども（「児童」や「少年」）についての法律上の扱いについて比較できるように表を作成してみよう。
3　安心して子育てを行うためにはどのような法制度が必要か，あなたの考えを述べてください。

〈参考文献〉
ミネルヴァ書房編集部編『平成24年版　社会福祉小六法』ミネルヴァ書房，2012年。
野崎和義『福祉のための法学（第3版）』ミネルヴァ書房，2009年。
山縣文治編『よくわかる社会福祉（第9版）』ミネルヴァ書房，2012年。
社会福祉の動向編集委員会編『社会福祉の動向　2012』中央法規出版，2012年。
内閣府『平成24年版　子ども・子育て白書』勝見印刷，2012年。

〈理解を深めるための本〉
子どもの貧困白書編集委員会編『子どもの貧困白書』明石書店，2009年。
　　──「給食のない夏休み，体重の減る子がいる」。これはこの本の帯に記載されている言葉である。子どもの生活がどういう形で脅かされていくのか悩みは深いが，本書は福祉や保育の現場で出合うさまざまな出来事の背景にある貧困という問題に焦点を当てて編集されており，家庭支援にかかわる者にとっては一読しておくべき一冊である。
森上史朗監修，大豆生田啓友・三谷大紀編『最新保育資料集』（各年版）ミネルヴァ書房。
　　──保育に関連したさまざまな法律や制度，通知，関連する資料が系統別に整理されている。たとえば，保育所のことを知るためにはどのような法律や制度があり，どう関連しているのか等がわかりやすくまとめられている。家庭支援にかかわる者にとっては手元に置きたい一冊である。

（小野澤　昇）

第4章
家庭を支援する技術

学習のポイント

　本章では，子どもや親・家庭を支援する技術に注目した論述を行う。基本的には，ソーシャルワークやグループワーク，コミュニティワークなどを念頭に置きながら，子どもや親・家庭を支援するための基本的な技術の紹介や環境の設定の重要さ，支援内容や質の向上を目指すためのスーパービジョンについても一部ふれたいと思う。

第1節　家庭支援で活用される技術

　家庭支援を実施する際には，家庭を構成する各メンバー間の関係で成立する家族システム（複数の要素が相互に依存し，互いに関連づけられ，一体となって働くひとつのまとまり）内の力動（ダイナミックス）や，家庭と特定の外部の人間や機関，団体，家庭と地域社会との関係などについて，多様な視点から観察したり考察したりする必要がある。

　これらの着眼点から検討する手法が導入され，活用されるようになったのは，近年のことであり，保育現場では，むしろ馴染みの少ない考え方であり，保育所や他の児童施設で独自の家庭支援技術が体系化されているわけではなく，保育士はこれまで見聞きした技術（保育士養成校で学んだ知識や技術など）や長年の経験の中で身についた手法を活用し，相談支援を行っているのではないかと推察される。

　そのために，保育士は，今後，家庭支援を継続的に遂行していくためには，

自らが保育士養成校等で体得した技術を一層深めるために，相談支援に関する研修に参加したり，社会福祉士や精神保健福祉士などの国家資格を取得したりする中で，身につけている相談支援技術に関する知識や技術を磨いたり，新たな手法を獲得したりする必要がある。加えて，保育所や児童相談所，福祉事務所，保健所などと連携し，ネットワーク化する過程で，多様な機関が活用している知識や技術，あるいは多様なアプローチ法の導入や，その一部を活用したりすることができるように努めることが大切である。[1]

（1）支援を行う対象

　家庭支援の対象をどのようなものと考えるかということは，明確に定義されていない。また，家庭の形態やメンバー，状況が画一化されているものではなく，家庭の問題は流動的であり，かつ連続的である。あるいは，時代や立場によって異なる可能性があることから，保育士は家庭の形態や状況などの変化を丁寧(ていねい)に捉え，何を問題とし，何を問題としないか，いかなるニーズ（要請，以下略す）が発生しているかを，慎重に吟味しながら支援の対象や手法について試行錯誤しなくてはならない。

　これらの視点から考えると，家庭支援を行う際には，保育士は，対象となる家庭（子ども・親・家族員など）が隠し持つ問題や課題をしっかりつかむために，可能な限り冷静であり，なおかつ状況を分析的にとらえ，家庭自体が抱える状況を詳細に把握し，必要な解決策や手法を模索することが期待される。

　これらの状況を前提として，家庭支援の対象をあえて分類するならば，4つに区分けすることができる。[2][3]

　①子どもに対する支援

　保育の主体者である子どもの成長や発達のための支援である。この支援は，保育所や幼稚園での日常的な支援・相談活動，地域子育て活動などが，これにあたる。

　②親や家庭のメンバーに対する支援

　親や家庭（メンバー）が子どもの養育をしやすいように，あるいは，養育で

75

きるようにする支援である。この支援は，親が子どもの適切な養育ができる，家庭が子どもの育ちを促進できる，育児の負担を解消する，などがこれにあたる。

③親子の関係の調整や関係形成のための支援

親と子どもの関係が愛情や信頼にもとづいたものになるための支援である。この支援は，現代社会で希薄になりがちな**愛着関係**の形成を促し，親子関係の破綻（虐待）や育児放棄などの危険性を回避する，などがこれにあたる。

④子どもの成長や発達を促進するための環境の整備

子どもの成長や発達には，愛情や栄養，環境の充実が欠かせない。この支援は，この3つの要素の中の環境に焦点を当てたものである。適切な家庭環境，円滑な親子関係，収入の安定，住宅環境，安定した地域社会との交流，などがこれにあたる。

重要語解説

愛着関係（アタッチメント）

愛着関係に関する理論は，心理学者であり精神分析学者でもあるジョン・ボウルビィによって確立されたものである。この理論は，心理学，進化学，生態学における概念であり，人と人との親密さを表現しようとする愛着行動についての理論として知られている。子どもは社会的・精神的発達を正常に行うために，少なくとも一人の養育者と親密な関係を維持しなければならず，それがなければ，子どもは社会的，心理学的な問題を抱えるようになる。

（2）家庭支援で活用される一般的な支援技術

家庭に対する支援では，①保育技術（ケアワーク），②カウンセリング技術，③個別援助技術（ソーシャルワーク），④集団援助技術（グループワーク），⑤地域援助技術（コミュニティワーク）などが必要とされる。[4]

①保育技術（ケアワーク）

保育所保育指針解説書（厚生労働省雇用均等・児童家庭局保育課，2008〔平成20〕年4月）には，保育所の特性を「養護と教育が一体となって，豊かな人間性を

持った子どもを育成するところ」であると位置づけている．加えて，保育士の専門的技術として5つの保育技術を提示している．その中で，保育技術を，A．発達を促進する技術，B．生活を支援する技術，C．保育環境を整え，構成する技術，D．遊びを通して豊かな体験をする技術，E．支援関係を構築する技術である，の5つの技術に分類している．5つの技術の概要は以下の通りである．なお，これらの保育技術は単体で実施・成立されることはほとんどなく，さまざまな保育技術が自由自在に相互補完したり，重なったり，あるいは絡まったりしながら遂行されている．

A．発達を支援する技術

発達過程にある乳幼児一人ひとりの心身の状態を把握し，個々の児童の発達を促進する技術のことを言う．

B．生活を支援する技術

子どもの生活習慣の獲得を支援する技術や子どもの行動，あるいはさまざまな行為，および子どもの日課を調整する技術のことを言う．

C．環境を構成する技術

子どもの社会化（ソーシャライゼーション）を意図的に図るために，子どもと環境との間で相互作用が生まれ，かつ促進されるように，環境構成を行い支える技術を言う．

D．遊びを展開する技術

この技術には，個人を対象に活用される技術と集団を対象とした技術があり，それぞれの乳幼児に相応する体験を提供する技術を言う．

E．関係を構築する技術

子どもが成長し発達するために，自ら他者に愛情と信頼感を持つことができたり，上手に他者と支援関係を築いたりして，身近な大人や知人などと支援関係を上手に形成することができるように体得させる技術を言う．

その他に，幼い子どもなりに，日々の保育の中で，生きていることの意味や感動，将来へ向けての夢，あるいは，ささいな経験の中で体得できる達成感などを得られるような保育実践が遂行されることを期待したいものである．

②カウンセリング技術

　子どもや親・家庭などが抱える問題・悩みなどに対し，心理学（精神保健を含む）などに関する専門的な知識や技術を用いて行われる相談支援のことである。カウンセリングを行う者をカウンセラー，カウンセリングを受ける者をクライエントと呼ぶ。

③ソーシャルワーク

　ソーシャルワークは人間の生活の向上を目指して，社会の変革を進め，人間関係における問題解決を図り，クライエントが陥っている負の事態からの脱却を目指す作業のことを言う。ソーシャルワークは人間の行動と社会システムに関する理論を利用して，クライエントが所属している環境と相互に影響し合う接点に介入する。

④集団援助技術（グループワーク）

　グループワークは意図的なグループ経験を通じて，個人の社会的に機能する力を高め，また，個人，集団，地域社会の問題により効果的に対処し得るように，人々を援助するものである。グループワーカーは，グループワークを通じて，小集団とそのメンバーに働きかける。それは，彼らに，集団に帰属することによる安定感や社会的行動の学習の機会，個人ではできないことを協力して達成する経験などを提供しつつ，社会福祉の各領域で直面する問題の解決にふさわしい小集団をつくりだしていくことを目的とする。

⑤地域援助技術（コミュニティワーク）

　コミュニティワークとは，地域社会における福祉の問題に対し，その地域の住民や福祉関係者などが協力して取り組んでいこうという考えである。つまり，社会福祉制度によるサービスを利用するだけではなく，地域の人と人とのつながりを大切にし，お互いに支援したり支援されたりする関係やその仕組みをつくっていくことである。コミュニティワークには，企業や諸団体の参加をも前提とする。
(5)

第2節　子どもに対する相談支援技術

　本節では，保育士における発達支援や生活支援，遊びの支援などの保育技術（この技術については保育関連の諸科目に譲りたい）を念頭に置きながら，入所および通所の児童福祉施設（保育所を含む）の主体者である子どもを福祉サービスの利用者として位置づけ，そして，相談支援の主な対象者として子どもをとらえながら，彼らの心の支援を柱とした技術論を試みたいと思う。

(1) 子どもが抱える悩みや問題

　保育所や幼稚園，あるいは他の児童福祉施設を訪問し，子どもと接すると，元気で，明るくて，伸び伸びしていて，笑顔が愛らしいことから，ふと，「子どもはいいなぁ，悩みなんてないんだろうなぁ」と感じてしまうことがある。しかし，自分が子どもの頃のことを考えると，一概に「そうだな。子どもは天使のような表情をしているから，悩みなんてないだろうな」とは言い切れない思いに浸ることがある。

　やはり，乳児には乳児の悩みがあり，幼児には幼児の悩みやつらさがあると考えるのが相当である。なぜなら，昼間，夜間を問わずに，睡眠がとれずに2時間置きに目を覚まし，大きな声で泣き続ける乳児がいたり，チックや鬱病などの精神症状を示す幼児がいたり，そして心労で保育所へ通えなくなる児童がいるからである。つまり，子どもには子どもなりの悩みや苦しみがあり，日常的に心の奥底に隠し持ちながら耐え忍んでいることが想定されるのである。

　しかも悩みや苦しみ自体は，大人から見れば「好き嫌いはしてはいけないと言われる」ことや「好きなゲームをやらせてもらえない」，「うまく走れない」，「高いところにあるものが取れない」，「友だちと馴染めない」，「友だちとおもちゃの取り合いになる」など，という他愛ない悩みや気苦労かも知れない。

　しかし，その一方で子どもの悩みには深刻な問題もある。お母さんとお父さんがいつも喧嘩ばかりしている。お父さんが時々自宅に帰ってこない。お母さ

んから暴力を振るわれる。お父さんとお母さんが自分の生活や行動に関心を示さない。両親が土曜日は揃って休日なのに保育所へ通園させられる。保育所の母親手づくりお弁当の日に，お母さんから保育所の先生にコンビニで弁当を買ってもらいなさいといつもお金を渡される，などというような事態は，子どもにとっては胸をかきむしられるほどの生活上の悩みである。

（2）子ども支援で活用する技術の実際

　子どもと向かい合う中で，子どもの気持ちやさまざまな感情にふれると，普段，何気なく使っている言葉や子どもとの関係性について，ふと，「ハッ」として，自分の支援するスタンスや姿勢を改めなくてはならない事態に迫られることがある。それゆえ，子どもを支援することは，子どもが隠し持つ，彼らが秘めた「心音（こころね）」の発見の連続となる。また，子どもの「心音」にふれないと，意味のある支援を提供することはできない。

事　例 (1)

お父さんにおんぶされたい

　香ちゃん（仮名）は保育所の年中クラスに通っている。彼女はまっすぐな性格をしている。身体能力が高いし，愛嬌もあるので，クラスの中では人気者である。また，自分のことは自分でしなくては気がすまないところがある。だから，保護者も保育士も手がかからないので，香ちゃんの行動を見守りながら，彼女の成長を楽しみにしている。

　ところが，このところ，自宅で夕食を食べる時になると，かならず「お兄ちゃんが香のことをいじめる」と言って，自分の部屋へ泣きながら向かい，食卓から離れる行動が日常的になって困っているという相談を，担当保育士である友美先生（仮名）が母親の有紀さん（仮名）から受けた。

　友美先生が，状況を確認すると，香ちゃんが泣きながら自分の部屋へ向かい，食卓から離れる行動をとるのは，児童養護施設（勤務が不規則）で勤務しているお父さんが，夕食を一緒にとるときが多いとのことであった。もちろん，お兄ちゃんの祐介君は（小学校1年生，仮名），香ちゃんにはやさしく接している。また，お父さんが，香ちゃんを迎えに行き，抱っこをするとすぐ機嫌が良くなり，食卓に戻ってくるとのことであった。

　お母さんは，「お父さんはいつも仕事が忙しくて，なかなか子どもと過ごす時間が

すくないので，香ちゃんはお父さんとのかかわりを求めているのかもしれないですね」，「この前なんか，朝仕事に出掛けるお父さんに，『またお父さん来てね』と言ったので，みんなで大笑いしたのですよ」と苦笑いを浮かべながら語った。加えて，「学校に入学したばかりの祐介君に手がかかるので，夫婦の目が彼に向き過ぎているのを香ちゃんが感じているかもしれない」と反省の言葉を口にした。

　母親の有紀さんから相談をされた友美先生は，日常の香ちゃんの状況についての過去の記録に目を通しながら，最近の彼女の心身の状況や変化について検討してみた。しかし，保育所での香ちゃんは，生活上や保育上の問題は何も感じないし，むしろクラスの中ではお姉さん的な存在である印象しか浮かんでこなかった。

　それで，翌日，友美先生は，香ちゃんが園庭の鉄棒で遊んでいる時に，「おうちでは何をして遊んでいるの」と尋ねてみた。すると，香ちゃんは，「お兄ちゃんとブロック遊びをしたり，友だちの美香ちゃん（仮名）とおままごとをしたりしているよ」と笑顔で答えた。

　また，友美先生は「お母さんやお父さんとは何をして遊ぶの」と，再度聞いてみた。この質問に対して，香ちゃんは「お母さんとはお人形遊びやお絵かき」，「お父さんとは，お風呂で遊んだり，寝る時にクイズをしたりする」，「友美先生，でも香はお父さんにおんぶされるときが一番好きなの」とニコニコしながら話してくれた。香ちゃんのこの返答に何か感じるものがあった友美先生は彼女を抱っこしながら，「香ちゃんはお父さんが好きなんだね」と尋ねてみた。すると，香ちゃんは，「そうだよ。でも，お仕事が忙しいから……。お兄ちゃんも大変だし……」と言って，途中で話をするのをやめてしまった。

　これらの会話の中で，友美先生はいくつかのヒントを得ることができた。
1．香ちゃんは何でも自分でやりたがる活発な子どもである。しかし，まだ彼女は年中さんで，本当は，両親に存分に甘えたい，愛されたいと思っている。
2．お父さんの不規則な勤務の関係でかかわる時間が少ない。そのために，香ちゃんは，一緒にいる時には，お父さんの気持ちをできる限り自分に向けたいと思っている。
3．ある意味で，お兄さんの祐介君（仮名）は，香ちゃんにとって両親の愛情を奪い合うライバル関係にある。

　このように香ちゃんの行動について考えた友美先生は，翌日，香ちゃんに「お父さんやお母さんに香ちゃんが保育所で元気でお友だちと遊んでいるから，時々，見に来てねと伝えておくからね」とさりげなく伝えた。そして，香ちゃんの自宅へ電話をして，友美先生が試行錯誤して浮かんできた，香ちゃんの自宅での不規則な行動に関する3つのヒントについて，母親の有紀さんに伝え，次週の土曜日の午前中に，再度，お父さんを交えて，簡単な意見交換の機会を持つことにした。

保育士と子どもとつくりあげる保育場面や，あるいは他の児童福祉施設での養育場面における相談支援の実際においては，先の事例で記述したが，子どもの「心音」に接することは，保育（あるいは養育）を行う場所においては日常茶飯事であり，特別なことではない。そのために，これらの子どもが日常隠し持っている気持ちや悩みを受け止め，あるいは受け入れて解決・緩和することは重要な保育士の役割と考えて，丁寧に相談支援を遂行していくことは大切な活動である。以下では，これらの事態を背景として，子どもと保育士との相談支援で重要なポイントを4つ示しておきたいと思う。

1）子どもとの支援関係をつくる

　子どもと相談支援関係をつくるには，子どもと時間を割(さ)いてかかわりを持ち，子どもと一緒に育ち合うという姿勢が必要である。しかし，このことはきわめて難しいことである。重要なのは，主体者である子どもが示す「こうしたい」，「こっちのほうが好き」といった意志を尊重することである。また，保育士や保育所，あるいは他の児童福祉施設の仲間と心をつながりあいたくて，悪戦苦闘している子どもの心情を察することも欠かせない事柄である。

　この作業の支障となるのは，保育士がひとりよがりの判断をしたり，画一化した自己の考えや信念を押しつけたりすることである。これらの事態を回避するためには，日々の子どもとのかかわりを丁寧に行うことである。決して，その場しのぎの保育的なかかわりを行ってはならない。加えて，保育時間が終り，一日の支援記録を書く際に，毎日欠かさず自己と一人ひとりの子どもとのかかわりや言葉のやりとりを省みることは必要不可欠であり，この毎日の振り返りが後々の財産となる。

　子どもとの支援関係が形成され，一緒に育ち合うということは，容易なことではない。懸命に子どもの心の声を聴き続け，保育士が子どもに受け入れられたと感じる時に，初めて心がつなぎあえたと感じることができる。

　このような支援関係が形成されると，子どもとのかかわりが自由自在となり，子どもは何の戸惑いや疑いもなく保育士の胸の中に飛び込んできやすくなる。

第4章 家庭を支援する技術

2）子どものゆらぐ心を受け止める

子どもは，母親の胸の中にいると，ささいな困りごとや悲しいことが消えていくことがある。母親の匂いや胸の中の温かさ，やさしい言葉かけは，子どもの精神安定を図る上で重要な役割を果たすことになる。保育士と支援関係が柔らかく形成されている子どもは，母親と同じ匂いや温かさを感じる時がある。この関係の形成は重要であり，保育士にとっては永遠のテーマである。つまり，保育士は子どもを受容しなくてはならないし，同時に保育士は子どもにも受け入れられなくてはならない。

子どもの，言葉，表情，行為には，それぞれに意味があり，それぞれが重要で不必要なものは何もない。保育士は，子どもの精一杯の自己表現を，まるごと受け止める必要がある。お互いの気持ちがつながって，初めて心のあやとり（交流）ができるようになる。

この心のあやとり（交流）には，特別な道具や技術などは必要としない。その中で大切なのは，保育士と子どもの心が満たされていることや，保育所あるいは他の児童施設を活用する友だちの言葉ややさしさが素直に伝わり，これらの言葉を受けて素直に行動がとれる関係だけである。保育士が子どもの気持ちを十分に理解している。そして，子どもたちが，保育士の気持ちをわかろうとするように努める姿勢を保つことが必要不可欠である。これらの双方の姿勢が味わい深いかかわりをつくり上げていくことになる。

3）どう対応してよいかわからない時にはスキンシップを持つ

子どもはささいなことで不安になる。さびしい気持ちになる。悲しくなる。つらくてイライラする時がある。保育士が子どもの様子を見ている中で，これらの状況を見て取れた時には，子どもの気持ちに寄り添って，子どもの不安やさびしさ，悲しさを包みこむように，共に過ごす時間をつくることが必要不可欠である。保育士が子どもを抱きしめたり，思いをひとつにしていることを，身体の温かさを通じて伝えたりして，呼吸を合わせることで，子どもの心の悲鳴をおさめていくことが可能となる。

子どもが精神的に不安定なときには，保育士は，心を自由にし，ゆったりと

構える必要がある。また，不安やさびしさ，悲しさでしぼんでいる子どもの心にほほを寄せてみると，何とも言えない愛おしさを感じることができる。そして，一方で，子どもの不安やさびしさ，悲しさは，スーッとどこかへ消えていってしまうことはめずらしくない。

これらの理由から，子どもの示す事態にどう対応してよいかわからない時には，スキンシップを持つのも一案である。なぜなら，スキンシップは子どもと保育士との関係をつくっていく中で，魔法のような役割を果たすことがあるからである。

エピソード

お母さんがいないと不安

綾ちゃん（仮名）は3歳と6か月である。彼女は，この春に自宅から10分ほどの距離にある保育所へ通い始めた。保育所には，同じ団地の1つ年上の春奈ちゃん（仮名）も一緒に通うので，当初からニコニコ顔で余裕を持って通園していた。

通所し始めて3か月が過ぎた7月のある日，お母さんが綾ちゃんを保育所へ迎えに行った。彼女は，お母さんが保育所に顔を出すと，満面の笑顔をして，園庭から走ってきた。「今日は何をして遊んだの」とお母さんが綾ちゃんに尋ねると，「鉄棒と滑り台，そして鬼ごっこ」と彼女は快活に答えた。

保育士や園長先生にお別れの挨拶をして，綾ちゃんとお母さんはお迎え用の自家用車に乗って自宅へ向かった。お母さんが彼女を自動車に乗せ，自宅へ向かい始めると，綾ちゃんは気持ちよさそうに居眠りを始めた。お母さんは，彼女をそのまま静かに寝かせておいてやりたいと思い，自宅へ到着すると，綾ちゃんのベッドへ直行し，そのまま彼女を寝かせて部屋を出た。

それから，綾ちゃんが寝ているうちに買い物をしておきたいと考え，自宅の戸締りをして近くのスーパーへ出かけた。ところが，30分ほど買い物をして自宅へ帰ると，綾ちゃんの大きな泣き声が外まで聞こえてきた。お母さんが玄関の鍵を開けると，彼女は真っ赤な顔をして泣きじゃくっていた。どうやら，綾ちゃんは，お母さんが自分を置いてきぼりにして，どこかに行ってしまったと思い込み，不安になったようだ。

その日以来，綾ちゃんは，お母さんの側から一時も離れなくなった。そして，保育所へ行くのを嫌がるようになった。仕方がないので，担当保育士の美穂先生と相談して，綾ちゃんが自分で保育所へ行きたくなるまでお休みにして，自宅でお母さんと過ごすことにした。

4）必要に応じて，見守ることも重要である

　保育士がむやみに教え込もうとしたり，支援したりしすぎることは慎むべき行為である。保育士が懸命になればなるほど，あるいは子どもの問題や課題について意識すればするほど，保育士のほうから無意味な声をかけ過ぎたり，子どもが自分で解決しようとしている時に，手を出しすぎたりする傾向がある。加えて，対象となる子どもの状況にふさわしくない声かけをしてしまいがちである。

　このような際に，子どもたちから，「うるさいな」，「ほっといて」，「自分で考えるから，先生には関係ない」と，反発されたり，沈黙を保ったりして口を開かなくなることはめずらしくない。

　子どもは子どもなりに考えたり，自分で解決したりして自分で整理できる問題や課題もある。特に，家庭の中の問題や友だちとの関係に関しては，だれにも知られたくないと考える子どももいる。

　したがって，むやみに声をかけたり，手を出したりすることは，なるべく控えたいものである（必要に迫られたアウトリーチを行う場合は別である）。一度口にした言葉はもとには戻せない。手を出した行為は消すことができない。

　そのために，保育士は，ここで声をかけるのがよいのか，悪いのか。口を出したり手を出すのが適切なのか，不適切なのか，などについて多面的な視点から考えながら，言葉かけや支援を遂行する必要がある。また，必要に応じて，見守ることも重要な作業となる。[(6)]

第3節　家庭支援のために必要な相談技術

　家庭支援を必要とする事態は多様である。その中で，近年，保育士に関する相談で注目されているのは，養育や発達，虐待不安，虐待に関する相談支援である。本節では，後に示すような相談が保育士に持ち込まれた際に，いかなる過程を経ながら相談支援を行って行けばよいのかについて考察してみたいと思う。

── 事 例 (2) ──────────────────────

発達の遅れがある子ども

　大地ちゃん（仮名）は今年3歳になる。彼はこれまで保育所や幼稚園には通った経験がない。自宅は地方都市のマンションの一角にある。父親は46歳で，母親は40歳になる。両親が結婚して10年目に大地ちゃんが誕生した。なお，大地ちゃんは一人っ子である。

　マンションには，大地ちゃんと同年代の子どもは2，3人いるが，その子どもたちは保育所に通っているためにかかわりがほとんどない。

　お父さんとお母さんは，3歳になる大地ちゃんの口数（語彙）が年齢の割には少ないことや感情表現が乏しいことが気になっている。自宅では，大地ちゃんは両親を相手に単語をいくつか並べた会話はできるが，自宅を一歩出ると，出会った人に対して，両親が「ごあいさつしなさい」と促しても，まったく言葉が出ないし，感情の変化もあまり表さない。

　それで近所にある公立保育所の相談室へ電話予約を入れて，大地ちゃんを連れて相談に行くことにした。

─────────────────────────────

（1）導入・情報収集[7]

　子どもの支援を行う上で重要なことは，家庭の状況を熟知し，家庭を支援することである。

　家庭支援は，親と子ども，あるいは家庭内の実情を詳細に把握することから始まる。この支援の導入部となるのが相談や面談に関する技術である。この導入部は，相談・支援の今後の成否を決めるほどの意味合いを持つものである。

1）相談支援の前提としての相談・面接をしやすい雰囲気づくり

　相談・支援を行う際には，相談の対象となる子どもや親・家庭などが，自らが隠し持つ悩みや問題を，可能な限り詳細に保育士に伝える必要がある。そのために，彼らが主体者となり，自ら多様な情報を語りやすい雰囲気づくりを，念には念を入れて準備する必要がある。それゆえ，保育士と子どもや親・家庭などとの支援関係の内容や質は，気軽に相談し得る信頼関係（ラポール）を含み持つ必要がある。

　これらの理由から，送迎時・行事の時の挨拶や会話などは，彼らが「話がし

第4章　家庭を支援する技術

たい」、「話を聞いてもらいたい」、「この人といるとホッとする」、そのような雰囲気を意識的に保育所や他の児童福祉施設などはつくり上げたいものである。

2）相談支援を開始する上での受容的な態度の保持の必要性

相談支援の主体者は子ども親、あるいは家庭全体である。ところが、彼らは、保育に関する知識や技術・情報に乏しい理由から、支援関係を形成する際には、保育所や他の児童福祉施設の保育士の言動や指導に対して受け身になりやすい。したがって、相談支援を遂行する際には、リーダーシップは保育所や他の児童福祉施設の保育士がとるが、ひとりよがりの相談支援を行ったり、保育所や他の児童福祉施設の保育士の画一化した考えや思いを相談に訪れた人に押しつけたりする事態は避ける必要がある。そのために、保育所や他の児童福祉施設の保育士は、常に謙虚な姿勢と穏やかさを保ち、あるいは言葉遣いや挨拶などに配慮して、あくまでも相談支援の主体者は子どもや親、家庭であるという意識を念頭に置き、受容的なスタンスを保持するように心掛けたいものである。

3）相談支援の成功の鍵を握る的確な情報の収集や情報交換の大切さ

親、あるいは家庭は、子どもに関して「保育所や他の児童福祉施設の保育士なのだから、親切にしてくれるのは当たり前である」という気持ちをどこかに隠し持っている。また、「相談すればかならず適切なアドバイスや支援を行ってくれる」と決め込んでいるケースが数多く散見される。それでいて、彼らは不安がいっぱいで、尋ねたいことや説明してもらいたいという強い希望を持っているきらいがある。そして、たとえ保育士（看護師、調理師などを含む）などからくわしい説明やアドバイスを受けても、あとから次々と疑問が湧いてくることもめずらしくない。加えて、自ら整理がつかない問題についても、早急な返事を求めてくる事例も多い。したがって、親、家庭とは、通所施設ならば送迎時の面談や会話・連絡ノートなどを通じて、入所施設ならば面会時の会話、あるいは日常の生活記録などを通じて、子どもに関する情報の交換や共有はきわめて大切な作業となる。

(2) 情報の分析・事前評価と支援計画の作成[8]
　1) 多様な視点からの情報の分析・事前評価の必要性
　相談支援を進めていく過程で最も重要な作業は，前頁3）の情報収集や情報交換をすることによって得ることができた貴重な情報や事態の推移を多様な視点から検討することである。この作業は，子どもや親・家庭などとの相談支援が終了するまで継続的に実施される必要がある。この情報の収集と分析・評価は相談支援の過程では必要不可欠な作業である。具体的には，観察や面談，関係者以外の者からの情報を行いながら，子どもや親・家庭などの気持ちや意識，行動などの状況や背景にある心模様などについて推察したり，表面に出てこない思いやニーズの把握に努めたり，子どもや親・家庭の意志の相違を確認したりしながら，保育所や他の児童福祉施設の保育士が今後いかなる支援やアドバイスを行うことが必要なのか，あるいは必要に応じて家庭環境や地域環境の適切さ・不適切さなどについて分析・評価したりすることも重要となる。当然のことながら，分析・評価の中には，子どもや親・家庭の負の部分だけではなく，正の部分の積極的な評価も行う必要がある。

　2) 支援計画の立案・作成の重要さ
　建物を建築する際に設計図が必要不可欠であるのと同じように，支援を遂行する際にも設計図が必要となる。相談支援における設計図は「支援計画」と呼ばれる。料理で言えば，「メニュー」や「手順」である。まず，相談支援の目的は何なのかを明確に示すことが大切である。また，目的が明確でなければ，相談支援の手順や支援の手法に狂いが生じやすくなる。

　この支援計画の策定は，保育士が策定するが，必要に応じて支援チームや保育所，あるいは他の児童施設全体で討議し，共通に意識を持ちながら作成されるケースもある。また，必要によっては，外部の保育関連の専門家や保護者も参加することもあり得る。

　支援計画は，短期計画・中期計画・長期計画の3つの計画が立てられることが一般的である。しかし，子どもや親・家庭などの抱える悩みや問題が短期計画や中期計画で目的が達成される場合は，その時点で相談支援が終了すること

もあり得る。

　支援計画を立案・作成する際には，保育所側の活動や働きかけに着目した支援計画や子どもや親・家庭が抱える状況や課題に注目した支援計画，あるいは地域社会の活動や働きかけに注目した支援計画などが，支援の目的や状況に相応する形で，作成されることになる。

　支援計画を立案・作成する際に注意したいことは，相談支援対象者のプラス・マイナスの両面を視野に入れながら，組み立てることを心がける必要がある。また，仕上がった支援計画の遂行を決定するのは，親や家庭の判断に任せるのがセオリーである。ただし，子どもが判断できる，できないは別として，彼らに伝えても相談支援に支障がない場合は，理解できる範囲内の情報は通知するのが相談支援の望ましい姿である。

（3）相談支援の遂行（介入）とその他の相談支援に関する役割

　相談支援において，保育士が対象者に支援計画をもとにして働きかける段階を介入（インターベンション）と呼ぶ。

　この介入は，保育士による家庭支援では，子どもに関する問題は保護者と共に相談支援を行う過程を意味し，親や家庭の抱える問題の解決に取り組む親に対して保育士が支援活動を行う段階のことを言う。

　この介入の段階では，保育士が子どもや家庭の抱える問題に関与するか否か，また，いかなる手法を用いて関与するかについて，親や家庭の自己決定が尊重される。

1）保育士による相談支援の実際

　保育士の遂行する相談支援には，心理学的な支援であるカウンセリングが行われることは少なく，保育分野の知識や技術を背景とした，相談支援技術の知識や技術を活かした相談や助言，指導，行動見本の提示などが行われる。

　たとえば，「再婚をした男性との間に子どもが生まれてから，初婚の相手との間に生まれた子どもとかかわっていると，別れた男性に似ているところが気になり，ついつい手を出してしまい，母親が激しい虐待に向かいかねない不安

を持っている」との相談を受けた際には，母親の話に十分に耳を傾け，親と子どもの関係の調整を行ったり，必要に応じては地域の児童委員と連絡を取ったりしながら，母親の子育て支援を行っていくことになる。

　また，親子の関係が一層悪くなり，虐待行為が悪化した場合は，児童相談所や児童家庭相談室，**警察の生活安全課**などと連絡を取り合いながら，保育士は親子関係や家庭に介入していくことになる。

重要語解説

警察の生活安全課

　生活安全課では，防犯活動，少年の非行防止活動，高齢者を狙った悪質な訪問販売等，市民生活を脅かす犯罪の捜査および少年を取り巻く有害環境の浄化や広報・啓発活動を行い，犯罪・事件の未然防止と根絶のための各種活動に取り組んでいる。

2）保育士が行える相談支援関連の役割

　保育士が相談支援できる相談内容は，本来，保育所内や他の児童福祉施設内で推進される業務が主な活動であるため，自ずと限界がある。

　その中で，保育士が行える相談支援に関するサービスは，養育に関する相談，親子の調整，初歩的な発達相談，養育に関する情報提供，専門的な相談支援が行える社会資源の紹介，子育てサロンや障害者団体などの交流スポットの紹介などである。

　したがって，保育士が子どもや家庭を支援するために行える主なサービスでは，保育領域の相談などのサービスのほか，彼らが求めているニーズを充足するために貢献できる福祉サービス機関の紹介が重要な役割となる。

　特に，子どもが生まれ，家庭生活を営む過程では，親は若くて躍動感にあふれているが，子どもの病気や祖父母の介護の問題などのほか，就労が不安定であったり，夫婦関係が揺らぎやすかったりしやすい時期でもある。そのために，必要に応じて，保育所や他の児童施設の保育士が関連する機関との連携を推進するつなぎを行うことも期待される。

（4）相談支援の結果の終結とフィードバック

　相談支援の評価では，子どもや親・家庭と保育士の関係，支援手法の適切さ，支援状況，支援効果，目標の設定と支援終結時の評価などが実施される。

　この評価は，親や家庭（子ども）と保育士が共に席を同じくして，共同で行うのが好ましい。親や家庭（子ども）と保育士が共同して支援の過程や状況，結果などについて振り返ることによって，ニーズの充足の状態や充足を阻害する要因，背景，状況の変化などから生じた事態を評価する作業を行うため，親や家庭（子ども）にとって必要な状況，社会資源，具体的な支援の内容などについて相互が認識することが可能となる。特に，親や家庭（子ども）が支援過程の評価を行うことで習得した知識や対応方法を意識化する可能性が高まることから，家庭がその後に向かいかねない状況を意識的に変化させることや，新たな課題を解決・緩和するために貢献できる可能性の高まりが期待できる（ただし，評価を行うことによって摩擦が生じる危険性も有している）。

　その中で，支援過程の評価を行った結果，当初の支援目標が達成されていないと判断した場合，あるいは新たな課題が見つかった場合は，再度，情報収集や分析，介入が繰り返して行うことになる。これをフィードバックと言う。

第4節　柔軟な環境設定

　いずれの地域にあっても，子どもにとっては，保育所や他の児童福祉施設は，長い短いは別として一定の時間を過ごす家庭の代替の役割を果たす場所である。そのために，適切な保育や相談支援を行うためにも，どの子どもが安心して自分の気持ちを自然と表出し，伸び伸びと過ごせる雰囲気をつくりたいものである。保育所や他の児童福祉施設は子どもが気がねしたり，遠慮したり，保育士に良い子であると思われようとしたりせずに，自分の思ったことや感じたことを率直に表現したり発言することができる場所になれるように取り組むことは欠かせない。

　また，保育士が親や子ども・家庭を支援したり相談したりする時には，やは

り居心地の良い，自分らしくいられる，安心して過ごせる環境でなければ，心を開いて支援を遠慮なくお願いしたり，悩みや問題を相談したりする気持ちを持ちにくいものである。そのために，彼らに対して家庭支援や相談支援をスムーズに行えるような環境の設定を行い，雰囲気づくりなどについて創意工夫することは重要なテーマとなってくる。

つまり，子どもや親・家庭などを支援する際には，人的な環境や施設や設備，遊具などの物的環境，自然や社会の事象なども活用して遂行されることになる理由から，人間や自然とそれらが醸し出す空間や雰囲気，あるいは文化なども含めた環境が期待される。

したがって，子どもや親・家庭などの生活支援や相談支援の中では，彼らが抱える状況や課題に合わせた柔軟な環境設定が必要とされる。[9]

第5節　心理を支援する技術 [10][11]

子どもや親・家庭などの実際の相談支援を遂行する際には，事前に得た情報と実際に相談支援するのとでは相当な差異がある。大きなズレが生じることも少なくない。また，相談支援の対象となる彼らが他者の支援を必要としている時には，総じて視覚，聴覚，触覚，味覚，嗅覚などの五感が鈍り，言葉で表現できなかったり，自分の感情を表に出せなかったり，そして，自信を喪失してしまったりしてしまう事態が生じやすい。これらの理由から，保育士が子どもや親，家庭に相談支援を実施する際には，さまざまな心理支援技術が必要とされる。

（1）主体性の保障をする技術

相談支援においては，子どもや親・家庭などの主体性の保障を行うことが基本である。主体性の保障とは，保育士が彼らを支援する過程において，対象者の人間の回復，また彼らの主体性や個別性，自己決定を尊重する相談支援のかかわり方である。このかかわり方は，古くから重要視されてきたが，近年のノ

ーマライゼーションの導入や人権擁護のスタンスの保持の必要性が主張されるようになった理由から，一層その大切さが認識されるようになってきている。

　この主体性の保障は，子どもや親，家庭が有する権利や責任の回復，転じて彼らの問題解決における主体性や個別性，自己決定などを尊重するかかわり方である。この主体性の保障の特徴は，保育士が子どもや親，家庭の進む過程を一歩下がって後方支援することを特徴とする。

（2）親や家庭の問題を理解する技術

　一般的には，保育士が子どもや親・家庭などの抱える問題について「理解する」，「わかる」ということは，彼らが有する「独自の判断基準」や「枠組み」を対象者にあてはめることで，目の前にある事態について，納得できているということである。つまり，保育士がこれまで学んだり経験したりしたことで体得した「独自の判断基準」や「枠組み」を活用して，彼らの抱える悩みや問題の内容や質・方向性などについて，「理解がおよぶ」，「腑に落ちる」ことを意味している。これらの理由から，保育士は子どもや親・家庭を前にして，彼らの語る内容やつらさなどが「理解できる」，逆に「理解できない」，あるいは「わからない」という思いに駆られるが，これらの事態は保育士が「独自の判断基準」や「枠組み」について対象者の語る状況や心持ちに関して，上手にあてはめて活用できているか，いないかという状況から生じるものである。

　この「独自の判断基準」や「枠組み」を活用して，彼らの有する悩みや課題と対峙するときに配慮すべきことは，偏った「独自の判断基準」や「枠組み」を無理やりにあてはめないことである。「独自の判断基準」や「枠組み」は多様な事態に即応できるゆとりや自在性，多様性を持っている必要がある。また，「独自の判断基準」や「枠組み」に信頼を置き過ぎて，他の「判断基準」や「枠組み」に目を向けないことは，相談支援においては避けるべき事柄である。なぜなら，「独自の判断基準」や「枠組み」を信頼し過ぎたり過信し過ぎたりすると，これらの基準や枠組みに当てはまらない事態や要素を見過ごしてしまう危険性があるからである。つまり，「独自の判断基準」や「枠組み」は，決

して万能ではないのである。

（3）状況を判断する技術

　子どもや親・家庭などが保育士に相談を行い，判断する際に大切なことは，必要な情報や問題の緊急性，支援関係の形成状況，社会資源の分布などを詳細に確認することである。また，支援の進め方を検討したら，保育士は彼らに自己の判断を示すことが重要である。

事 例 (3)

食事が喉を通らない

　里美ちゃん（仮名）は9歳である。彼女はひとり親家庭で，これまで親子ふたりで生活していたが，母親が肝臓がんになったことから，緊急措置ということで児童相談所を経由して児童養護施設に入所した。また，里美ちゃんには，頼りになる親戚や知人はいない。
　里美ちゃんは，施設へ入所して以来，食欲がなくなり，また，仲間や職員と話もしないで，部屋にこもっている。
　これらの状況を見て，職員は里美ちゃんの今後のことが心配でならない。

　支援の計画の立て方や進め方を判断する材料は，多面的かつ個別的に検討を経て理解を進めて獲得したさまざまな仮説である。先に記述した事例で言えば，「きょうだいや親戚がいないので不安で仕方がないのかもしれない」，「お母さんの病状が心配なのかもしれない」，「施設の集団生活に戸惑いがあるのかもしれない」，「施設の食事が口に合わないのかもしれない」などである。

　つまり，状況を判断するとは，まずこれらの多様な仮説を他の情報や資料などと比較検討し，それぞれの仮説の信憑性（しんぴょうせい）を考察することである。適切な考察を行うためには，偏った仮説に意識が傾かないようにする必要がある。また，一つひとつの仮説を多様な視点から検討し，冷静な判断を行うことである。

　それから，保育士が信憑性のある仮説は特定できるとは限らない。したがって，判断する仮説が的確ではないという不安がある時には，それぞれの仮説を他の情報や資料と比較検討することによって，再度，仮説の信憑性を考察する

必要が生じることがある。

(4) 共感する技術

　保育士が子どもや親・家庭などとの間に支援関係を築いたり、問題を理解したりするためには、自己の感情を彼らの立場や心情に近づけて、少し感情を移入することが必要である。決して、保育士が感情を彼らに移入することは悪い訳ではない。重要なのは、感情の移入の質と程度の問題である。保育士は感情を少し移入することで、初めて子どもや親・家庭などとの心のあやとり（交流）が可能となる。加えて、彼らの心情と同じ土俵に立つことができる。相談支援論においては、保育士が子どもや親・家庭などとお互いに豊かな関係性をつくり、感情が豊かに交流し、たがいに心情を共有し合っていることを「共感」と呼ぶ。

　ただし、共感は「相手の立場に立つこと」および「自分の感情を相手に移入すること」の2つの用件を前提としている理由から、だれもがたやすく実践できるものではない。むしろ、共感できる事態まで保育士が自分を高めることは困難な作業であると考えたほうがよい。

　なぜなら、健康な若者には高齢者の喪失感を理解することはできにくいからである。また、たとえば末期がんの患者が経験する痛みを理解することはむずかしいからである。したがって、支援者である保育士は、悩みや問題を抱えている子どもや親・家庭の心情に近づけるように努めることが大切である。

　したがって、決して子どもや親・家庭の心情を理解できたり共感できたりするつもりになってはならない。むしろ、安易に「わかったつもりになったり」、「共感できたつもりになったり」するならば、相互の支援関係の形成状態を悪化させたり、支援の目標を見失ったりする危険性に陥りかねない。

(5) 支持する技術

　保育士が、子どもや親・家庭などから相談され、支援を求められる時に、最も慎むべきことは、彼らの抱える悩みや困難に巻き込まれないことである。一

度巻き込まれてしまうと，相談支援の目的やゴールを見失いかねない。やはり保育士が支援者として行えることには，やはり限界がある。そのために，保育士は彼らの立ち位置から一歩後ろにさがりながら見透(みとお)しのよい位置に腰を据えての支援が必要とされる。

　一方で，子どもや親・家庭などが置かれている立場や状況を多面的な視点から検討し，保育士が心理的支援やフォーマル・インフォーマルな福祉サービスを活用した生活上の支援を遂行することが重要となる。これらの保育士の支援を彼らが受けることによって，初めて，抱えている悩みや問題と向き合える可能性が高くなる。

　人間はさまざまな悩みや問題を抱え込むことによって，悩む，苦しむ，落ち込む。ひいては病気になったり自殺したり無理心中をしたりする危険性を常に隠し持っている。

　保育士が遂行する相談支援はこれらの事態を回避したり緩和したりするために機能する。相談に訪れた人の中には，「今夜，子どもを殺して自分も死にたい」，あるいは「このまま一緒に子どもと生活していると，ひどい虐待をしてしまいかねない」などと思っている人もいるかもしれない。これらの危機を回避するためには，悩みや困難を抱えて藁(わら)をもすがりつきたい気持ちでいる子どもや親・家庭の話に耳を傾け，そして，心身を癒してくれる保育士の知識や技術・経験にもとづいた（対象者をやわらかくつつみこむような）支持する技術を体得する必要がある。

（6）意見・助言を伝達する技術

　保育士は，必要に応じて子どもや親・家庭に意見や助言を伝えることがある。とりわけ，支援の段階が現実の理解や認識，あるいは事態の解釈をめぐって進められる時には，これらの意見や助言の伝達は頻繁に実施されることが多い。ところが，保育士は，彼らにどのような意見をいかなるスタンスで伝えたらよいのか，いざ本番となると迷ったり悩んだりするものである。加えて，相談相手の気持ちや立場をおもんばかりすぎて腰が引けてしまうことも少なくない。

意見や助言の伝え方はさまざまである。「○○○○については○○○○と思います。いかがですか」というようにやわらかい表現で伝える方法を採用する時もある。しかし一方で，「それについては○○○○と考えた方がよい」，「その問題については○○○○と考えるのが普通である」というように断定的な，かたい表現の伝え方を選択することもある。

保育士が子どもや親・家庭などに意見や助言などを伝えることはさほどむずかしいことではない。大切なことは，保育士が彼らとの関係性や緊急度を適切に考察して，自己の意見の伝え方をいかなる手法で行うのか，あるいは，提供する支援の内容や質・方向性を見誤らないことである。

また，保育士が子どもや親・家庭などと率直な意見交換ができているか，あるいはできていないか，これは支援関係の形成状況の中で判断しなければならない。したがって，意見や助言を伝える方法を考える時に不可欠なのは，保育士がどれだけ自分と子どもや親・家庭との支援関係の内容や質・方向性を多様な視点から検討し，認識できているかということであり，自分の意見や助言に責任を持てるか否か，ということである。

第6節　スーパービジョン

スーパービジョンとは，福祉専門職者（保育士を含む）が援助を行っていく上で必要な知識や技術，倫理観を獲得し，現場の実践で質の高いサービスを提供していけるように側面的に援助していく方法である。スーパービジョンを提供する人を「スーパーバイザー」，受ける人を「スーパーバイジー」と呼ぶ。スーパービジョンの機能には，管理的機能，教育的機能，支持的機能の3つがある。管理的機能とは，スーパーバイジーが所属する組織の目的，機能や仕事の内容を理解し，組織の期待する役割を適切に遂行できるように指導・援助することを言う。教育的機能とは，スーパーバイジーが専門的な知識や技術，専門職としての必要な価値観を身につけ，実践に活かした援助ができるように指導・教育することを言う。支持的機能とは，スーパーバイザーが，援助の過程

で抱えるスーパーバイジーの悩みや問題、ストレス等の話を聞き、助言することによって、スーパーバイジーを精神的に支持することを言う。そしてスーパービジョンの目的は、ひとつは、クライエントや地域社会に対して適切な福祉サービスを提供することである。そして、もうひとつはこれらのサービスの担い手であるソーシャルワーカーの養成訓練の目的がある。前者をスーパービジョンの長期の目的と言い、後者を短期の目的と言う。そして、短期の目的、つまり、ワーカーの専門性向上を促すことは、長期の目的、子どもや親・家庭などに対する質の良いサービスを提供することにつながる。

　スーパービジョンの種類には、スーパーバイザーとスーパーバイジーの1対1による個別スーパービジョン、スーパーバイザーがグループを活用して、メンバー同士の相互作用による質的向上を目指すグループ・スーパービジョン、スーパーバイザーとスーパーバイジーが同じケースを担当するライブ・スーパービジョン、本来のスーパービジョンよりゆるやかで、ソーシャルワーカー同士や保育士同士、学生同士などがお互いに事例検討などを行うピア・スーパービジョンなどがある。

　スーパービジョンの課題としては、わが国では生きたケースを対象として、毎週、定期的にスーパービジョンを一定期間（2年間以上）以上受ける機会のある人はきわめて限られていることである。その事態が隠し持っている背景には、スーパービジョンができる専門家がほとんどいないという実態がある。そのため、スーパービジョンの必要性は叫ばれていても、ほとんど実施されていない。また、理論として知っている人はいても、なぜ必要なのか、どのように実施されるのか、体験的に知っている人はほとんどいないという現状がある。これが、今日の社会福祉現場や保育所などにおけるスーパービジョンの現状である。実際の現場では、スーパーバイザーを置けるほどの金銭的余裕のある保育所や他の児童福祉施設や福祉サービス提供機関などは少ないし、また、それほどの人材もそうそういるものでもない。厳密な意味でのスーパービジョンはあまり行われていないかもしれないが、ソーシャルワーカーのスキルや専門性などが成長している現状は見られる。つまり、スーパービジョンの目的である

ところの専門性は向上しているのである。たとえば，ソーシャルワーカーの所属する児童福祉施設では，主なソーシャルワーカーとしての仕事は同僚や先輩に訊くなどして覚えていき，どうしてもという厄介(やっかい)な場合は上司に訊くといった流れで仕事が進められている。また別の施設では他職種とのケースカンファレンスやチームアプローチなどを通じてさまざまな考えや意見が聞けることが，結果的にスーパービジョンの役割をしている。これらの事態は，保育所の現場においても同様である。

　これらの例からもわかる通り，保育所や他の児童福祉施設における個別スーパービジョンやライブ・スーパービジョンなどよりも，ピア・スーパービジョンが行われていることが多いと言える。これは多くの施設でも同じ状況ではないだろうか。これならスーパーバイザーを雇うこともそのための金銭的負担も少なく，外部のスーパーバイザーのように状況を一から説明したりする時間と手間もそれほどかからないという，手軽で実施しやすい方法であると考える方が活用しやすくなる。

　しかし，一方では，当然同僚や先輩後輩関係でのやりとりであるために，どうしても気を使うなどうわべだけの話に終始したり，あまり本気で意見をぶつけ合うと，今後の仕事がやりにくくなったりする危険性が高まる。また友好的な場合でも，馴れ合いになりケースをおざなりにしてしまいかねない。さらには，互いがスーパーバイザーでありスーパーバイジーであるため，個人の性格や能力，参加意欲などの違いが相互の持つ役割に偏りをつくってしまうということもあり得る。また職場内で行われることが多いため，もともと持つ情報がほとんど同じであり，どうしても観点が一面的になりがちであることから，多面的な方向から見ることや，これまでにない観点を持ち込むことがむずかしくなりがちである。それらを留意してピア・スーパービジョンを行うことで，ソーシャルワーカーとしての専門性や知識の向上に寄与すると思われる。[13][14]

【演習課題】

1　子どもが保育士に相談してくる内容について提示し合い，どのように支援

して行ったらよいのか，学生同士で意見交換をしてみよう。
2 虐待不安で悩む母親と相談支援する保育士の役を決めて，ロールプレイを行い，相談支援の実際を体験してみよう。
3 保育士の支援活動におけるスーパービジョンの必要性について，実習やボランティアなどの経験をふまえて意見交換してみよう。

〈注〉
(1) 橋本真紀・山縣文治編『よくわかる家庭支援論』ミネルヴァ書房，2011年，10～11頁。
(2) 同前書，12～13頁。
(3) 植木信一編著『家庭支援論』建帛社，2012年，83～94頁。
(4) 橋本真紀・山縣文治編，前掲書，46～47頁。
(5) 柏女霊峰・橋本真紀編著『保育相談支援』ミネルヴァ書房，2011年，51～56頁。
(6) 清水エミコ『園児と言葉の交わし合い方』学陽書房，1998年，156頁。
(7) 柏女霊峰・橋本真紀編，前掲書，60～61頁。
(8) 植木信一編著，前掲書，132～133頁。
(9) 松村和子・澤江幸則・神谷哲司編著『家庭支援論』建帛社，2011年，192頁。
(10) 柏女霊峰・橋本真紀編著，前掲書，68～69頁，80～84頁。
(11) 厚生労働省雇用均等・児童家庭局保育課「保育所保育指針解説書」2008年8月，19～21頁。
(12) 尾崎新『対人援助の技法』誠信書房，1997年，2～131頁。
(13) 塩村公子『ソーシャルワークのスーパービジョンの諸相』中央法規出版，109～133頁。
(14) 奈良県社会福祉協議会編『ソーシャルワークのスーパービジョンの諸相』中央法規出版，2000年，3～39頁。

〈理解を深めるための本〉
清水エミ子『園児と言葉の交わし合い方』学陽書房，1997年。
　　——伝説の保育士・清水エミ子と子どもたちの，かかわりの温かさが伝わってくる入門書。
平林宏美・板野和彦・藤田勉・立浪澄子『よりそって子育て』世音社，2000年。
　　——子育ての中で陥りやすい視点や課題に向き合った，子育てのヒントを著した読みやすい本。
佐々木正美『子どもへのまなざし』福音館書店，1998年。
　　——児童精神科医・佐々木正美が，親や保育士へ伝える子育てのためのメッセージ。

(田中利則)

第5章
家庭支援の形態

学習のポイント

　家庭支援を行うには，何よりも現在の家庭の姿を尊重する必要がある。家庭を対象とした支援を行うためには，現在の家庭を構成しているメンバーを中心として取り組む必要がある。支援を行うための制度や関連する支援事業等の理解とともに，支援のためのネットワーク等についての学習を通し，多様な家庭支援のあり方について理解して欲しい。

第1節　家庭支援の方法と情報提供

　家庭に対する支援を行う際には，「今この家庭ではどのようなことを求めているのか」，「今この家庭にとって必要なことはどのようなことか」，「そのためにはどのような支援が可能であろうか」というような点について把握し，支援していくための方法や支援内容を決定する際に活用し，支援の対象となっている家族に適切な支援プログラムを提供していく必要がある。この際に大切なことは支援者側がすべてのことを満たしてしまうのではなく，家庭がひとつの生活構成単位として自らの力で「生活していく力（以下，「家庭の生活力」と記す）」を獲得することが可能となるよう支援していくことが重要であり，そのために必要とされる支援の方法を検討し，必要な情報提供や具体的な支援を行う必要がある。

(1) 家庭支援の方法

　家庭支援を行うための方法としては，公的な各種の制度を利用する場合と，利用しないで取り組む場合があるが，支援の目的（何を，どのように支援するのか）や家庭の希望等をふまえた上で，どのような方法を利用することがその家庭にとって最も有効なのかを検討し，実際の支援を展開していく必要がある。

　具体的に支援を提供するための方法としては，「どのような環境で，どのような内容の支援を，どのような方法で提供するのか」という点をふまえて検討することが必要である。さらに，支援を行うための環境としては，「現在生活を行っている家庭環境」をベースとして支援を行うのか，福祉施設等の「家庭とは別の生活環境」を利用して支援を行うのか，ということについて慎重に検討する必要がある。

　児童相談所や地域に設置されている家庭児童相談室で相談支援を行う場合には，現在の家庭環境をベースとした支援が行われる場合が多い。児童虐待等のように「子どもの安全が危惧される」場合には児童相談所の一時保護所や乳児院，児童養護施設等をはじめとした児童福祉施設等で子どもを保護し，家族関係の調整や家庭環境の改善を目的とした支援が行われる場合が多い。

　現在の家庭環境をベースとして家庭児童相談室や児童相談所等で行われる支援の形態は，児童相談所や家庭児童相談室に出向いてもらい必要とする支援を提供する「通所支援」と言われる方法と，支援を担当する支援専門員（ケースワーカー）が家庭を訪問して行う「訪問支援」と言われる方法がある。家庭環境や相談内容により支援方法が検討され，面接指導や情報提供等を含めた相談支援が行われる。

　児童相談所の一時保護所や乳児院，児童養護施設等を利用して行われる支援の方法は「入所支援」と言われる方法で，家庭とは別の環境を利用して子どもの保護や家庭環境の調整を主とした支援活動を行う方法である。

　「入所支援」は「通所支援」や「訪問支援」とは，「（物理的に）親子が異なった環境で生活する」という大きな違いがある。家族の分断をともなうことである。

実際に家庭支援を行う場合には支援を行う側が利用できる社会資源（社会資源については第6章参照）や，有効な多くの情報を有していることが求められる。

支援を必要とする家庭にとってみれば，支援する側が有効な情報を，適切に提供してくれるか否かは，これから開始される相談支援の活動に安心感を持って参加し，自らの力で現在抱えている課題を解決するための活動に向き合うことが可能となるか否かの分岐点にもなりかねない。支援を提供する側（支援者）が多くの有効な情報を有し適切な支援に活用することができれば，相談者に安心感を与え，支援の成果に大きな影響を与えることとなる。

現在，公的に行われている法制度や子育て支援施策，子育て支援サービス，利用可能な社会資源等については本書の他の章で紹介されているので詳細は避けるが，支援者にとって，家庭支援を進める際には関連する法律や国の各種の関連事業制度や支援制度，社会資源等の利用や連携が不可欠となる。どのような法律や制度があって，それらを利用するためにはどうすればよいのか，利用することによるメリット，デメリットはどのようなことかについて理解しておくと共に，可能な限りタイムリーな情報提供が行えるよう，関連機関とのネットワーク（「要保護児童対策協議会」等）を確立しておくことが必要である。

第2節　相談支援の方法と具体的展開

（1）家庭に対する相談支援を行う際の視点

相談支援は国や県や市町村等の地方公共団体が行う活動（フォーマルな活動）と，友人や知人，地域住民等が私的な立場で行う活動（インフォーマルな活動）がある。

前者の場合の支援活動としては，児童相談所や家庭児童相談室，保育所や地域子育て支援センター，児童家庭センター等で行われる相談支援活動が含まれ，後者の場合の支援活動としては地域の母親クラブや子育て支援サークル等の活動が含まれる。

相談支援を行う場合には，相談援助技術（ソーシャルワーク等）（第4章で解説）

を活用して実施することが大切であるが、注意を要する点がいくつかある。
　実際に相談支援を行う際に配慮すべき点について、次の例を参考に考えてみたいと思う。

事例（1）

子どもを育てることに疲れたと訴える母

　吉田さん（仮名）から、市の家庭児童相談室に「子どもに障害があり、これまでは家庭で家族がかわいがって育ててきたが、最近になって家の中で暴れたりするので落ち着いて生活できない。一緒に生活するのはもう限界である。何とかしないと家族が共倒れしてしまうので何とかして欲しい」という相談があった。相談室の担当者は家庭への支援を行うために早速家庭を訪問し、家族に対する面接調査や家庭環境の調査をしたところ、両親と父親の両親と障害のある政男君（仮名：10歳）の5人暮らしで、経済的には裕福で、夫婦関係は良好であることがわかった。担当者が家庭を訪問した時には、支援の対象と思われる政男君は家にいたが、通常の家庭生活では落ち着いて生活しており、暴れたりするような様子を窺うことが困難であった。「暴れる」ということについて両親から詳しく話を聞いてみると、「政男君に寄り添っていたいのだが、父親の両親の介護があり、政男君に寄り添っていてあげられない。そのため、政男君が落ち着きをなくし暴れてしまうことがある。そうすると、親としてどうしたらよいのかわからなくなってしまい、親が冷静さを失ってしまう。現在、母親は近くの心療内科のクリニックに通院し、精神安定剤をもらい服用しているということがわかった。

　この事例は、障害のある児童の両親からの「子どもの暴力による家庭崩壊の危機」を主たる訴え（以下、「主訴」と記す）とした相談内容である。支援担当者の実施した訪問指導等により明らかとなったことは、①両親からは政男君の暴力に困っているとの訴えがあった。②家庭環境を調査したところ夫婦関係や経済的には特に問題はない。③父親の両親と同居している。④父親の両親の介護問題がある。⑤政男君は通常の家庭での生活では落ち着いた生活を行っているようである。⑥政男君の両親は親の介護問題で大変そうである。⑦そのため、政男君とうまくかかわることができない。⑧母親は精神安定剤を服用するような状態となっている。⑨結果として政男君も冷静さを失い、暴力行為に及ぶという関係性が見えてくる。こうしてみると、家族が最初に相談してきたことを

改善するためには、政男君だけに対する支援を行うのではなく、父親の両親の介護に関する問題を改善し、政男君が冷静さを持てるよう支援していくことにより、両親（特に母親）が政男君に寄り添うことのできる時間的な確保と母親のストレスの改善を優先すべき相談内容であることが推測される。

つまり、一見「子どもの暴力による家庭の危機」と思える相談内容でも、事実関係を調査していくと、実は別に解決しなくていけない課題が重なり合い、複雑化していることがある。相談支援を行う際に大切なことは、こうした関係性のあることをふまえ、最も優先すべき支援課題はどのようなことなのかを見きわめることである。

また、父親の両親の介護問題に関する支援を行うためには、介護保険制度の利用に関する知識や情報を持っていないと支援することがむずかしくなるため、相談者から可能な限り多くの情報を得ることや、相談者が利用可能な社会資源の存在を調査しておき、相談支援活動に活用していくことが必要となる。保育士には児童福祉法の規定により「専門的知識及び技術をもつて、児童の保育及び児童の保護者に対する保育に関する指導を行うことを業とする者をいう」（第18条の4）と保護者に対する指導を行うことが求められている。そのため保育所や子育て支援センター、児童家庭支援センター、児童養護施設や乳児院等の児童福祉施設等に勤務する保育士がこうした相談支援業務を担当することがある。そうした場合、地域にある公的なものだけではなく民間の社会資源や活動の実態についても情報収集を行い、いつでも活用できるよう準備しておくことが必要となる。公的な社会資源は安定的に利用することが可能となるが、民間の社会資源については、多岐にわたっている場合があるが、すでに廃止や活動を中止している場合等もあり、利用したいと思った時に利用できない場合がある。また、新たな活動が展開されている場合等があるので、最新の情報を得ておくことが求められる。

相談支援を行う際に、相談内容が複雑であったり、改善すべき課題が大きすぎたりすると、対応することが困難と思われるような場合がある。児童相談所などが公的な立場でかかわる相談支援の活動については制度的な制限があり、

相談に対応できない場合がある。対応できない場合には関連する機関を紹介し，複数の機関や部署と連携し，相談支援の活動を展開していく必要がある。この事例の場合，相談を受けたのは家庭児童相談室であることから，親の介護の問題に関しては直接かかわることは制度的に困難であるため，介護の問題については介護保険を担当する相談窓口と連携し，相談支援を進めていく必要がある。

　国内で公的な相談や支援サービスを利用するためには，福祉事務所などの窓口を訪れて利用申し込みなど，必要な相談や手続きを行う必要がある（申請しないと利用できないので「申請主義」と言われる。日本の場合公的な制度は申請主義をとっている場合が多い）が，相談支援のための窓口が多様化しており，どこに相談に行けばよいのかわからないという課題がある。内容によっては1か所で相談が終わらず，いくつもの窓口をたらい回しされ，相談だけで終わってしまい，その後の支援につながらない場合がある。

　家庭に対する相談支援を行う場合には，特に相談支援を必要とする側の立場に配慮した対応が求められる。そのためには，相談者からの相談を安易に拒否したり，他の機関へまわしたりしないで真剣に受け止め，対応することが必要であるが，中には自分自身の所属する機関で相談支援に応ずることが困難な場合もある。そうした場合には，無理をしないで適切な他の相談機関を利用できるようにしていくことが求められる。

　実際に相談活動を行う際には，相談者本人，もしくは家族がどのような支援を必要としているのかを見きわめるためにも，相談者本人やその家族全体の関係性をとらえるとともに，相談だけとか支援だけというのではなく，相談から支援のためのサービスの利用が可能となるよう，連続性に配慮した支援活動を提供することが必要である。

　この事例のようにどこかの窓口に相談をすることができれば，適切な何かしらの方法を見出すことが可能であるが，貧困や子育て不安等の場合，他からの支援を必要とするようなことであっても実際には公的な支援や友人・知人等からの支援を受けることを拒否したり躊躇している人や，社会的に孤立し相談支援の利用へと結びつけられないで死亡事故や児童虐待の発生等の事態を招い

てしまう人もいる。そうした人たちの発見や相談支援のための働きかけにも配慮する必要がある。

(2) 国の家庭支援へ向けての取り組み

　国は少子化対策や子育て支援へ向けての対策としてエンゼルプランをはじめとした中長期的な計画を作成し，対応に取り組んできており，その中で家庭を対象とした取り組みを示している。2010（平成22）年1月に閣議決定された「子ども・子育てビジョン」（詳細については第7章参照）では，地域社会の中で充実した子育て活動が可能となることを目指し，子育て支援の拠点やネットワークの充実を図るための活動として

　①乳児の全戸訪問等（こんにちは赤ちゃん事業等）
　②地域子育て支援拠点の設置・促進
　③ファミリー・サポート・センターの普及促進
　④商店街の空き店舗や学校の余裕教室・幼稚園の活用
　⑤NPO法人等の地域子育て活動の支援

等を挙げている。

　家庭を対象とした支援を進めていくためには，これらの取り組みを有効に活用していくことが求められたが，本章では，①の乳児の全戸訪問等（こんにちは赤ちゃん事業等），および，②地域子育て支援拠点の設置促進について解説を行うが，①については第3節において解説を行っているのでそちらを参照されたい。

(3) 地域子育て支援拠点事業について

　地域子育て支援拠点の設置促進に関しては，「地域子育て支援拠点事業」として取り組みが行われている。「地域子育て支援拠点事業」は区や市町が取り組む活動として位置づけられている。少子化や核家族化の進行，地域社会の変化等により，子どもや子育てをめぐる環境が大きく変化し，地域において，親同士が日常的に交流できるような近隣関係や，子ども同士が安心して遊ぶこと

```
┌──背　景──┐         ┌──課　題──┐      ┌─地域子育て支援拠点の設置─┐
│・3歳未満児の約7～8│ │・子育てが孤立化し，子│ │子育て中の親子が気軽に集い，│
│  割は家庭で子育て │ │  育ての不安感，負担感│ │相互交流や子育ての不安・悩│
│・核家族化，地域のつ│ │・子どもの多様な大人・│ │みを相談できる場を提供   │
│  ながりの希薄化   │ │  子どもとの関わりの減│ └──────────────┘
│・男性の子育てへの関│ └──────────┘
│  わりが少ない     │
│・児童数の減少     │
└──────────┘
```

┌─地域子育て支援拠点─┐
│○公共施設や保育所，児童館等の地域の身近な場所で，乳幼児のい
│　る子育て中の親子の交流や育児相談，情報提供等を実施
│○NPOなど多様な主体の参画による地域の支え合い，子育て中の
│　当事者による支え合いにより，地域の子育て力を向上

┌─事業内容─┐
│①交流の場の提供・交流促進
│②子育てに関する相談・援助   平成23年度実施か所数
│③地域の子育て関連情報提供   （交付決定ベース）
│④子育て・子育て支援に関する講習等 5,722か所

図5-1　地域子育て支援拠点事業とは
出所：厚生労働省「地域子育て支援拠点事業とは（概要）」より転載。

のできるような場を見出すことはむずかしくなってきている。そのため，育児不安や孤立した子育てが子どもの養育不安や児童虐待というような深刻な問題が発生している。そうした現状をふまえて，居住する地域の中で子育て中の親子が気軽に集い，相互交流や子育て不安や悩みを相談することのできる場を提供し，「子育てに関連した親子の交流」や「子育て等に関する相談の実施」，「地域の子育て関連の情報提供」，「子育ておよび子育て支援に関する講習等の開催」等を目的としてつくられた事業で（図5-1），実施要綱では「ひろば型」，「センター型」，「児童館型」の3つの形態が示されている。

　地域子育て支援拠点事業のうち「ひろば型」とは，「常設のひろばを開設し，子育て家庭の親とその子ども（おおむね3歳未満の児童および保護者）（以下，「子育て親子」と言う）が気軽に集い，うち解けた雰囲気の中で語り合い，相互に交流を図る場を提供する」もので，国の示す実施要綱によれば，「ひろば型」の支援活動を実施するためには以下の要件を満たすことが必要とされている。

第5章　家庭支援の形態

　実施場所としては，公共施設内のスペース，商店街の空き店舗，公民館，児童館，学校の余裕教室（使われていない教室），子育て支援のための拠点施設，民家，マンション・アパートの一室等，子育て親子が集う場として適した場所で，拠点となる場所を定めて実施すること。ひろばのスペースは，おおむね10組の子育て親子が一度に利用しても差し支えない程度以上の広さを有し，授乳コーナー，流し台，ベビーベッド，遊具，その他乳幼児を連れて利用しても支障が生じないような設備を有すること等が求められている。原則として，週3日以上，かつ，1日5時間以上開設し，開設時間については，子育て親子のニーズや利用しやすい時間帯等に十分配慮して設定し，子育て親子の支援に関して意欲のある，子育ての知識と経験を有する専任の者を2名以上（非常勤でも可）配置することが定められている。

　この「ひろば型」にはひろばの開設場所（近接施設を含むことも可）を活用して「一時預かり事業」や「放課後児童健全育成事業」，「乳児家庭全戸訪問事業」または「養育支援訪問事業」等の活動を可能とする「機能拡充型」等がある。

　この拡張機能は，地域の関連するさまざまな団体やネットワーク等との連携を可能とする（図5-2参照）もので，地域における子育て家庭の相談支援に寄与することが期待される。

　「センター型」とは，地域の子育て支援情報の収集・提供に努め，子育て全般に関する専門的な支援を行う拠点として機能するとともに，既存のネットワークや子育て支援活動を行う団体等と連携しながら，地域に出向いた地域支援活動を展開するものである（第8章で説明されているので参照のこと）。

　「児童館型」とは，「民営の児童館，児童センターにおいて，学齢期の子どもが来館する前の時間等を利用して，親と子の交流，つどいの場を設置するとともに，子育て中の親等の当事者等をスタッフとして参加させた身近で利用しやすい地域交流活動を展開」するもので，「児童館や児童センター等で一般の児童が利用しない時間等を活用して，既設の遊戯室，相談室等で子育て親子が交流し，集うに適した場所で実施」することや，ひろばの開設日数等については

109

○ひろば型のうち，地域の子育て支援拠点として，多様な子育て支援活動を実施し，関係機関とのネットワーク化を図り，子育て家庭へのきめ細やかな支援を行い，機能拡充を図る。

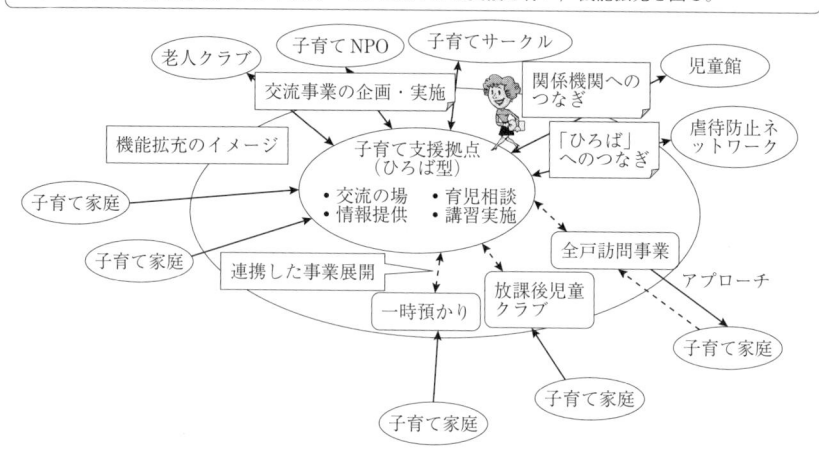

図5-2　地域子育て拠点支援事業の「ひろば機能の拡充」
出所：厚生労働省「地域子育て支援拠点事業とは（概要）」より転載。

子育て親子のニーズ等に十分配慮し，原則として，週3日以上，1日3時間以上開設すること，ただし，夏休み等の長期休暇期間については，一般児童の利用も考慮して，弾力的な運営を行って差し支えないこと等が示されている。

第3節　訪問支援の意義と具体的展開

　訪問支援とは，相談支援を必要とする者が相談機関の窓口に出向いて相談支援を利用するのではなく，相談支援を行う機関の担当者が家庭に出向いて必要な相談支援を行うものである。相談者にすれば，相談機関を訪れ緊張する中で相談支援を受けるのではなく，家庭において相談を受けることによるメリットが多い。支援する側から見れば，相談者の家庭環境をはじめとした実際の生活の様子を観察し，必要な相談支援を提供できるというメリットがある。一方，注意すべき点としては相談者の家庭に訪問することから，家庭のプライバシーに直接触れることになるため，相談者に関する情報の守秘義務の厳守が不可欠

となる。

　訪問支援は、児童相談所等の相談支援を行う機関の業務として行われる場合と、国の公的な支援事業として実施される場合があり、訪問型支援を目的とした代表的な支援事業としては、乳児家庭全戸訪問事業（こんにちは赤ちゃん事業）や養育支援訪問事業等がある。これらの事業は特別区や市町村の取り組むべき事業として実施されている。

（1）乳児家庭全戸訪問事業（こんにちは赤ちゃん事業）

　乳児家庭全戸訪問事業（こんにちは赤ちゃん事業）とは「生後4か月までの乳児のいるすべての家庭を訪問し、さまざまな不安や悩みを聞き、子育て支援に関する情報提供等を行う」とともに、「親子の心身の状況や養育環境等の把握や助言」を行い、支援が必要な家庭に対しては適切なサービス提供につなげる。このようにして、乳児のいる家庭と地域社会をつなぐ最初の機会とすることにより、「乳児家庭の孤立化を防ぎ、乳児の健全な育成環境の確保を図る」ことを目的とした事業で、生後4か月までの乳児のいる全ての家庭を訪問し、「育児等に関するさまざまな不安や悩みを聞き、相談に応じるほか、子育て支援に関する情報提供等を行い、親子の心身の状況や養育環境等の把握および助言を行い、支援が必要な家庭に対し適切なサービスの提供につなげる」ことを目的としている。この事業における相談支援の内容は、①育児に関する不安や悩みの傾聴、相談、②子育て支援に関する情報提供、③乳児及びその保護者の心身の様子及び養育環境の把握、④支援が必要な家庭に対する提供サービスの検討、関係機関との連絡調整等である。

　訪問スタッフとしては、保健師、助産師、看護師のほか、保育士、母子保健推進員、愛育班員、児童委員等、子育て経験者等から幅広く人材を発掘し、訪問者として登用して差し支えないとされている。訪問した結果、支援が必要と判断された家庭については、必要に応じて関係者によるケース会議を行い、養育支援訪問事業をはじめとした適切なサービスの提供につなげることを意図している。

同様な事業として，母子保健法にもとづく訪問指導があるが，乳児家庭全戸訪問事業は，「すべての乳児のいる家庭を対象として，子育て支援に関する情報提供や養育環境等の把握を行い，必要なサービスにつなげることを目的とした事業」であり，母子保健法にもとづく訪問指導は，「母子保健の観点から乳幼児のいる家庭を対象として，必要な保健指導等を行う」事業である。どちらの事業も「新生児や乳児がいる家庭へのサポートを行う」ものであり，密接な関係にある。

乳児家庭全戸訪問事業を実施するにあたっては，地域における他の子育て支援に関連する事業等と密接な連携を図ることにより，子育て家庭に対する多様な支援が可能となるほか，地域の子育て支援活動のネットワークの強化につながることが期待されることから積極的な連携の推進が望まれている。

（2）養育支援訪問事業

この事業は，乳児家庭全戸訪問事業等を実施した結果，養育支援が特に必要であると判断された家庭に対し，保健師や助産師・保育士等がその家庭を訪問し，養育に関する指導，助言等を行い，適切な養育の実施を確保することを目的としているが，厚生労働省の示した実施のためのガイドラインによれば，「養育支援が特に必要であると判断した家庭に対し，保健師・助産師・保育士等がその居宅を訪問し，養育に関する指導，助言等を行うことにより，当該家庭の適切な養育の実施を確保すること」を目的とすることが示されている。

この事業の対象者は，「乳児家庭全戸訪問事業（こんにちは赤ちゃん事業）の実施結果や母子保健事業，妊娠・出産・育児期に養育支援を特に必要とする家庭に係る保健医療の連携体制にもとづく情報提供および関係機関からの連絡・通告等により把握され，養育支援が特に必要であって，本事業による支援が必要と認められる家庭の児童およびその養育者」とされている。

家庭内での育児に関する具体的な援助の対象となる家庭としては，次のような例が示されている。

- 若年の妊婦および妊婦健康診査未受診や望まない妊娠等に対する妊娠期か

らの継続的な支援を特に必要とする家庭
- 出産後間もない時期（おおむね1年程度）の養育者が，育児ストレス，産後うつ状態，育児ノイローゼ等の問題によって，子育てに対して強い不安や孤立感等を抱える家庭
- 食事，衣服，生活環境等について，不適切な養育状態にある家庭等，虐待のおそれやそのリスクを抱え，特に支援が必要と認められる家庭
- 児童養護施設等の退所または里親委託の終了により，児童が復帰した後の家庭

この事業を円滑に進めていくために，支援の進行管理や当該事業の対象者に対する他の支援との連絡調整を行うための中核となる機関の設置や事業の実施にあたっては，子どもを守る地域ネットワーク（要保護児童対策地域協議会）や保健師等の専門職との連携や母子保健や児童福祉等の行政担当部署との連携等を効果的に行うことが求められている。

訪問支援を行う者については専門的相談支援は保健師，助産師，看護師，保育士，児童指導員等が，育児・家事援助については子育てOB（経験者），ヘルパー等が，中核機関において立案された支援目標や支援内容，方法，スケジュール等にもとづき訪問支援を実施することが定められている。

この事業は「支援が特に必要である者を対象として，短期集中的にまたはきめ細かに指導助言を行う等，密度の濃い支援を行い，支援対象者に積極的アプローチを行うものである。適切な養育が行われるよう専門的支援を行うことを目的としており，必要に応じて他の制度と連携して行う」ことを基本として，「乳児家庭等に対する短期集中支援型」，「不適切な養育状態にある家庭等に対する中期支援型」等の類型に沿った支援を行うことが示されている。

同事業のガイドラインによれば，「乳児家庭等に対する短期集中支援型」とは，「0歳児の保護者で積極的な支援が必要と認められる育児不安にある者や精神的に不安定な状態等で支援が特に必要な状況に陥っている者に対して，自立して適切な養育を行うことができるようになることを目指し，たとえば3か月間等短期・集中的な支援を行い」，さらに関連する分野を含めた専門的な支

援が必要となる場合には,「支援内容・支援方針を検討し,当該専門的支援を担う機関・部署のサービスにつなぎ,児童福祉や母子保健等複数の観点から支援を行う」ことが示されている。

また,「不適切な養育状態にある家庭等に対する中期支援型」に関連しては,「食事,衣服,生活環境等について不適切な養育状態にあり,定期的な支援や見守りが必要な市町村や児童相談所による在宅支援家庭,施設の退所等により児童が家庭復帰した後の家庭生活面に配慮したきめ細かな支援が必要とされる家庭に対して,中期的な支援を念頭に,関係機関と連携して適切な児童の養育環境の維持・改善および家庭の養育力の向上を目指し,一定の目標・期限を設定した上で指導・助言等の支援を行う」ことが示されており,子どもに対する不適切な養育の防止と,ネグレクト等の児童虐待を防止するための家庭の養育能力の向上を目指した計画的な支援の取り組みであることが示されている。

第4節　通所支援の意義と具体的展開

通所による家庭支援とは,子育て等に関して不安を抱えたりしている家庭に対し,現在の家庭環境（生活環境）をベースとして児童相談所や地域の市町村に設置されている家庭児童相談室,保健センター（保健所等を含む）,児童福祉施設等の機関が,自らの有している機能を活用して,相談者に寄り添いながら必要とする相談支援や治療・訓練等を提供する方法である。

通所支援を利用する場合には,児童相談所や家庭児童相談室等の利用したいと思う施設に出向いて,必要とする支援を利用することとなる。

通所支援のために利用可能な環境（社会資源）としては,児童相談所や家庭児童相談室,保健センターや保育所,地域子育て支援センター,児童家庭支援センター,児童発達支援センターなどが考えられる。

(1) 児童相談所
 1) 児童相談所で受け付ける相談の種類

児童相談所は，児童福祉法の規定により自治体に設置が義務づけられている相談機関で，児童や家庭に関する相談および援助，一時保護等を行う機関である（児童相談所については，第6章でも説明されているので参照のこと）。

児童相談所の行う相談の種類および主な内容は，表5-1の通りである。図5-3は，2011（平成23）年度中に全国の児童相談所で受け付けた相談の種類別対応件数を示したものである。

 2) 児童相談所で行う援助の種類

児童相談所では，子どもやその保護者等に対して表5-2に示すような援助を行うことが可能だが，援助を行う場合には，子どもやその保護者等に対して，援助を行う理由や具体的な方法等について十分説明し，子どもや保護者等の意見を聴き具体的な相談援助を行うことが必要とされている。

児童相談所には，児童福祉法の規定に沿ってさまざま活動が可能とされている。施設の利用等を決定する制度として，「行政処分としての措置」（「措置制度」という）という行為を行うことが可能であるが，児童相談所が行う相談・指導には，措置によらない指導と措置による指導がある。在宅での指導を行う場合にはいずれかの方法が用いられる。

措置によらない指導を行う場合には，1回ないし数回の面接指導による助言や指示，説得，承認，情報提供等の適切な方法により，問題が解決すると考えられる子どもや保護者等に対する指導を行う「助言指導」という形態がとられる場合が多い。必要に応じて複雑困難な問題を抱える子どもや保護者等を児童相談所に通所させ，あるいは必要に応じて訪問する等の方法により，継続的にソーシャルワークや心理療法，カウンセリング等（家族療法や集団心理療法，指導キャンプ等を含む）を行う，「継続指導」という方法が用いられる。

こうした対応だけでは十分な助言・指導が難しいと判断される場合には，「措置による指導」が行われる。措置による指導の場合には，児童福祉司指導，児童委員指導，児童家庭支援センター指導，知的障害者福祉司指導，社会福祉

表 5-1 児童相談所の受け付ける相談の種類および主な内容

養護相談	1. 養護相談	父又は母等保護者の家出，失踪，死亡，離婚，入院，稼働及び服役等による養育困難児，棄児，迷子，虐待を受けた子ども，親権を喪失した親の子，後見人を持たぬ児童等境的問題を有する子ども，養子縁組に関する相談。
保健相談	2. 保健相談	未熟児，虚弱児，内部機能障害，小児喘息，その他の疾患（精神疾患を含む）等を有する子どもに関する相談
障害相談	3. 肢体不自由相談	肢体不自由児，運動発達の遅れに関する相談。
	4. 視聴覚障害相談	盲（弱視を含む），ろう（難聴を含む）等視聴覚障害児に関する相談。
	5. 言語発達障害等相談	構音障害，吃音，失語等音声や言語の機能障害を有する子ども，言語発達遅滞，学習障害や注意欠陥多動性障害等発達障害を有する子ども等に関する相談。ことばの遅れの原因が知的障害，自閉症，しつけ上の問題等他の相談種別に分類される場合はそれぞれのところに入れる。
	6. 重症心身障害相談	重症心身障害児（者）に関する相談。
	7. 知的障害相談	知的障害児に関する相談。
	8. 自閉症等相談	自閉症若しくは自閉症同様の症状を呈する子どもに関する相談。
非行相談	9. ぐ犯等相談	虚言癖，浪費癖，家出，浮浪，乱暴，性的逸脱等のぐ犯行為若しくは飲酒，喫煙等の問題行動のある子ども，警察署からぐ犯少年として通告のあった子ども，又は触法行為があったと思料されても警察署から法第25条による通告のない子どもに関する相談。
	10. 触法行為等相談	触法行為があったとして警察署から法第25条による通告のあった子ども，犯罪少年に関して家庭裁判所から送致のあった子どもに関する相談。受け付けた時には通告がなくとも調査の結果，通告が予定されている子どもに関する相談についてもこれに該当する。
育成相談	11. 性格行動相談	子どもの人格の発達上問題となる反抗，友達と遊べない，落ち着きがない，内気，緘黙，不活発，家庭内暴力，生活習慣の著しい逸脱等性格もしくは行動上の問題を有する子どもに関する相談。
	12. 不登校相談	学校及び幼稚園並びに保育所に在籍中で，登校（園）していない状態にある子どもに関する相談。非行や精神疾患，養護問題が主である場合等にはそれぞれのところに分類する。
	13. 適性相談	進学適性，職業適性，学業不振等に関する相談。
	14. 育児・しつけ相談	家庭内における幼児のしつけ，子どもの性教育，遊び等に関する相談。
	15. その他の相談	1〜14のいずれにも該当しない相談。

出所：厚生労働省「児童相談所運営指針」。

第 5 章　家庭支援の形態

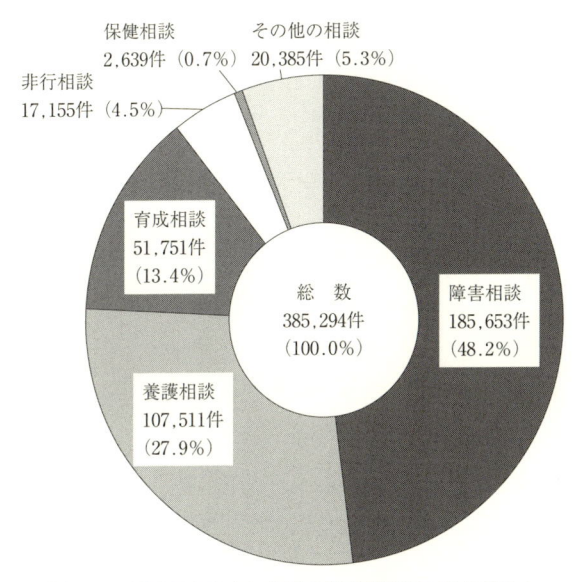

保健相談
2,639件（0.7%）
その他の相談
20,385件（5.3%）
非行相談
17,155件（4.5%）
育成相談
51,751件
（13.4%）
総　数
385,294件
（100.0%）
障害相談
185,653件
（48.2%）
養護相談
107,511件
（27.9%）

図 5-3　平成23年度中に全国の児童相談所で受け付けた
相談の種類別対応件数

出所：厚生労働省「平成23年度福祉行政報告例」。

表 5-2　児童相談所が行う援助の種類

1	在宅指導等	(1) 措置によらない指導	ア　助言指導 イ　継続指導 ウ　他機関あっせん
		(2) 措置による指導	ア　児童福祉司指導 イ　児童委員指導 ウ　児童家庭支援センター指導 エ　知的障害者福祉司指導，社会福祉主事指導 オ　障害児相談支援事業を行う者の指導
		(3) 訓戒，誓約措置	
2	児童福祉施設入所措置，指定国立療養所等委託		
3	里親委託		
4	児童自立生活援助措置		
5	福祉事務所送致等		
6	家庭裁判所送致		
7	家庭裁判所に対する家事審判の申立て		

出所：厚生労働省「児童相談所運営指針」。

主事指導，障害児相談支援事業を行う者の指導等が，継続的に実施される。

こうした児童相談所での指導が行われる過程で，児童虐待等に関する相談件数の増加にともない，保護者等に対する指導のあり方が課題となっており，児童相談所運営指針においても「従来，家庭訪問や児童相談所等への招致により家庭状況の確認や家族関係についての指導等を実施してきたところであるが，特に虐待を行った保護者等への指導については，児童福祉法第27条第1項第3号の措置に加え，児童虐待防止法第11条の規定により，法第27条第1項第2号の措置による指導（以下，「保護者指導」と言う）を併せて行うことを検討する」とし，「保護者指導は，親子の再統合への配慮その他の児童虐待を受けた子どもが良好で家庭的環境で生活するために必要な配慮の下に適切に行わなければならない」としており，「家族再生」を意図した家族療法等の手法を導入している児童相談所も増加している。

親が指導を拒否する場合には，都道府県知事等は，当該保護者に対し，当該指導を受けるよう勧告を行うことができることとされているほか，民法で定められている「親権」について，児童虐待等の防止のために状況に応じて家庭裁判所の審判を受けた上で一定期間，親権を停止することも可能となっている（くわしくは本書第3章「民法」の項参照）。

（2）家庭児童相談室での相談支援

児童家庭相談援助は2004（平成16）年の児童福祉法の一部改正により，これまで児童相談所が総括的に行ってきた児童やその家庭に関する相談支援業務を，居住している市町村の段階で実施し，養育不安等から発生するさまざまな事態について早期対応を行い，児童虐待などの発生を防止していくために，児童家庭相談に応じることが市町村の業務として明確に位置づけられたことによって取り組まれることとなった活動である。

児童福祉法の改正により，市町村は，家庭その他からの子どもに関するさまざまな問題について相談に応じ，子どもが有する問題または子どもの真のニーズ，子どもの置かれた環境の状況等を的確にとらえ，個々の子どもや家庭に最

も効果的な援助を行うことを通して，子どもの権利擁護や福祉の向上を目指した取り組みを行うこととなり，家庭児童相談室が設置されることとなった。

家庭児童相談室で行う援助活動について，厚生労働省の示している「市町村児童家庭相談援助指針」によれば，「すべての子どもが心身ともに健やかに生まれ育ち，その持てる力を最大限に発揮することができるよう，児童福祉の理念及び児童育成の責任の原理に基づき行われる必要があり，常に子どもの最善の利益を考慮し，援助活動を展開していくことが必要である」とされている。

相談内容については，「子どもに対する支援だけでは問題の根本的な解決にならず，保護者に対する助言，指導等が必要な場合が多いので，保護者も含めた支援により子どもの福祉を図るという観点が必要である」と保護者を含めた家庭全体に対する支援の必要性を提言している。

児童家庭相談は，一般的な子育てに関する相談だけでなく，児童虐待や障害の支援等継続した支援が必要な相談等，多岐にわたることから，早期発見・早期対応のみならず，発生予防に向けた取り組みを行うことが重要であり，そのために，「乳幼児健康診査や新生児訪問等の母子保健事業や育児支援家庭訪問事業等の子育て支援事業において，児童虐待防止の視点を強化し，虐待のハイリスク家庭等養育支援を必要とする家庭を早期に発見して適切な支援活動を行うこと」や「育児負担の軽減や養育者の孤立化を防ぐこと等を目的として，地域の子育て支援サービスの紹介等をおこない，地域の育児支援機関につなげることや，地域の実情に応じた関係機関等との連携（ネットワーク）体制を構築し，保健，医療及び福祉等がそれぞれの役割の明確化や連携を図ること」等の必要性が示されている。

児童家庭相談で取り組む相談や援助に関する内容等は，児童相談所の場合と同様であるが，児童相談所と綿密な連携をとることにより，求められる役割を果たしていく必要がある。

(3)児童福祉施設を利用した相談支援

　家庭支援を行うことを目的として，児童福祉法に定められている児童福祉施設を利用することが可能である。利用可能な通所型児童福祉施設の概要（施設の種類および利用可能となる対象者，援助の方法や目的）については表5-3の通りである。

表5-3　通所型児童福祉施設の種類，利用対象者，援助の方法・目的

施設の種別	対象	援助の方法・内容
児童発達支援センター（児童福祉法第43条）「福祉型児童発達支援センター」と「医療型児童発達支援センター」がある。	障害のある児童	児童発達支援センターは，障害のある児童を保護者のもとから通わせて日常生活における基本的な動作の指導，知識技能の付与，集団生活への適応指導を行うほか，地域の障害児等についての指導，障害児を預かる施設への援助。助言を行う事を目的とする施設。福祉型と医療型は医療の提供の有無により区別され，医療型施設では医学的な治療が行われる。児童発達支援センターには旧法の知的障害児通園施設や肢体不自由児通園施設，重症心身障害児（者）通所施設，難聴幼児通園施設等が含まれる。
情緒障害児短治療施設（児童福祉法第43条の5）	軽度の情緒障害を有する児童	情緒障害児短期治療施設は，児童を短期間入所させ，または保護者の下から通わせて，の情緒障害を治し，あわせて退所した者について相談その他の援助を行うことを目的としている。
児童家庭支援センター（第44条の2）	地域の児童の福祉に関する相談のある家庭	児童家庭支援センターは，地域の児童の福祉に関する各般の問題につき，児童に関する家庭その他からの相談のうち，専門的な知識及び技術を必要とするものに応じ，必要な助言を行い，あわせて児童相談所，児童福祉施設等との連絡調整その他厚生労働省令の定める援助を総合的に行うことを目的としている。
児童厚生施設（児童福祉法第40条）	すべての児童	児童厚生施設とは，児童遊園，児童館等児童に健全な遊びを与えて，その健康を増進し，または情操を豊かにすることを目的とする。
保育所（児童福祉法第39条）	保育に欠ける乳児または幼児（特に必要のある場合はその他の児童）	保護者の委託を受けて，保育活動を行う。入所条件に「保育に欠ける」とあるので，保護者の共働きが主な入所理由だが，就労していなくても，出産の前後，疾病負傷等，介護，災害の復旧，通学等で「保育に欠ける」状態であれば入所を申し込むことができる。

出所：「児童福祉法」，「児童福祉施設の設備及び運営に関する基準」を参考に筆者作成。

> ─ コラム ─
>
> ### 子どもと親が向き合うためのトレーニング・プログラム
>
> 　児童虐待を行ってしまう家庭に対してどのような支援プログラムを活用することがよいのかは難しいことであるが，最近，児童相談所や家庭児童相談室，児童養護施設等でアメリカの児童養施設であるボーイズタウンで開発されたプログラムをもとに，神戸にある児童養護施設「神戸少年の町」で開発された子育て支援プログラム（CSP：コモンセンス・ペアレンティング）を使用して家族支援に取り組んでいる機関がある。CSP は，どのように子どもとの関係を深めていけばよいか，どのように子どもをしつけたらよいかという疑問に答え，具体的なしつけのスキルを親子に効果的に教えることができる。
>
> 　近年，虐待をする保護者の支援・治療，予防のプログラムとして，多くの児童相談所や児童施設，市町村等からその効果が報告され，全国的な広がりを見せている。

第5節　入所支援の意義と具体的展開

　在宅での相談支援が困難となった場合，次の支援段階として入所型の施設を利用しての支援が考えられる。入所型施設を利用しての相談支援は，要保護状態にある児童とその家庭に対する支援を目的として実施されるものであり，家庭から子どもを分離したり，隔離したりすることを目的とする活動ではない。

　入所型の施設は，中長期にわたる「生活の場の確保」を目的として利用する場合と，家族の入院などによる緊急事態の発生した時や，冠婚葬祭，家族の介護等によるストレスの解消や休息を得るなどの時に「一時的に利用」する場合がある。

　入所型の施設を利用する場合には，原則として児童相談所による「措置」が必要となるので，利用を希望する場合には，児童相談所，もしくは最寄りの家庭児童相談室に相談をする必要がある。

　入所型の児童福祉施設としては「助産施設，乳児院，母子生活支援施設，児童養護施設，障害児入所施設，情緒障害児短期治療施設，児童自立支援施設」等がある。

表5-4 入所型児童福祉施設の種類，利用対象者，援助の方法・目的

施設名	対象	援助の方法・内容
助産施設 （児童福祉法第36条）	保健上必要あるが，経済的な理由により，入院助産を受けられない妊産婦	助産施設は，入所させて助産を受けさせる。通常，出産する者に対しては健康保険により出産育児一時金が支給されるが，経済的理由により健康保険に加入していないため入院助産を受けられない者が対象になる。
乳児院 （児童福祉法第37条）	乳児（特に必要がある場合は幼児を含む）	乳児院は，乳児を入院させてこれを養育し，あわせて退院した者について相談その他の援助を行うことを目的とする。 児童福祉法においては乳児とは満1歳未満者を指すが，児童福祉法の改正により，乳児院は，必要がある場合には就学年齢に達するまで利用することが可能となった。
母子生活支援施設 （児童福祉法第38条）	配偶者のない女子，またはこれに準ずる事情にある女子およびその者の監護すべき児童	母子生活支援施設は，入所させて保護するとともに，これらの者の自立の促進のためにその生活を支援し，あわせて退所した者について相談その他の援助を行うことを目的とする。
児童養護施設 （児童福祉法第41条）	保護者のない児童，虐待されている児童，その他環境上養護を要する児童（特に必要のある場合は，乳児を含む）	児童養護施設は，養護を要する児童を入所させて，これを養護し，あわせて退所した者に対する相談その他の自立のための援助を行う。
障害児入所施設 （児童福祉法第42条） 「福祉型障害児入所施設」と「医療型障害児入所施設」がある。	身体に障害のある児童，知的障害のある児童または精神に障害のある児童（発達障害児を含む）で，障害児施設における入所支援や医療を必要とする児童	障害児入所施設は，障害のある児童を入所させ，保護，日常生活指導，知識技能の付与等を目的とする。福祉型と医療型があり，医療の提供の有無により区別され，医療型施設では医学的な治療が行われる。福祉型障害児入所施設としては旧法の知的障害児施設や盲ろうあ児施設，自閉症児施設（第2種），肢体不自由児療護施設等が含まれる。医療型障害児入所施設としては旧法の肢体不自由児施設や重症心身障害児施設，自閉症児施設（第1種）等が含まれる。
情緒障害児短期治療施設（児童福祉法第43条の2）	軽度の情緒障害を有する児童	情緒障害児短期治療施設は，児童を短期間入所させ，または保護者の下から通わせて，情緒障害を治し，あわせて退所した者について相談その他の援助を行うことを目的とする。
児童自立支援施設 （児童福祉法第44条）	不良行為をなし，またはなすおそれのある児童および家庭環境その他の環境上の理由により生活指導等を要する児童	児童自立支援施設は児童を入所させ，または保護者の下から通わせて，個々の児童の状況に応じて必要な指導を行い，自立を支援し，あわせて退所した者について相談その他の援助を行うことを目的とする。

出所：「児童福祉法」，「児童福祉施設の設備及び運営に関する基準」を参考に筆者作成。

主な入所型児童福祉施設の概要（施設の種類，利用対象者，援助の方法・目的）は表5-4の通りである。

第6節　地域における家庭支援

（1）地域で安心して生活を送ることを支えるための施策

　私たちの周囲にはさまざまな理由で支援を必要としている家庭があるが，必要とする支援をいつでも充足できるというほど，家庭支援に関する環境は整ってはいない。

　家庭によっては，継続的に施設の利用を希望するのではなく，「家庭で特別なこと（家族の病気や介護など）が発生した場合に施設等を利用できるような支援を希望する」という場合も多く，必要のある時に一時的に施設を利用できるような支援を利用することが可能であれば，家庭での生活を維持できるという家庭も多い。

　そうした時に利用可能な制度として，関連施設と連携して実施することを目的とした「支援事業」という取り組みがある。この取り組みは，地域で生活を行うことを前提として，生活を維持する上で「何かしらの支援が必要となった時に，必要とする支援を提供する」というもので，都道府県や区市町村等の地方公共団体が窓口となって実施する活動である。実施にあたっては，通所型や入所型の児童福祉施設をはじめ，地域の保健センターや地域子育て支援センター等と連携して実施されることが必要であり，家族が地域で安心して生活を送れるよう支える大切な活動である。現在実施されている主な児童福祉に関連した事業としては表5-5のようなものがある。また母子家庭や父子家庭等のひとり親家庭を対象とした支援事業としては，表5-6のような事業が取り組まれている。

（2）求められる地域の相談支援体制

　少子・高齢化や核家族化等にともなう家族の孤立化，児童や高齢者，障害者

表5-5　児童福祉領域の主な福祉事業

事業名	対象・援助の方法・内容
児童自立生活援助事業	児童養護施設等を退所した義務教育修了児童（児童以外の20歳未満の者を含む）等が共同生活を営む住居において，日常生活上の援助，生活指導，就業の支援を行うための事業で「自立援助ホーム」等の名称で行われている。
放課後児童健全育成事業	おおむね10歳未満の児童で，保護者が就労等より昼間家庭にいない者に，授業終了後に児童厚生施設等を利用して，適切な遊びおよび生活の場を与えて，その健全な育成を図る。「学童保育」として従来から各地で実施されている。
子育て短期支援事業（ショートステイ事業，トワイライト事業）	保護者の疾病等により家庭での養育が一時的に困難となった児童について，乳児院や児童養護施設，障害児入所施設等の施設に一時的に入所させ保護を行うことを目的とした事業。家族のリフレッシュ等を目的とした場合にも利用可能である。
乳児家庭全戸訪問事業（こんにちは赤ちゃん事業）	市町村の区域内のすべての乳児のいる家庭を訪問し，子育てに関する情報の提供，乳児とその保護者の心身の状況および養育環境を把握し，相談，助言，その他の援助を行うための事業。
養育支援訪問事業	乳児家庭全戸訪問事業その他により把握した要支援児童，もしくは保護者に監護させることが不適当であると認められる児童，および出産後養育について支援を行うことが特に必要と認められる妊婦について，要支援児童等の居宅において，養育の相談，指導，その他必要な支援を行う。
地域子育て支援拠点事業	乳児または幼児，およびその保護者が相互に交流を行う場所を開設し，子育てについての相談，情報の提供，助言その他の援助を行う事業。
一時預かり事業	家庭において保育を受けることが一時的に困難となった乳児または幼児について，主として昼間，保育所その他の場所で一時的に預かり，必要な保護を行う。
小規模住居型児童養育事業	要保護児童の養育に関し相当の経験を有する者の住居において，要保護児童の養育を行う。
家庭的保育事業（2010年施行）	保育に欠ける乳児または幼児について，家庭的保育者（区，市町村長が行う研修を修了した保育士その他の者）の居宅その他の場所で，家庭的保育者による保育を行う。

出所：「ひとり親家庭の支援について」厚生労働省雇用均等児童家庭局家庭福祉課（平成24年10月24日）資料をもとに筆者作成。

に対する虐待行為の増加，昨今の不況等にともなう貧困家庭の増加など，私たちの生活環境はきわめて厳しい状況に置かれており，家庭生活が危機に瀕していると言っても過言ではない。

表5-6 ひとり親家庭への支援を目的とした支援事業

母子家庭等日常生活支援事業	母子家庭等、父子家庭および寡婦が、安心して子育てをしながら生活することができる環境を整備するため、修学や疾病等により一時的に家事援助、保育等のサービスが必要となった際に、家庭生活支援員の派遣や、家庭生活支援員の居宅等において児童の世話等を行う事業。
ひとり親家庭生活支援事業	ひとり親家庭は、児童の養育や健康面における不安等多くの問題を抱えて生活を送っている場合が多く、ひとり親家庭の児童は、親との死別、離別という事態に直面し、精神的にも不安定な状況にある。こうした生活の中で直面する諸問題の解決や児童の精神的安定を図るため、地方公共団体が、ひとり親家庭の地域での生活について総合的に支援を行うことを目的として行われる次のような事業。 (1) ひとり親家庭相談支援事業 (2) 生活支援講習会等事業 (3) 児童訪問援助事業 (4) 学習支援ボランティア事業（平成24年度新規事業） (5) ひとり親家庭情報交換事業 これらの事業のうち(3)の事業は「ひとり親家庭の児童は、親との死別・離婚等により心のバランスを崩し、不安定な状況にあり、心の葛藤を緩和し、地域での孤立化を防ぎ、新しい人間関係を築く等の援助を必要としている。こうした状況をふまえ、ひとり親家庭の児童が気軽に相談することのできる児童訪問援助員（ホームフレンド）を児童の家庭に派遣し、児童の悩みを聞く等の生活面の支援を行う」ことを目的として実施されるものである。

出所：「ひとり親家庭の支援について」厚生労働省雇用均等児童家庭局家庭福祉課（平成24年10月24日）資料をもとに筆者作成。

　こうした中で家庭を支援するための法整備や制度の充実を目指したさまざまな環境整備活動が進められているが、支援するための制度があっても、その制度を有効に利用することができずに、「孤独死」というような最悪の事態を招いてしまう場合がある。こうした事態を未然に防止するためには早期発見と早期対応を行うことが不可欠であるが、そのためには地域社会の密接な連携作業が必要とされる。

　前項で述べたように、児童福祉施設等を中心とした活動だけではなく、さまざまな支援事業が考えられ、きめ細やかな支援が可能となってきている。こうした支援事業を有効に活用し、だれしもが安心して生活できる家庭の実現を目指した支援を行っていくことが求められている。国はこうした各支援事業を有

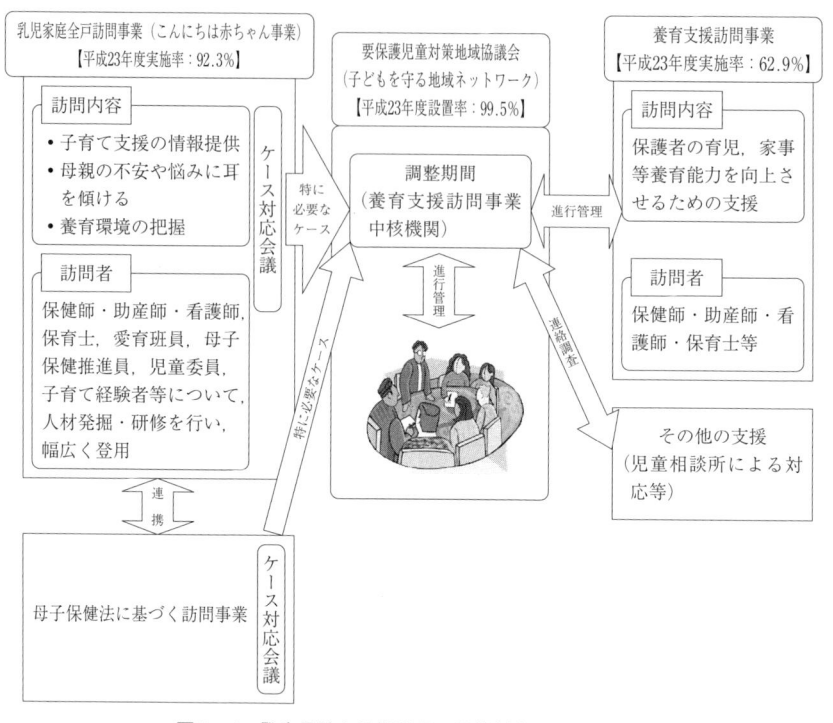

図5-4 発生予防と早期発見・早期対応のための連携

注：乳児家庭全戸訪問事業，養育支援訪問事業，地域子育て支援拠点事業は，平成21年4月より法定化・努力義務化。
出所：厚生労働省「児童家庭福祉の動向と課題」（平成24年度前期）。

機的に連携させ，効果的に家庭支援を進めていくために，図5-4に示すようなモデルプランを提示している。

　障害児を養育する家庭については，児童福祉法の改正にともない，障害福祉制度のうち障害児支援に関する部分が大きく変更されたため，困惑している家庭も多い。障害児の支援に関しては，法改正にともない新たに制度化された「障害児入所施設」と「児童発達支援センター」が大きな役割を果すこととなるが，地域で生活する障害児を養育する家庭の支援は「児童発達支援センター」にその役割が求められることになる。児童発達支援センターを核とした地域における支援体制について，国は図5-5に示すようなイメージ（案）を示

第 5 章　家庭支援の形態

児童発達支援センターが専門的支援のノウハウを広く提供することにより，身近な地域で障害児を預かる施設の質の担保と量的な拡大に繋がることを期待。

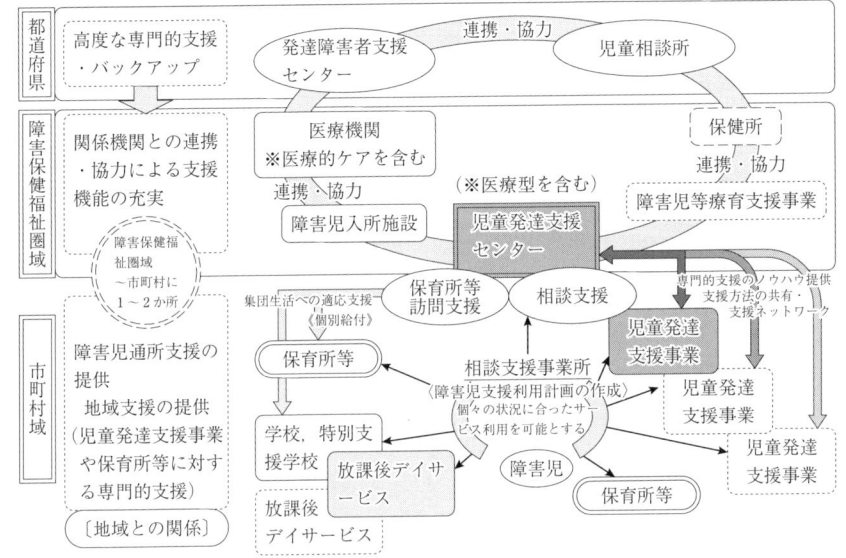

図5-5　地域における児童発達支援センターを中核とした支援体制のイメージ（案）
出所：厚生労働省「障害児支援の強化について」（2011年7月）。

しているが，実効あるシステムとして機能するよう今後の対応が期待される。

【演習課題】

1　家庭支援を行うための方法についてグループで話し合ってみよう。
2　家庭支援を行うための支援事業にはどのような事業があるか整理し，実際に利用するための方法を調べてみよう。
3　児童虐待を受けている子どもの支援はどうあるべきか，具体的に考えてみよう。

〈参考文献・参考資料〉
厚生労働省「平成23年度福祉行政報告例」。
厚生労働省「児童相談所運営指針」。
厚生労働省「児童家庭福祉の動向と課題」（平成24年度前期）。

厚生労働省「障害児支援の強化について」，2011年7月。
内閣府編『平成23年版　子ども・若者白書』勝見印刷，2012年。
内閣府編『平成23年版　子ども・子育て白書』勝見印刷，2012年。
橋本真紀・山縣文治編『よくわかる家庭支援論』ミネルヴァ書房，2012年。
阿部知子『保育者のための家族援助論』萌文書林，2003年。
岩堂美智子監修『臨床心理士の子育て支援』創元社，2008年。
亀口憲次『家族の問題』人文書院，1997年。
長谷川眞人・神戸賢次・小川晴彦編著『子どもの援助と子育て支援』ミネルヴァ書房，2002年。
畠中宗一編『よくわかる家族福祉』ミネルヴァ書房，2002年。
ミネルヴァ書房編集部編『平成24年版社会福祉小六法』ミネルヴァ書房，2012年。

〈理解を深めるための本・ビデオ〉
羽仁説子『知的ママは育児が苦手』青春出版社，1977年。
　　──この本の冒頭に「わが子を胸にしたとき，この子を育てあげられるだろうかと，不安と喜びのまじった気持ちにおそわれる私たちです」という直筆のコメントが載せられているが，こうした時に先人の知恵を活用することを勧めている名著である。「娘におくるおばあちゃんの才覚」というサブタイトルがつけられているが，「親から子へ」ということだけではなく，これから保育者を目指そうとする読者にはぜひ一読を勧めたい本である。
河合隼雄『Q&Aこころの子育て──誕生から思春期までの48章』朝日新聞社，1999年。
　　──誕生から思春期を迎えるまでの間の子育てに関連したさまざまな問題を48の項目に整理し，親の抱く質問や疑問にわかりやすい解説が加えられている。座右に置きたい名書である。
『奈緒ちゃん』デコ企画。〈ビデオ〉
　　──重度のてんかんと知的障害を併せ持つ「奈緒ちゃん」の12年間の成長を記録したドキュメンタリー。「家族の幸せって何だろうか」ということを考えさせられる作品である。

（小野澤　昇）

第6章
家庭支援にかかわる社会資源

学習のポイント

　多くの保育について学ぶ学生は，将来保育所や幼稚園といった保育に関係する職場に就職することと思う。保育に関係する仕事を行う中で支援することになる。保育士は子どもやその保護者，さらには地域の人々に対して，子育てに関する相談支援の役割を負うことを求められている。子育て中の保護者が，家庭生活の中で直面するさまざまな「課題（問題）」の解決を図っていく時，近隣，親族をはじめ多くの人々や児童相談所，福祉事務所などの専門機関といった「**社会資源**」の活用や連携が重要になる。そのためにも，どのような「社会資源」が存在するのかを理解しておくことが必要であると考える。本章では，保育士が保護者と共に「課題（問題）」を解決するために活用したり連携することが必要な「社会資源」について理解を深め，家庭支援の活動について学んでいく。

第1節　私的な家庭支援地域活動

　他章（第1章）でも述べられているが，拡大家族から核家族へという家族形態の変化により，わが国の1世帯当たりの人数は，2.59人（2010〔平成22〕年10月「国勢調査」）と少なくなり，本来家族の持っている生活機能（養育，介護，看護等）や教育機能（日常生活動作，しつけ等）が弱体化してきている。
　一方，産業構造が農業，漁業を中心とした第一次産業から，建設，製造業などの第二次産業，さらに金融，流通，サービス業などの第三次産業と変化し，

職業人口の増加や人口の集中化による都市人口の増加，地方の人口の減少による過疎化が進行した。労働形態の変化にともなう人口の集中化や生活の都市化の進展により，特に，アパートやマンションといった集合住宅への居住者が増加したことで，家族の形態が変化し隣人の家族状況や職業といったこともわからず，ほとんど顔をあわせたこともないといった住民が増加している。

家族関係，家庭機能，血縁関係の低下にともない，子育てに関しても経済的問題，養育者の精神的問題，家庭崩壊による孤立化など複合的な問題を抱える家族が増加している。相談支援についてもそれぞれの社会資源をコーディネートした支援が必要となっている。

本章では，そのような家族内での養育機能・養育能力の低下，親族からの支援・協力や地域での養育機能の低下の中で，家族，親族，近隣・地域での子育ての養育環境の充実を図り，子育てに関する課題（問題）の解決ができるかどうかを考えてみたい。

重要語解説

社会資源

個人や家族の抱えている課題（問題）を解決するために活用できるすべてのもの（法・制度，国・地方公共団体の施策・事業，職場・NPO等の互助組織，近隣，親族等）を指す。

（1）自治会・町内会

保護者や子どもは，住民として日々地域社会の中で生活を行っている。乳幼児の場合，多くは保護者と共に行動することが多いが，子どもも成長と共に，保護者に守られた家庭内での生活から，単独で近隣，地域との関係が生じてくる。子どもは家庭内での生活の中から社会生活に必要な多くのことを学ぶが，近隣・地域での高齢者，他児の保護者等といった大人との交流，自分より年長児や年少児，同年齢の子どもとの遊びを通して，社会生活に必要な多くのことを学ぶことができる。しかし，その中には交通事故や水の事故，構造物の障害等の危険が存在する。近隣・地域は，保護者や子どもにとっても安全で安心し

て生活できる場でなければならない。そのためには保護者や子どもが自治会や町内会の活動から得るものは大きい。

　自治会・町内会は全国の市町村内に存在しており，自分たちの住んでいる地域が安全で，安心した生活ができるよう，また，地域社会の一員であるというまとまり意識が持てるように活動を行っている。

　具体的には，市町村からの広報誌の配布，地域住民の通行や防犯を目的として地域に設置された街路灯の保守管理，小学生・中学生の登下校時に起こり得る交通事故，誘拐などから児童を守るための地域安全パトロールや交差点での誘導等の地域防犯活動，危険個所の改修に関する市町村への連絡などである。また，公園，道路等の清掃やゴミ拾いを行い，地域の生活環境の整備を行っている団体もある。

　他に，地域住民が一緒に楽しみ一体感が持てるようにという考えから行われる，「子ども会」活動や祭り，盆踊り，どんど焼き等，伝統的な地域活動を行っているところが多い。祭りについては，地域の氏神様など神社との関係の強い活動について「信教の自由」の立場から住民から自治会費や町内会費からの費出の見直しを求める意見もある。

　また，「東日本大震災」後，災害時の地域住民同士による防災活動が重視され，地域住民らによる自主的な防災組織の設置・運営も図られようとしている。

　少子化と言われるようになる以前，子どもたちは地域の中で集団をつくり，遊びを通じた人間関係の中で社会性が育つ環境にあった。しかし，子どもの減少にともなう仲間の不足，塾や習い事による自由時間の減少，野原や広場などの遊ぶ場所の減少の中では，地域における子どもたち同士の接触が難しい状況になってきている。

　そのことから，子どもが，上記のような地域コミュニティ活動への参加を通じた地域のお年寄りや大人たちとの交流，異年齢児との交流等により，日常生活では体験でき難くなっている交流を通じて，自分の住んでいる市町村や地域の文化の理解や社会生活に必要な人間関係のあり方についても学ぶ機会が得られる利点がある。

コラム

自治会・町内会について

　自治会・町内会組織は，わが国における互助組織として，江戸時代には五人組と言われる年貢を確実に納めるよう，故郷を捨てて失踪してしまわないよう，仲間から犯罪者を出したりしないようにと，相互に助け合うとともに相互監視を行う集団として各家が参加させられていた。

　その後も今から約70年前までは，国の関与により，隣組という互助組織として，相互監視を行う組織に，強制的に参加させられていた。しかし，第2次世界大戦終了後，隣組の組織は解体されて，新しい憲法の下，世帯の自由意思による参加を基本とした現在の自治会活動が開始され，地域の親睦や活性化を目指した活動が行われている。

（2）児童委員（民生委員）・主任児童委員

1）児童委員

　児童委員は，児童福祉法第16条第1項で「市町村の区域に児童委員を置く」と規定されており，第2項で「民生委員は児童委員に充てられたものとする」とされているので，一般的に民生委員と言われている人は児童委員でもある。

　児童委員は民生委員法によって全国のすべての区・市町村に配置されている。民生委員数は，全国で20万7,452人（2010〔平成22〕年12月現在）。各地域の民生委員数は，国から示された配置基準にもとづき，各都道府県で決めることになっている。区・市町村の人口により異なるが，最低で70世帯（町村等の過疎地域）から最高440世帯（大都市圏）を担当している。

　選出方法は，区・市町村の民生委員推薦会を経て，都道府県知事が推薦し，厚生労働大臣が委嘱することになっている。法律で守秘義務や政治的な中立を求められているため，身分的には特別職の地方公務員として位置づけられているが，無償で地域活動を行っているボランティアである。任期は3年となっている。

　活動内容は高齢者や障害者，生活困窮者（お金がなく生活に困っている人）から，子育て家庭，児童まで幅広く，担当する地区の支援が必要な人々の状況を把握するとともに，それらの人々の相談や助言を行うほか，福祉サービスを利用

するために必要な情報提供も行っている。さらに，児童相談所，福祉事務所及び関係行政機関の業務に協力することにもなっている。

　民生・児童委員の国への活動報告（厚生労働省「平成21年度社会福祉行政業務報告」）によると，相談支援内容は高齢者に関することが約50％で最も多く，子どもに関することが約20％で，その内訳は「子どもの地域生活」8.9％，「子どもの教育・学校生活」5.9％，「子育て母子保健」3.4％となっている。

　多くの民生・児童委員は，農林漁業従事者，商店主，会社員，公務員など本来の仕事を持っているが，ほとんどが担当地区内に居住しているので，住民が相談する場合，民生・児童委員宅を直接訪問し，面接による相談や電話による相談ができるようになっている。

2）主任児童委員

　主任児童委員は，全国で2万1,098人（2010〔平成22〕年12月現在）。民生委員法第20条の規定にもとづき組織された民生委員協議会の規模に応じて，民生・児童委員定数が39人以下であると2人，民生・児童委員定数が40人以上であると3人となっている。

　また，主任児童委員は，児童委員のうちから主任児童委員に指名され，担当地区を持たずに児童福祉を専門に活動を行っている。

　活動内容は，児童委員が行う児童福祉活動に対して援助，協力をすること，また，児童委員と児童相談所，福祉事務所等の児童福祉に関係する機関との連絡調整を行うことになっている。

　主任児童委員の国への活動報告（厚生労働省「平成21年度社会福祉行政業務報告」）によると，相談支援内容は「高齢者」，「子ども」に関することが約80％で，その内訳は「子どもの地域生活」26.1％，「子どもの教育・学校生活」28.5％，「子育て母子保健」17.3％となっている。

（3）親戚・商店・職場（企業等）

1）親　戚

　わが国の民法では，親族は互いに助け合う義務（扶養義務＝民法第877条）が

あると規定している。

　養護問題が発生したような時，親族関係が良好であれば，金銭や物品等の経済的な援助，保育所・学童保育の送り迎え，一定期間の要保護児童の家庭引き取りによる養育，要保護児童家庭への同居による養育，保護者や要保護児童への精神的な支え等を行ってもらえることも考えられる。

　さらに，要保護児童の医療機関への入院・外来受診，児童福祉施設への入所や里親委託に反対する保護者への説得等の協力等，多くの協力が得られるので，実際の課題（問題）解決の中で大変重要な役割を負ってもらえることもある。

　しかし，親族間の交流がほとんど行われていないために親族関係が希薄であったり，課題を抱えた人が，これまでの生活の中で家族に婚姻を反対されていたのに強引に所帯を持ってしまったり，親族から借金を重ねて返済をしていないなどの理由から親子・兄弟関係が悪く反発しあったりしている場合もある。

　前記のように要保護児童家庭へのニーズに対する支援計画の策定や，サービス提供場面での活用を図るためには，親族関係を把握することが重要なので，要保護児童の祖父母・伯父（叔父）・伯母（叔母）等と要保護児童家庭との交流状況や関係性，および生活状況について把握しておくことが必要である。

　具体的内容として，親族の居住地の状況（遠隔地か近隣かといった距離関係），住宅状況（住宅環境），経済状況（経済的な支援が受けられるのか），就労状況（就労形態＝常勤かパートか，就労時間の状況等）や健康状況等を把握しておく必要がある。

２）商　店

　大人だけでなく，子どもが単独で買い物に行く商店街に「子ども110番の家」のステッカーや看板を掲げたているのを見かける。これは，子どもたちが危険にあったり，困りごとがある時，安心して立ち寄れる民間協力場所であることを表しているが，子どもがここを訪れ，受け入れてもらい，守ってもらうことにより被害防止が図られる。

　また，小中学生の在校時間であるのに学校に行かず買い物に来ていたり，汚れた衣類の着用や肌・髪の毛の清潔を保っていないといった虐待を疑われるよ

うな児童、子どもなら当然就床していなければならない時間帯での買い物、路上徘徊等の要保護児童の通告協力を依頼することで、早期の発見への協力が得られる。

さらに、最近多くなったと言われているシャッター通り（後継者の確保や経営が困難となり閉店してしまった商店が虫食い状態のように店を閉めている状況）の空き店舗などは、もともと交通の便利な場所に存在することが考えられるので、「子育て相談・支援」、「子育てサークル」等の場としての活用を図ることもできる。

3）会社（企業等）

育児または家族の介護を行う労働者が仕事と家庭生活との両立（ワーク・ライフ・バランス）を図れるよう制定されていたのが、「育児休業、介護休業等育児又は家族介護を行う労働者の福祉に関する法律」（1991〔平成3〕年）であるが、一般的には「育児介護休業法」と言われている。

2010（平成22）年の法改正（中小企業を含む最終的な施行開始は2012〔平成24〕年7月から）により、労働者は、原則として子どもが1歳2か月に達するまでの間、育児休業が取得できる。保育所の空きがない場合等特別な場合は1歳6か月に達するまで可能である。配偶者、父母、子ども等が、負傷、疾病または身体上もしくは精神上の障害により、2週間以上の期間にわたり常時介護を必要とする状態になった場合は、1回93日までの介護休暇が取得できる。

また、小学校就学前の子どもが病気や怪我をした場合、年間5日間の看護休暇の取得が可能である。さらに、所定時間外労働（残業）の免除、労働時間の短縮等も申し出により可能となった。これらの休業について会社側は、仕事の忙しい時期であるから認められないとして申し出を断ることはできないし、取得したことによる解雇や降格等の不利益処分を行うこともできないことになっている。

上記の事柄は、法律によって決められているが、企業独自に労働者の福利厚生の観点から、法に規定された以上の期間の育児休業、介護・看護休業が取得できるよう配慮している場合もある。

また，雇用している労働者が安心して働けるよう，企業内に保育所を設置している病院，企業等も増えつつある。しかし，大都市の中心部にある企業内の保育所へ子どもを預けようとしても，混雑した通勤電車での移動が困難であるため利用できにくいといった意見もある。一方で，子どもが親の近くにいるという安心感があり，病気，怪我等に対して保護者の早急な対応が可能であるという利点もある。

　2007（平成19）年4月から，国の次世代育成支援対策法により，企業が従業員の子育て支援のための行動計画（今後の実施計画）を立て，実施している事柄が一定の要件を満たす場合は，厚生労働大臣の認定を受けることができ，認定を受けた事業主は，認定マークを商品等につけることができるようになった。このことは従業員に対する福利厚生だけでなく，子育てに積極的な企業であるとの企業のイメージアップにもつながり，商品宣伝にも利用できるメリットがある。認定キャラクターの愛称を「くるみん」とし，その認定マークも定めている。

（4）母親クラブ

　母親クラブは，子どもたちが地域の中で健やかに成長することができるようにということを目的に設置されている団体で，児童センター，児童館の利用地域を単位として多くの市町村に存在する。子どもを持つ母親が主体であるが，地域によって異なるものの，父親，祖父母，子ども等，だれでも入会できるクラブもある。その活動は国，都道府県，市町村からの補助金や児童厚生施設，各種児童健全育成に関する財団等の支援により運営されている。

　主な活動内容は，親子および世代間の交流・文化活動（子育てサロン，親子交流会，親子ハイキング，親子遠足，芋煮会等の地域特性を持った食事会，クリスマス会，高齢者とのスポーツ交流等）のほか，子育て中の保護者に対して行う児童の養育に関する研修会（養育・教育に関する講演会，学習会等），児童の事故防止に関する活動（公園の遊具の点検・保守，駅・停留所の清掃，カーブミラー磨き等），各地域にある児童館活動への協力，その他児童の福祉向上に必要な活動である。

第2節　公的な家庭支援相談機関

　社会保障（社会保険・公的扶助・社会福祉・公衆衛生・医療）や社会福祉（老人・障害者・児童・母子）を説明する際，よく「自助」，「共助」，「公助」という言葉が使われる。

　「自助」とは，自らの家庭生活の維持向上を図るだけでなく，家庭が抱える解決すべき課題（問題）が生じた場合，自らの家族・親族等，いわゆる身内で解決して乗り切ることである。そこでは第6章第1節（3）の1）で述べた親戚の力を借りることになる。

　「共助」とは，事前に予想されるリスク（育児・介護・看護等の必要性が生じる状態）を想定して組織する場合や，支援が必要になり組織される場合もあるが，先述した親戚以外の，近隣や知人，仲間，あるいは自分の所属する職場，同じ志を持った組織としてのNPO等の集団・組織により，構成員の誰かが援助を必要とする状況になった時にプールしておいた金銭や労働を提供し合うことにより，お互いに助け合うことである。共助のうち社会的に必要性が認知される組織・団体に対しては，税による公的な支援も行われるので，必ずしも組織・団体だけで独立して運営しているとばかりは言えない。

　しかし，「自助」，「共助」には，支援を行う者の確保や資金の問題等，安定した組織運営や継続性にも限界がある。

　そこで，国や地方公共団体等の行政が，人々の安定した生活を守っていかなければならない必要性から，公的な責任において「公助」が必要になってくる。

　「公助」は，憲法第25条（生存権，国の生存権保障）に示されている「すべて国民は，健康で文化的な最低限度の生活を営む権利を有する」にも明らかであるが，国の責任として国民の生存権を保障するということである。最低限度の生活（家計を維持する経済問題だけでなく，高齢者や障害者の介護・支援，病者の看護・介助，母子家庭の支援，要保護児童の養育等生活のすべて）を脅かされている状況にある人々をどのように支援していくかが社会福祉各法によって示されてい

る。

　具体的にどのように実施していくかは，国の省令や通知および地方公共団体の条例や通知にもとづき各社会福祉行政機関が職務を行っている。

　本節では，子育てに対する課題や要保護状態にある児童の支援，子どもを育てている家庭のさまざまな課題（問題）解決に必要な「公助」に焦点を当て，公的機関の具体的役割や事業実施の内容を理解できるようにしたい。

(1) 市町村

　あらゆる児童家庭相談ついては，児童福祉法（1947〔昭和22〕年）によって児童相談所が担ってきた。しかし，児童虐待の急激な増加等により，緊急対応を行わなければならない実態や児童相談所が高度な専門的対応が求められるようになってきた。また，一方では少子化，核家族化による家庭内育児協力者の減少，育児経験の不足等から生ずる育児不安等を背景に，身近な育児相談のニーズが高まってきている。

　上記のような理由で，児童相談所が児童に関する相談のすべてを受け入れることは効率的ではないとして，「児童福祉法の一部を改正する法律」（2005〔平成17〕年）により，市町村の業務として児童家庭相談に応じることが法律上明確化された。

　そのことにより，家庭その他地域住民からの子どもに関する各種の相談は，住民にとってより身近な，市町村が行うこととなった。

　市町村の役割については，2005（平成17）年2月の厚生労働省雇用均等・児童家庭局から各都道府県知事に出された通知「市町村児童家庭相談援助指針について」によれば，「児童家庭相談援助に携わる職員は，援助に必要な態度，知識，技術を獲得し，子どもの福祉を図るとともに，その権利を擁護することが求められている」として「児童の権利に関する条約」の主旨の理解を求めている。また，基本的態度として，子どもの最善の利益の尊重・子どもの安全確保の徹底，家庭全体の問題としての把握，初期対応や早期対応の重要性等を求めている。

児童家庭問題に対する市町村の具体的役割として，予防・早期発見に視点を置いた活動の推進の他，要保護児童個々に対する相談の受付，相談・通告時の対応，調査方法の具体的内容，児童記録票の作成，受理会議の開催，児童相談所との連携など，施設退所後のアフターケアに至るまでを行うことになっている。

また，虐待，親の失踪，非行等要保護児童への対応について，児童相談所，福祉事務所，保健所，保育所，学校，教育委員会，警察，医療機関，民生・児童委員，主任児童委員等の関係機関の連携が必要である。地方公共団体には要保護児童の発見と保護を行うために，関係機関が連携し，各機関関係者の責任分担や具体的な支援の実施・対応方法について協議するために「**要保護児童対策地域協議会**」の設置運営を行うことになっている。

重要語解説

要保護児童対策地域協議会

被虐待，親の失踪，非行等要保護児童への対応について，関係機関および関係者と要保護児童の発見と保護を行うための連絡・調整，関係機関連携，各機関関係者の責任分担や具体的な支援の実施・対応方法について協議するため，市町村は設置および運営を行うことになっている。

（2）児童相談所

児童相談所は，児童福祉法第12条にもとづき各都道府県（政令指定都市を含む）に設置が義務づけられているので，最低1か所は設置されている。多くの都道府県では，地理的条件などを考慮して複数の児童相談所や支所，分室を設置している。2011（平成23）年12月現在の児童相談所設置数（厚生労働省調査による）は全国で206か所，一時保護所は128か所である。

なお，児童相談所であっても「子ども相談センター」や「子ども家庭相談センター」と称している児童相談所もある。

前記のように，2005（平成17）年の児童福祉法の改正にともない，児童および妊産婦の初期的な相談業務は各市町村の業務として位置づけられた。それに

```
                          ┌─→ 調査 ─→ 社会診断
                          │   (12②)
                          │        ─→ 心理診断
┌─────────┐   ┌──────┐   │                      ┌──────┐   ┌──────┐   ┌──────┐
│相談の受付│→ │受理会議│→ │        ─→ 医学診断 →│ 判 定│→ │援助方針│→ │援助内容│
└─────────┘   │(所長決裁)│ │                    │(判定会議)│ │ 会議 │   │の決定│
・相 談  ・面接受付 └──────┘  └→ 一時保護 ─→ 行動診断   │(12②)│   └──────┘   └──────┘
・通 告  ・電話受付            保護/観察/指導                                    ↓
・送 致  ・文書受付            (33)       ─→ その他の診断                    (所長決裁)
```

都道府県児童福祉審議会 (27⑥)(意見照会) (意見具申)※

援助の実行
(子ども、保護者、関係機関等への継続的援助)

援助の終結、変更
(受理、判定、援助方針会議)

(結果報告、方針の再検討)

※

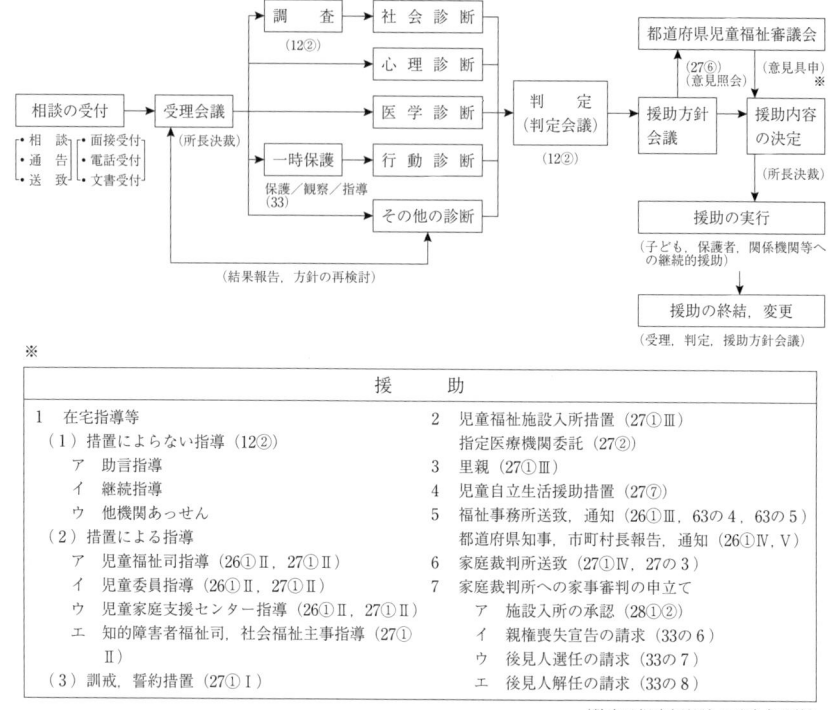

援　　　助	
1　在宅指導等	2　児童福祉施設入所措置（27①Ⅲ）
（1）措置によらない指導（12②）	指定医療機関委託（27②）
ア　助言指導	3　里親（27①Ⅲ）
イ　継続指導	4　児童自立生活援助措置（27⑦）
ウ　他機関あっせん	5　福祉事務所送致、通知（26①Ⅲ、63の4、63の5）
（2）措置による指導	都道府県知事、市町村長報告、通知（26①Ⅳ、Ⅴ）
ア　児童福祉司指導（26①Ⅱ、27①Ⅱ）	6　家庭裁判所送致（27①Ⅳ、27の3）
イ　児童委員指導（26①Ⅱ、27①Ⅱ）	7　家庭裁判所への家事審判の申立て
ウ　児童家庭支援センター指導（26①Ⅱ、27①Ⅱ）	ア　施設入所の承認（28①②）
エ　知的障害者福祉司、社会福祉主事指導（27①Ⅱ）	イ　親権喪失宣告の請求（33の6）
（3）訓戒、誓約措置（27①Ⅰ）	ウ　後見人選任の請求（33の7）
	エ　後見人解任の請求（33の8）

(数字は児童福祉法の該当条項等)

図6-1　児童相談所における相談援助活動の体系・展開

注：児童相談所の相談種別は、5つに分類されている。
・養護相談　　　　父母の家出・死亡・離婚・入院・逮捕拘留、養育困難、被虐待など。
・「心身」障害相談　肢体不自由、知的障害、重度の心身障害など。
・非行相談　　　　虚言、家出、浮浪徘徊、浪費癖、性的な逸脱行動、触法行為など。
・「養育」育成相談　性格や行動上の問題、不登校など。
・その他相談　　　未熟児、虚弱児、小児ぜんそくなど。
出所：厚生労働省雇用均・児童家庭局「児童相談所運営指針」から。

より、児童相談所は、専門的な知識および技術を必要とする事例への対応や、市町村の児童に関する相談への助言・指導等の支援を行うとことになった。

　図6-1にあるように親や関係者からの電話・手紙・直接来所等の相談だけでなく、市町村、学校、保育所、病院、警察署等からの通告や家庭裁判所からの送致等もある。それらの相談を週1回開かれる受理会議で方針を検討する。虐待などの緊急事例については、所長以下関係職員による緊急会議を経て一時

保護等の措置を決定する場合もある。

　調査は,「社会診断」として,主に児童福祉司の所内面接や関係先訪問を調査することにより診断が行われる。内容としては,親や親族の状況,近隣,住居の状況等の家庭環境,学校・保育所等の関係機関調査により社会診断を行う。それは地区担当の児童福祉司が行うことが多い。「心理診断」として,親子の関係,子どもの情緒,知能検査等を心理担当者が行う。「医学診断」として,小児科医師による身体発達や疾病の有無,虐待の痕跡の有無。小児精神科医師による発達障害や精神科診断を行う。「行動診断」は,心理担当者も行うが,一時保護所の職員（児童指導員・保育士・看護師等）により,職員・他の一時保護児童との対人関係の持ち方,日常生活動作の自立状況,学習能力,親子関係での様子等を観察し,診断する。

　上記の各診断を持ち寄り,判定会議を行うが,情報の不足があれば再調査や補足調査を行う。

　援助方針会議において,児童福祉司指導・児童福祉施設入所・里親委託・家庭裁判所送致等,具体的な援助の方針を決定する。

　なお,児童福祉施設や里親委託に対して親権者の同意が得られない場合は,児童福祉審議会の意見をふまえ,児童福祉法第28条（児童相談所長による家庭裁判所への申立て）により家庭裁判所の審判を経て児童福祉施設・里親委託等の措置を行う。

　児童相談所の相談・措置の業務と共に一時保護の機能も重要である。一時保護所は児童相談所に設置されることになっており,先に示したような相談内容に対して,児童福祉法第33条にもとづき一時保護を行う。

　一時保護は大きく分けて,棄児,迷子,家出少年のほか,前記の「養護相談」にあるような理由による緊急保護,児童本人の心身の状況・行動特性・対人関係等を把握するための行動観察,短期の心理療法・カウンセリング・生活指導を行うための短期入所等がある。

　心身に障害がある児童や乳児,虐待により外傷を受けている児童については,児童および保護者の状況,保護理由などから障害児入所施設（旧法の知的障害児

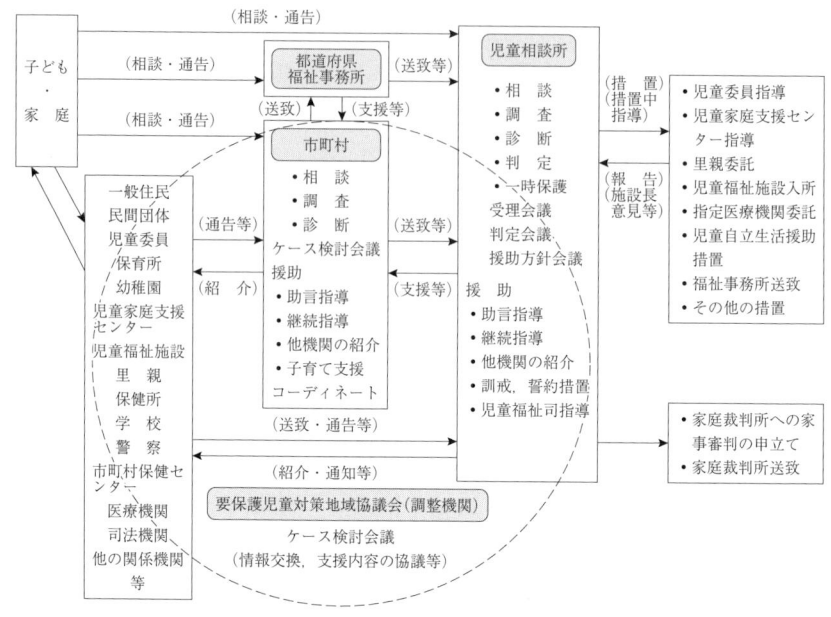

図6-2 市町村・児童相談所における相談援助活動系統図
出所:厚生労働省雇用均・児童家庭局「児童相談所運営指針」から。

施設,肢体不自由児施設等)や重症心身障害児施設,乳児院,病院,里親等を選択し,一時保護を委託するが,多くは児童相談所の一時保護所を活用することになる。

なお,児童福祉法の改正により2012(平成24)年4月から,親の意に反して一時保護を実施し2か月を超える場合については,児童相談所設置各都道府県(政令都市を含む)・児童相談所設置市の児童福祉審議会の意見を聴かなければならないこととなった。

児童,母子への相談支援の業務が市町村へ移管されたことにともない,児童相談所は,これまで以上に市町村との連絡や調整を積極的に行う等連携の強化を図り,要保護児童の支援に遺漏が生じないよう努めなければならない(図6-2)。

要保護児童のうち,特に虐待事例への対応については,市町村,病院,保育

所，学校，民生児童委員等とは日頃から情報交換等の連携を図ると共に，警察や家庭裁判所に関係する司法との連携を図り，初期段階での迅速で的確な対応を図らなければならない。

　児童相談所は，児童の心身の安全を守ることは当然であるが，児童が良好な家庭環境の下で生活できることを目標に，親の生活の安定と家庭環境の整備，親子間の調整について，多様な関連専門機関や親族，地域等の社会資源を有効に活用して親子の再統合が図れるよう配慮する必要がある。

　なお，市町村が児童相談の第一次機関と位置づけられたが，児童相談所は父母，家族，地域住民からの直接相談を拒むことはない。

（3）福祉事務所

　通常，「〇〇福祉事務所」と表現するが，社会福祉法第14条に規定されている「福祉に関する事務所」のことを言う。都道府県および市（特別区を含む）は法により設置が義務づけられており，かならず設置しなければならない。町村については任意で設置することができる。2012（平成24）年4月現在の設置数は，都道府県211か所，市（特別区を含む）997か所，町村41か所で，合計1,249か所である。

　業務としては，福祉六法（生活保護法，児童福祉法，母子及び寡婦福祉法，老人福祉法，身体障害者福祉法，知的障害者福祉法）に定める援護，育成または更生の措置に関する事務を担う第一線の社会福祉行政機関である。

　1993（平成5）年4月には老人および身体障害者福祉分野で，2003（平成15）年4月には知的障害者福祉分野で，それぞれ施設入所の措置事務等が都道府県から町村へ移譲されたことから，都道府県福祉事務所では，従来の福祉六法から福祉三法（生活保護法，児童福祉法，母子及び寡婦福祉法）を担当することとなった。

　福祉事務所には援護，育成または更生の措置に関する業務を行う社会福祉主事（通常は，ケースワーカーと呼ばれている）がおり，所内面接や家庭訪問，関係先を訪問して対象者の資産（収入を含む），心身の状況，生活状況，環境等の調

査を行い，保護やその他の措置（入所・通所施設の利用）の必要性について判断し，本人や家族に対して生活に関する指導・支援を行う。

また，**母子世帯**（父子世帯も含む）の相談支援を行う母子自立支援員（母子寡婦福祉法第8条に規定）はほとんどが非常勤であるが，全福祉事務所に配置されている。

重要語解説

母子世帯

母子及び寡婦福祉法では，離婚，配偶者が死亡，生死不明，遺棄等が原因で母子のみになった世帯を指す。子は20歳未満の母子家庭で，子が20歳になると寡婦世帯となる。父子世帯も母子世帯と同様に扱われるようになっている。

業務は，母子寡婦からの生活全般に関する悩みや問題（家族関係・住宅・子育て・就職・家庭の経済等）に対して面接や家庭訪問，同行しての支援，紹介・斡旋等を行う。具体的には，児童扶養手当の手続き，母子寡婦貸付（子どもの修学費用・医療費・起業のための借入・住宅に関する借入等）の相談・申請に関すること，介護や保育の資格を取るための修学支援制度の活用に関すること，就職のためのハローワークの活用等のほか，母子福祉団体の育成に関することを業務としている。

コラム

生活困難者への対応

生活保護を受給するには申請しなければならない（生活保護法第7条：申請保護の原則）と定められている。では，次のような場合はどうなるのか。

母子家庭で，子どもは学齢前の2人世帯，アパート住まい。母の親族とは疎遠で遠隔地に居住している。すでに電気もガスも止められている。

家賃の滞納もあるため，家主が家賃の請求に行ったところ，もう数か月働いておらず家賃は払えないとのこと。家の中はゴミが散乱し，母子ともに臥床したまま起きる様子もない。衣類は汚れ，肌も汚れて悪臭が漂っている。

母親の話では，お金もなくなり数日前からは水を飲んでいるだけとのこと。また「困っても人の世話にはなりたくない」，「このまま死ぬ」とのこと。このまま放置す

第6章　家庭支援にかかわる社会資源

> ることは親子の死につながる。
> 　通報を受けた福祉事務所は，この母親を説得し，必要な医療や経済的支援を受けることにより安定した生活を確保しなければならない。そのためには誰が母親の説得を行うことができるのか。親族，近隣を含め民生・児童委員，市町村役場，児童相談所，保健所，医療機関等の社会資源の活用を図らなければならないが，すぐにでも生命の危険が迫っている場合は医療機関への入院の判断も行わなければならない。
> 　憲法第25条で「国民は健康で文化的な最低限度の生活を営む権利を有する」と規定しているが，このような事例（生命の危険がある）の場合は，国民の最低限度の生活を保障する第一線の機関である福祉事務所は，申請がなくても福祉事務所長の職権（福祉事務所の職務権限として）による生活保護を実施することになる。

（4）家庭児童相談室

　家庭児童相談室は，家庭における児童の健全な養育・福祉の向上を目的に，福祉事務所に設置されている。2012（平成24）年4月現在の設置数は全国で約980か所である。

　専門の家庭相談員が置かれ，子どもの養育に関する相談を受けている。相談方法は，所内面接，家庭訪問による面接・調査を行う。

　受ける相談内容は，性格・心身の発達の相談（神経質，わがまま，初語が遅い，落ち着かない，夜尿，チック，爪かみ等），心身障害の問題（精神発達，肢体不自由等），保育所，幼稚園，学校生活の相談（不登園・登校，集団になじめない，いじめ，友だち関係，保育者・教員間の関係等），非行の相談（万引き，虚言癖，浪費癖，家出，浮浪徘徊等），家庭での養育困難の相談（経済的問題，養護問題，虐待等），その他の相談（配偶者からの暴力，親子関係等）である。

　これらの相談を受け，家庭相談員による面接による指導・支援，児童相談所，病院，保健所，保健センターの紹介や児童相談所，学校，民生児童委員，保健所，保健センター等との連携による問題解決にあたる。

（5）婦人相談所

　婦人相談所（女性センターと称しているところもある）は，1956（昭和31）年5月に制定された売春防止法第4条に規定され，都道府県（政令指定都市を含む）

にはかならず設置（義務設置）されている。

　本来，売春防止法にもとづき，売春を行う者を未然に防ぐことと，それらの者の保護・更生のための相談機関であったが，ドメスティック・バイオレンス（DV）の増加や夫婦関係から発生する数々の問題解決に対応する相談支援，生活の場所のない母子等の一時保護を行うことが中心的な業務となってきていたが，2001（平成13）年4月に成立した「配偶者からの暴力の防止及び被害者の保護に関する法律」（通称DV法）により，配偶者暴力相談支援センターの機能を担うこととなった。

　具体的には，女性からの直接相談（電話・来所等）のほか，福祉事務所，市町村からの紹介・送致により相談を受理した後，調査，医学・心理・職業判定や一時保護中の生活状況等から総合的に判断し，婦人保護施設，母子生活支援施設への措置や，在宅生活が可能な者に対しては安定的な生活が行えるよう相談支援を行っている。

（6）保健所・市町村保健センター

1）保健所

　保健所は，地域保健法に規定されており，都道府県（政令指定都市を含む）は義務設置であるが，中核市（人口30万人以上）は設置可能になっている。

　所長は医師であるが，他に歯科医師，薬剤師，保健師，助産師，看護師，臨床検査技師，栄養士等，保健・医療の専門職がいる。

　業務内容は，飲食店の許認可や調理環境の検査などの食品衛生，動物愛護や食肉衛生などの獣医衛生，し尿処理や井戸水，河川の汚濁防止等の環境衛生，麻薬・薬物に関する薬事衛生等のほか，相談指導業務としてエイズ，結核，精神保健，未熟児，障害児等に関する業務を行っている。

　多くの場合，保健師，助産師による家庭訪問や保健所，地区センター等で保健衛生に関する集合指導等も行っている。一般的な児童および妊産婦，高齢者の保健に関する相談業務は各市町村の業務として位置づけられており，保健所の役割としては，専門的な知識および技術を必要とする事例への対応を中心に

行っており，市町村保健師に対する保健指導への助言・指導等の支援を行っている。

2）市町村保健センター

政令指定都市および中核市の保健所は保健センターと一体的に運営されているところが多いが，市町村保健センター（「健康センター」，「保健福祉センター」などの名称を使用している場合もある）は各市町村に設置されている機関である。保健所の業務とは異なり，一般住民に対する乳幼児保健，高齢者保健に関する相談指導・支援の業務を行っている。

子どもに関する相談指導・支援としては，子どもの発育発達や子育てに関する悩みなどの相談を個別相談として受けているほか，妊産婦や新生児の母親，その夫，家族等に対して，家庭訪問や保健センター，地区センター，公民館，地区会館等を使用しての集合による指導・支援等を行っている。

コラム

精神疾患を持った親への対応

2011（平成23）年度の虐待件数が6万件に迫ったとの新聞・テレビ報道があった。

関連することとして虐待による殺人，傷害を理由に逮捕拘留される事例も多く報道されている。それらの中には，精神科に通院中の者もいる。母親から「眠れない」，「死にたい」，「家事ができない」，「子どもが育てられない」，「子どもを殺してしまいそう」等といった，明らかに精神状態に問題がある事例もある。

保育所や幼稚園といった保育現場で保育者としてかかわる時，子どもが虐待の犠牲にならないためには，常に子どもの状況（出欠状況，心身の状況等）や保護者の言葉，行動，服装，清潔の保持状況等の変化も注意深く観察することが必要である。

児童虐待では市町村や児童相談所との連携が必要であるが，それだけではなく，母親の精神疾患については保健所，精神保健福祉センター，医療機関等の保健・医療関係者による病状の把握や治療が必要である。精神疾患が疑われる場合は，できるだけ早く保健所，精神保健福祉センターへの連絡を行い，精神保健・精神医療の専門機関に対応を依頼することも検討する必要がある。

保育所，幼稚園の保育者としてかかわることは大切であるが，自らの所属機関や専門分野では対応できない事柄も多いので，子どもやその保護者の課題（問題）解決に役立つ専門機関との連携・協働を図ることが重要である。

（7）社会福祉協議会

　社会福祉協議会は，1951（昭和26）年3月に制定された社会福祉事業法（現在は「社会福祉法」）にもとづき，民間の社会福祉関係団体，民間社会福祉施設，住民による社会福祉活動等の民間社会福祉活動を推進するために設置された社会福祉法人である。

　すべての都道府県（政令指定都市を含む）および区市町村に設置されており，会員の中核をなしているのは社会福祉法人，社会福祉法人立の施設（児童・高齢者・障害者・母子等を対象とした社会福祉施設）であるが，民生・児童委員，民間社会福祉団体・民間社会福祉関連機関のほか，区市町村の住民等が会員となり運営されている。

　運営の経費は会費，補助金，共同募金配分金，受託事業および社会福祉協議会による公益事業による収益，寄付等で賄われている。

　事業内容は各都道府県，区市町村の地域福祉のニーズより異なるが，都道府県社会福祉協議会は，社会福祉サービス事業の質の向上を図るため，責任者，従事者，ボランティアに対する養成や研修を行っている。

　また，社会福祉法第83条に規定されている「福祉サービス利用援助事業」の適正な運営を確保し，サービスに関する苦情を適切に解決するため，「福祉サービス運営適正化委員会」を設置しサービス利用者からの苦情の相談を受け付け，苦情の申し立て者と福祉サービス提供事業者の双方の意見を聞き，問題解決を図るために助言や勧告などの活動を行っている。さらに，福祉サービス内容の質の向上を図ることおよび，福祉サービス利用者への情報提供を目的として「福祉サービスの第三者評価事業」等も行っている。

　また，民法にもとづく成年後見制度（後見・保佐・補助）を利用するほどではないが，認知症や知的障害，精神障害等のために判断能力に不安のある人を対象とした「日常生活自立支援事業（福祉サービスの利用援助や日常的な金銭の管理等を行う）」や，低所得者を対象とした「生活福祉資金の貸付」を市区町村社会福祉協議会と連携して実施している。

　区市町村社会福祉協議会は，地域に即した住民の福祉意識の向上に向けた啓

第6章　家庭支援にかかわる社会資源

発活動への取り組み，民間福祉サービス内容の向上に向けた活動，区市町村からの委託を受けた社会福祉関係施設の運営を行うほか，地域住民からの福祉相談への対応，ボランティア活動や福祉に関連する住民活動の支援等も行っている。さらに，地域住民の安全で安定した生活を確保するための「日常生活自立支援事業」，「生活福祉資金の貸付事業」等の申請受付や貸付の窓口活動の実施といったサービスの直接提供および，高齢者や障害を持った住民への在宅生活を支援するためのホームヘルプサービス（訪問介護）や，配食サービスといった直接的なサービス提供事業等の独自サービスを行っている場合もある。

(8) 警察（生活安全課）

　各地にある警察署の多くは，刑事事件や交通に関する事項を取り扱うそれぞれの部署のほかに，主に防犯相談と防犯対策，ストーカー対策，配偶者暴力相談，少年非行相談や対応，家出人相談，ヤミ金融の取り締まり等を行う生活安全課という部署がある。

　ずっと以前は，警察署は家庭内での夫婦喧嘩や恋人や同棲者とのトラブル，家族内の喧嘩・トラブルには，当事者以外の家族・親族，近隣の人々の協力により問題の解決が図られることを期待して，あまり介入しないという立場をとっていた。

　しかし，家庭で起こる夫婦間の事件や恋人や同棲者間でのトラブルにおいて，殺人や傷害等の重大事件が多く発生するようになったこと，また，各個人の人権を擁護する考え方等の社会情勢の変化に対応した法律（児童虐待防止法・高齢者虐待防止法・DV法）が施行されたこと等から，それらに関する相談や犯罪の防止という観点から警察署の介入が求められるケースが増加している。

　具体的には，虐待やDV，ストーカー等の危害から，被害者の安全を守るための身辺保護，市町村，福祉事務所，配偶者暴力相談支援センター等との連携のもとに，配偶者からの暴力や一時保護に関する相談，心身の健康を回復するための支援，自立のために必要な情報の提供などを行っている。

　また，非行や児童虐待については，家族，一般住民，学校等からの通報や相

談を受けると共に，非行児童や児童の虐待を行っている者に対する指導や摘発を行っている。

さらに，警察署と公立学校の連携協力を図ることを目的として，各都道府県教育委員会と各都道府県警察との間で協定を結び，市町村または警察署の管轄地域を単位として「学校・警察相互連絡会議（略して「学警連」）」を定期的に開催し，非行や虐待に関する情報交換や問題解決のための具体的連携について検討を行っている。

(9) 家庭裁判所

家庭裁判所は各都道府県庁所在地および函館，旭川，釧路の50か所に設置されている。また，利用者の利便性から，それぞれ主要な都市に支所，出張所を設けている。

家庭裁判所は，家庭に関係する事件と少年法に定める少年（20歳未満）の保護に関する事件を取り扱う裁判所である，他の裁判所と違い「家庭裁判所調査官」を置き，家事審判，家事調停および少年審判に必要な調査や環境調整などを行っている。

また，民間人から選任される非常勤職員として，裁判官と共に家事調停にあたる家事調停委員が置かれている。

家庭裁判所は，安定した家庭生活，親族関係が保たれることや少年の健全育成を図ることを目的に設立されているため，対立する双方の意見の一致が得られない場合には，最終的には法律にもとづいて決着をつけるが，基本的には双方の納得できる結果を導き出せるよう調整的役割を負っている。

また，少年非行については，非行を犯した少年の将来を考え，少年の健全な更生を図ることによって社会の一員として復帰できるようにすることを主眼としている。

家事事件は，「家事相談」，「家事調停」，「家事審判」により対応している。家事相談は家庭・親族間等で発生するあらゆる紛争に対応する。

「家事相談」を受けた場合，面接を行い，助言や関係調整により当事者間で

問題の解決が図れるようにする。具体的内容として，一番多いのは離婚請求であるが，他に遺産相続の調整，婚姻外で生まれた子どもの認知，実親子関係にあるか否の確認，婚姻関係の存否や履行の確認，養子関係の継続・解消等である。

「家事調停」は，上記のような紛争に対し，審判官（裁判官）と家事調停委員が，対立する双方の意見聴取を行うと共に，家庭裁判所調査官による必要な調査にもとづき，双方が納得できるような解決策を調停意見として提示し，紛争の解決を図ることを目的としている。

「家事審判」は，家事調停によっても解決が図れない場合に行われるほか，後見開始の審判およびその取消し，失踪の宣告およびその取消し，子の氏の変更許可，養子縁組の許可，未成年後見人の選任，親権喪失，親権停止または管理権喪失および取消し，遺産の管理に関する処分，遺言書の検認等を行う。

少年事件については，罪を犯した少年，14歳に満たないで刑罰法令に触れる行為をした少年，将来，罪を犯し，または刑罰法令に触れる行為をする虞のある少年に関する事件に対し，「少年相談」や「少年審判」により対応している。

「少年相談」は，家庭や地域，学校等からの通報にもとづき，非行少年・触法少年に関する相談を受け，必要な助言や調整により問題の解決を図ることを目的とし，「少年審判」は，非行少年・触法少年について行われる。家庭裁判所は，警察官送致，検察官送致，児童相談所からの通告等により保護処分を行うべき少年に対して行われる活動である。少年審判においては，家庭裁判所調査官が行った少年や家族，近隣，学校，児童相談所等，少年を取り巻く環境やそれぞれの意見聴取等の調査をもとに，少年にとって必要な保護措置を決定する。審判内容としては，少年院への送致，在宅による保護観察，児童自立支援施設への入所（児童自立支援施設は児童福祉施設なので，入所措置は児童相談所が行う）検察官送致（逆送致）がある。

コラム

紛争解決・非行少年への家庭裁判所のかかわり

　家庭裁判所も他の裁判所と同様に法にもとづいた判断を行うことを期待されている。
　しかし，家庭内，親族間同士の紛争にあっては，それぞれの当事者の生育歴，生活状況，それまでの家族・親族関係，生活に関する考え方等，社会的・経済的・心理的関係性の中で多くのかかわりがあり，家庭・親族内の紛争解決には，すぐに訴訟を起こし法律的判断のみで解決はできない。そこで，非公開の場において，背景にある感情的な対立を十分に意識し，家庭・親族関係の継続を考慮して「家事相談」，「家事調停」等を利用し，できるだけ将来の家庭・親族関係が改善され，円満な紛争解決が図られるような方法をとっている。
　また，非行を犯した少年に対して成人と同様に公開の法廷で刑罰を科すことは，判断能力や人格的に未成熟な少年の更生教育やその後の社会復帰を考えると，かならずしも好ましい結果をもたらすとは考えられない。そこで，少年の非行に至る経過，家族関係，友人関係，生活状況，その他の環境等を知り，少年の更生教育・社会復帰にかかわることになる家族，学校関係者，児童相談所職員等は出席できるが，関係者以外の人に対しては非公開による審判が行われる。

---

(10) 法テラス

　司法改革の一環として2004（平成16）年に制定された「総合司法支援法」にもとづき，2008（平成20）年，政府出費による独立行政法人の枠組みに従ってつくられた準公的機関である「日本司法支援センター」を，通称「法テラス」（法律によってトラブル解決へと進む道を指し示すことで，相談する方々のもやもやとした心に光を「照らす」場という意味を込めて造語）と言う。
　民事・刑事事件を含めた法的な紛争解決のために必要な情報の提供や弁護士や法関係専門職（司法書士，弁理士，行政書士，社会保険労務士等）の法的サービスがだれでも身近に，全国どこでも利用できるよう，総合的支援の実施体制の整備を行うこととした。
　主たる事業は，少額訴訟や成年後見制度などに関する法的手続きに要する費用や実際の裁判の当事者となる者のうち，資力の乏しい者（収入，不動産等の資産やローン等の借金を勘案して）を対象として，旧来「法律扶助協会」で行われ

第 6 章　家庭支援にかかわる社会資源

ていた「民事法律扶助事業（無料法律相談，裁判のため必要な弁護士費用・書類作成費用の立て替え等）」の業務を吸収し，「法テラス」で行うことにした。

　具体的には，司法に関する情報を得たい場合は「法テラス」へ出向き面接による方法のほか，電話，ファックス，メール，手紙等により相談を行うことも可能である。

コラム

福祉における措置と契約

　第 2 次世界大戦が終了した以後，アメリカを中心とした連合軍（アメリカ，イギリス，フランス等）が日本に進駐していた中で，日本の社会保障の原型が成立した。

　それは，第 2 節の冒頭で述べたように，憲法第 25 条（生存権，国の生存権保障）で明らかであるが，国の責任として国民の生存権を保障するということである。それまではほとんどの事を民間の篤志家に任せ，国が積極的に行おうとしてこなかったことを，国の責任（公的責任）において行うことになった。生活保護は行政が直接行うことができたが，保育に欠ける乳幼児，障害児・者，老人に対する保育，介助，介護等の支援をすべて国や地方公共団体である行政が直接行えないので，民間を中心とした社会福祉施設に「措置」という手続きにより委託することになった。

　しかし，1995（平成 7）年社会保障制度審議会によって出された「社会保障制度の再構築」により，それまでの「措置」という「行政処分」から，憲法第 13 条（個人の尊重，生命，自由，幸福追求の権利の尊重）「すべて国民は，個人として尊重される。生命，自由及び幸福追求に対する国民の権利については，公共の福祉に反しない限り，立法その他の国政の上で，最大限の尊重を必要とする」という自己選択を重視した「福祉契約」の考えをもとにした形に変更することになった。

　この考え方が最初に導入されたのは「保育所入所」であり，次いで「介護保険」，「障害者自立支援法」となった。

　「措置」で社会福祉サービスを利用する場合，行政処分として行った福祉サービス利用により問題が発生すれば行政の側で問題解決を図ることになる。しかし，「福祉契約」の場合は自己選択できる代わり，そのサービスを選択した当事者がサービス提供者との間で問題解決を図ることになる。

　これからの契約による福祉サービスの利用にあたって問題が発生した場合は，苦情の申立て制度での解決がなされる。それでも解決しない場合はさらに次の方法をとらなければならないが，法的に自らが争えない場合は，弁護士等の法律の専門家を頼らなければならないことにもなってくるのではないか。

【演習課題】
1　自分の住んでいる地域で，子どもが高齢者や親，地域住民と一緒に参加できる地域行事（正月行事，盆踊り等）にはどのようなものがあるか調べてみよう。それによる子どもと高齢者や親，地域住民との交流について考えてみよう。
2　子どもに関する役所の仕事を理解しよう。自分の住んでいる区・市役所，町村役場に行って，子どもに関するパンフレットを集めてみよう。そのことから区・市役所，町村役場の仕事を理解しよう。
3　自分の住んでいる地域を管轄する区・市役所，町村役場，児童相談所，保健所，社会福祉協議会，警察署，家庭裁判所の所在地を調べ，利便性はどうであるかについて考えてみよう。

〈参考文献・参考資料〉
仲村優一ほか監修「近世社会における救済対象と救済施策」『エンサイクロペディア社会福祉学』中央法規出版，2007年，160〜161頁。
平成24年度東京都町田市金井町町内会「事業計画」。
新潟市コミュニティ支援課「平成23年度新潟県新潟市の自治会活動について」2011年4月1日。
さいたま市中央区区民生活部コミュニティ課「自治会・町内会に加入しましょう（リーフレット）」。
神奈川県相模原市自治会連合会「みんなの自治会（自治会の活動）」2012年12月。
仲村優一ほか監修「民生委員・児童委員・主任児童委員」『エンサイクロペディア社会福祉学』中央法規出版，2007年，592〜593頁，939頁。
古川孝順ほか編集「民生委員・児童委員」『社会福祉士・介護福祉士のための用語集』誠信書房，2000年，211〜212頁，503〜504頁。
厚生労働省「民生委員法施行令」（平成18年9月26日政令第319号）。
独立行政法人海洋開発機構「次世代育成支援対策推進法に基づく子育て支援等の活動方針」。
厚生労働省「次世代育成支援対策推進法が改正されます（リーフレット）」2008年12月。
厚生労働省雇用均等・児童家庭長通知「市町村児童家庭相談援助指針について」雇児発第0214002号，2005年2月14日。
厚生労働省雇用均等・児童家庭局「児童相談所運営指針」。
厚生労働省雇用均等・児童家庭局長通知「児童相談所運営指針の改正について」雇児発0321第3号，2012年3月21日。
仲村優一ほか監修「福祉事務所」『エンサイクロペディア社会福祉学』中央法規出版，2007年，506〜509頁。
厚生省社会局庶務課「新福祉事務所運営指針」全国社会福祉協議会，1971年10月。

小林正幸ほか編「家庭児童相談室・福祉事務所」『こども相談機関利用ガイド』ぎょうせい，2012年，196〜199頁．
仲村優一ほか監修「家庭児童相談室・福祉事務所」『エンサイクロペディア社会福祉学』中央法規出版，2007年，513頁，938〜939頁．
厚生労働省雇用均等・児童家庭局長通知「配偶者からの暴力の防止及び被害者の保護に関する法律の一部を改正する法律の施行について」雇児発第0111002号，2008年1月11日．
仲村優一ほか監修「保健所・保健センター」『エンサイクロペディア社会福祉学』中央法規出版，2007年，88頁，92〜95頁，503頁，514〜517頁．
仲村優一ほか監修「都道府県社会福祉協議会」『エンサイクロペディア社会福祉学』中央法規出版，2007年，496〜499頁，504〜505頁，526〜531頁．
平成24年度神奈川県社会福祉協議会「事業推進方針」．
平成24年度神奈川県社会福祉協議会「計画事業一覧」．
仲村優一ほか監修「市町村社会福祉協議会」『エンサイクロペディア社会福祉学』中央法規出版，2007年，526〜531頁．
警視庁生活安全総務課「安全な暮らし（子ども110番の家）」2012年12月．
社会福祉士養成講座編集委員会「家庭裁判所の役割」『権利擁護と成年後見制度』中央法規出版，2012年，142〜146頁．
仲村優一ほか監修「家庭裁判所と司法福祉」『エンサイクロペディア社会福祉学』中央法規出版，2007年，1108〜1111頁．

〈理解を深めるための本等〉
厚生労働省雇用均等・児童家庭局長通知「市町村児童家庭相談援助指針について」雇児発第0214002号，2005年2月14日．
　　──行政の通知なので，少しむずかしい言葉や言い回しがあるが，児童家庭福祉に関する市町村の相談援助の基本姿勢や具体的対応について説明されている．
厚生労働省雇用均等・児童家庭局「児童相談所運営指針」．
厚生労働省雇用均等・児童家庭局長通知「児童相談所運営指針の改正について」雇児発0321第3号，2012年3月21日．
　　──「児童相談所運営指針」は，ずっと以前は本として1冊にまとめられていたのだが，今は，厚生労働省雇用均等・児童家庭局の通知という形になっている．児童相談所の役割や市町村との関係についても書かれているので，児童相談所を理解する上で役立つ．
小林正幸他編『こども相談機関利用ガイド』ぎょうせい，2012年．
　　──本来，小学校・中学校の教諭のために書かれたものであるが，子どもの心身の疾病，情緒的な問題や非行に関する具体的な症状，問題を取り上げ，解決策を示すとともに，関連機関の紹介も行っている．学生でも十分に理解できる内容である．

（坂井　元）

第7章
子育て支援施策

> **学習のポイント**
> 子育て支援施策が必要となった歴史的背景を知る。その施策内容の変化と全体的な枠組みを把握すると共に，現在行われている支援施策の主旨を理解する。

第1節　子育て支援施策の歴史的展開

　子育て支援施策とは，国や地方公共団体が子育てを支援するために行う施策のことである。子育てを支援する施策が本格的に取り上げられるようになったのは平成の時代に入ってからであり，その流れについては図7-1に示してある。昭和の時代にも児童手当の支給や保育所の整備など子育てを支援する施策はあったが，子育てはあくまでも個々の家庭で行うものとされていた。

　しかし平成に入り，子育て支援が施策として取り上げられるようになった。その理由の1つ目は「少子化の進展」，2つ目は「子どもの権利条約」の批准によるものである。

(1) 少子化の進行

　1つ目の理由は，少子化の急速な進行である。
　少子化とは，合計特殊出生率，つまり1人の女性が一生涯に生む子どもの数の平均が，人口置換水準という人口を維持するのに必要な水準であるおおむね2.08を下回ることを指す。さらに，1.3を下回ると超少子化と言う。

第 **7** 章　子育て支援施策

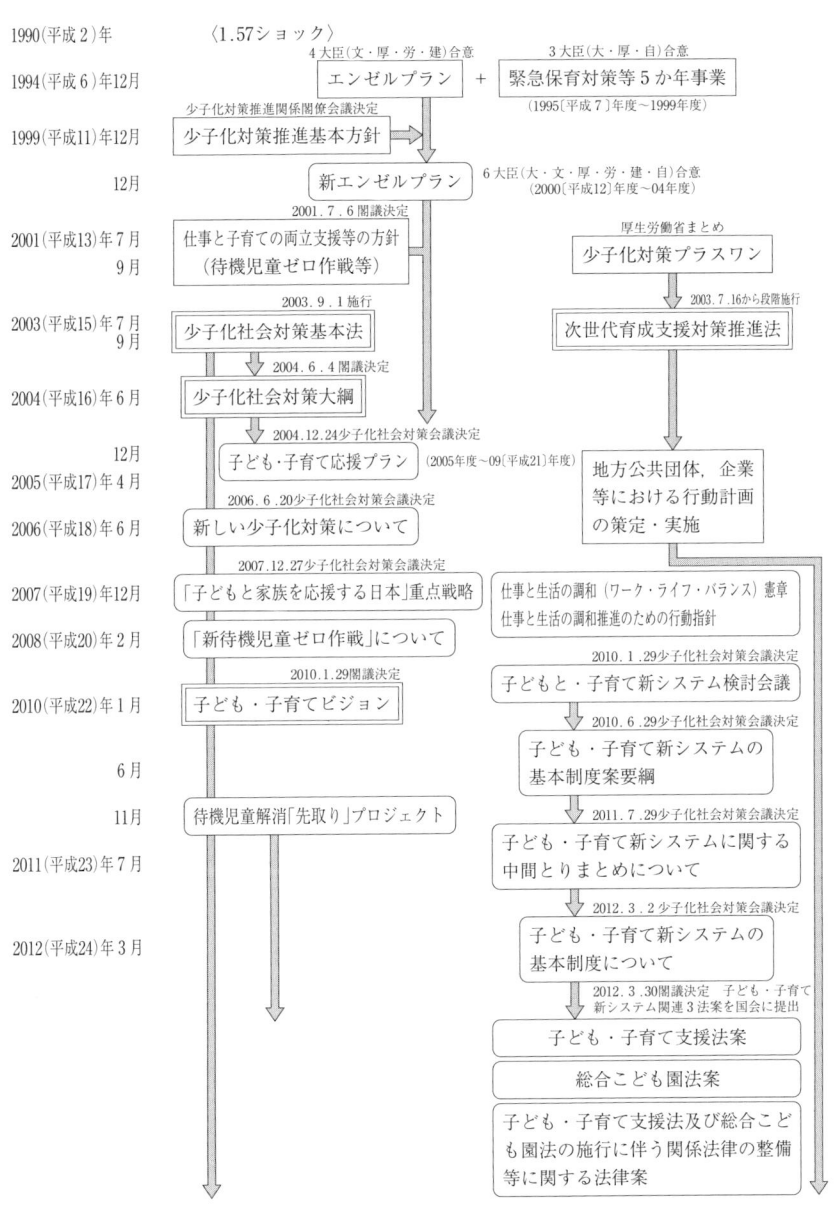

1990（平成2）年	〈1.57ショック〉
1994（平成6）年12月	4大臣（文・厚・労・建）合意　エンゼルプラン ＋ 3大臣（大・厚・自）合意　緊急保育対策等5か年事業（1995〔平成7〕年度～1999年度）
1999（平成11）年12月	少子化対策推進関係閣僚会議決定　少子化対策推進基本方針
12月	新エンゼルプラン　6大臣（大・文・厚・労・建・自）合意（2000〔平成12〕年度～04年度）
2001（平成13）年7月	2001.7.6閣議決定　仕事と子育ての両立支援等の方針（待機児童ゼロ作戦等）
9月	厚生労働省まとめ　少子化対策プラスワン
2003（平成15）年7月	2003.7.16から段階施行　次世代育成支援対策推進法
9月	2003.9.1施行　少子化社会対策基本法
2004（平成16）年6月	2004.6.4閣議決定　少子化社会対策大綱
12月	2004.12.24少子化社会対策会議決定　子ども・子育て応援プラン（2005年度～09〔平成21〕年度）
2005（平成17）年4月	地方公共団体，企業等における行動計画の策定・実施
2006（平成18）年6月	2006.6.20少子化社会対策会議決定　新しい少子化対策について
2007（平成19）年12月	2007.12.27少子化社会対策会議決定　「子どもと家族を応援する日本」重点戦略　仕事と生活の調和（ワーク・ライフ・バランス）憲章　仕事と生活の調和推進のための行動指針
2008（平成20）年2月	「新待機児童ゼロ作戦」について
2010（平成22）年1月	2010.1.29閣議決定　子ども・子育てビジョン　2010.1.29少子化社会対策会議決定　子どもと・子育て新システム検討会議
6月	2010.6.29少子化社会対策会議決定　子ども・子育て新システムの基本制度案要綱
11月	待機児童解消「先取り」プロジェクト
2011（平成23）年7月	2011.7.29少子化社会対策会議決定　子ども・子育て新システムに関する中間とりまとめについて
2012（平成24）年3月	2012.3.2少子化社会対策会議決定　子ども・子育て新システムの基本制度について　2012.3.30閣議決定　子ども・子育て新システム関連3法案を国会に提出　子ども・子育て支援法案　総合こども園法案　子ども・子育て支援法及び総合こども園法の施行に伴う関係法律の整備等に関する法律案

図7-1　これまでの子育て支援施策の取り組み

出所：内閣府資料。

第1次ベビーブーム（1947〔昭和22〕年～1949〔昭和24〕年生まれの人）時の合計特殊出生率は4.32で，1人の女性が概ね4人子どもを生んでいたことになる。しかし，1966（昭和41）年には戦後最も低い合計特殊出生率となった。その理由は，1966（昭和41）年が丙午（ひのえうま）の年にあたり，その年に生まれた女性は，気性が激しく，夫を尻に敷き，夫の命を縮めるという迷信があったために，子どもを生み控える夫婦が多かった。したがって，その年の合計特殊出生率は，1.58と一気に下がったのである。その後，第2次ベビーブーム（1971〔昭和46〕年～1974〔昭和49〕年生まれの人）が到来し，合計特殊出生率は2.14になり，第1次ベビーブームほどの高い数値ではないものの少子化の基準となる2.08は下回っていなかった。だが，1989（平成元）年には，1966（昭和41）年の1.58を下回る1.57となった。戦後もっとも低い合計特殊出生率であった1.58をさらに下回ったので，この時を「1.57ショック」と言った。このまま少子化が進み，子どもの数が減っていくと相対的に高齢者の人口に占める割合が高くなる。それによる社会保障への影響や生産年齢人口の減少による労働市場への影響が懸念され，少子化の進行に歯止めをかけることが，国の重要な施策として認識されるようになったのである。

（2）子どもの権利条約
　2つ目の理由は，「子どもの権利条約」の批准である。
　1989（平成元）年に，「児童の権利に関する条約」（通称：子どもの権利条約）が国連総会で採択され，1994（平成6）年に日本も批准した。「子どもの権利条約」には，子どもの養育や発達については，父母が第一義的な責任を有すること，そして国は父母がその責任を履行するために適切な援助を与えること，また父母が働いている場合は，子どもが養護を受けることのできる役務の提供や設備を国が確保することを定めている（「子どもの権利条約」第18条）。
　「子どもの権利条約」は，1959（昭和34）年に国連総会で採択された「児童の権利に関する宣言」の30周年に合わせて，国連総会で採択されたものである。
　子育ての第一義的な責任は親にあるが，その親の子育てを支援する責任は国

第7章　子育て支援施策

にあるとした。

重要語解説

子どもの権利条約

　子どもの基本的人権を国際的に保障するために定められた条約である。1959（昭和34）年に国際連合で採択され，「児童の権利に関する宣言」の30周年に合わせ，1989（昭和64）年に国連総会で採択された。日本では，1994（平成6）年から効力が発生した。

　このような理由から，国の子育て支援施策は始まった。

　1990（平成2）年，内閣に「健やかに子どもを生み育てる環境づくりに関する関係省庁連絡会議」が設けられ，子育て支援に関する施策の検討が開始された。

　1991（平成3）年に児童手当法が一部改正され，児童手当の金額が引き上げられ，同じ1991（平成3）年には育児休業法が成立し，1歳未満の子どもを養育するために育児休業をとれる制度が成立した。

　次に，具体的な国の支援策について示す。

（3）エンゼルプランと新エンゼルプラン

　初めての具体的な子育て支援施策は，1994（平成6）年12月文部，厚生，労働，建設の4大臣の合意によりつくられた「今後の子育て支援のための施策の基本的報告について」（エンゼルプラン）である。

　エンゼルプランには，子育て支援のための基本的方向として，5つの点が示された。

　①子育てと仕事の両立支援の推進

　労働者が，子育てをしながら安心して働くことができる雇用環境を整備することや，保育システムの多様化・弾力化を進める等

　②家庭における子育て支援

　夫婦で家事・育児を分担するような男女共同参画社会をつくり上げていくた

めの環境づくりや，核家族化に伴う育児の孤立感等を招くことのないように，安心して出産できる母子保健医療体制を整備する等

③子育てのための住宅および生活環境の整備

ゆとりをもって子どもを生み育てることができるよう，そして家族だんらんでゆとりある住生活を実現する等

④ゆとりある教育の実現と健全育成の推進

子育てにともなう心理的な負担を軽減するために，ゆとりある教育を実現する。また，ボランティア体験を通じて子どもが豊かな人間性を育めるような家庭や社会の環境づくりを推進する等

⑤子育てコストの軽減

子育てにともなう家計の負担の軽減を図り，社会全体としてどのような支援方策を講じていくかを検討する等

施策を具体化するものとして，大蔵，厚生，自治3大臣の合意により，「当面の緊急保育対策を推進するための基本的考え方」（緊急保育対策等5か年事業）が策定された。この事業は，1995（平成7）年度から1999（平成11）年度までの5年間の計画で，1999（平成11）年度を整備目標年次と定めて推進していくものであった。

しかしその後も合計特殊出生率の低下が続いた。そこで1999（平成11）年12月，「少子化対策推進関係閣僚会議」で決定された，「少子化対策推進基本方針」にもとづく重点施策の具体的実施計画として，「重点的に推進すべき少子化対策の具体的実施計画について」（新エンゼルプラン）が，大蔵，文部，厚生，労働，建設，自治6大臣の合意によりつくられた。新エンゼルプランは，従来のエンゼルプランと緊急5か年事業を見直したもので，2000（平成12）年度を初年度として，2004（平成16）年度までの計画であった。エンゼルプランの重点は，女性の仕事と家庭の両立支援に置かれていた。①で示した子育てと仕事の両立支援は，子育て家庭の支援として重要な柱であり，その中心は保育施策であった。保育所の待機児童は増加し続けて，2001（平成13）年には「待機児童ゼロ作戦」が打ち出された。

新エンゼルプランは，共働きの女性より専業主婦に育児不安感が高いという調査結果から，専業主婦子育て支援施策が拡充されることになった。2004（平成16）年度に達成すべき項目は，これまでの保育サービス関係ばかりでなく，雇用，母子保健，相談，教育等の事業も加えたものであった。新エンゼルプランには，8つの分野ごとに具体的に列挙されている。

①保育サービス等子育て支援サービスの充実

多様な需要に応える保育サービスの推進（延長保育・休日保育の推進等）や，放課後児童クラブの推進等

②仕事と子育ての両立のための雇用環境の整備

育児休業を取りやすく，職場復帰がしやすい環境の整備や，子育てをしながら働き続けることができる環境の整備等

③働き方についての固定的な性別役割分業や職場優先企業風土の是正

性別役割分業の見直しや，職場優先の企業風土の見直し等

④母子保健医療体制の整備

周産期医療ネットワークの整備等

⑤地域で子どもを育てる教育環境の整備

子どもセンターの全国展開や，家庭教育24時間電話相談の推進等

⑥子どもたちがのびのび育つ教育環境の実現

子育ての意義や喜びを学習できる環境の整備や，カウンセリングルームの整備等

⑦教育にともなう経済的負担の軽減

育英奨学金事業の拡充や，幼稚園就園奨励事業等の充実等

⑧住まいづくりやまちづくりによる子育ての支援

仕事や社会活動をしながら子育てしやすい環境の整備や，安全な生活環境や遊びの場の確保等

これらの目標内容を設定し，計画的に推進された。

（4）少子化対策プラスワン

　さらに少子化傾向は続き，2002（平成14）年に国立社会保障・人口問題研究所が公表した少子化の原因として挙げた「未婚化」・「晩婚化」に加え「夫婦の出生力の低下」が指摘された。これは，結婚した夫婦の出生児数が減少するという新しい傾向が認められ，今後も少子化が一層進展するという見通しを示した。このような状況の中で厚生労働省は，少子化の流れを変えるために，2002（平成14）年9月に「少子化対策プラスワン」を策定した。従来「子育てと仕事の両立支援」が中心であった対策に加え，次の4つの柱に沿って総合的な取り組みを進めることになった。

　①男性を含めた働き方の見直し
　　子育て期間における残業時間の縮減や，子どもが生まれたら父親誰もが最低5日間の休暇を取得する等
　②地域における子育て支援
　　子育て中の親が集まる「つどいの場」づくりや，「子育て支援相談員」による子育て支援情報の収集・発信等
　③社会保障における次世代育成支援
　　年金制度における配慮として，年金額計算における育児期間への配慮の検討等
　④子どもの社会性の向上や自立の促進
　　中高生と赤ちゃんとのふれあいの場の拡充や，食を通じた家族形成および人間性の育成等

　これらの総合的な取り組みは，子育てをするすべての家庭および次世代を育む親となるための視点に立ったものであった。

第2節　待機児童ゼロ作戦

（1）待機児童

　待機児童とは，親が仕事などのために子どもを保育所に入所させる申請をし

第 7 章　子育て支援施策

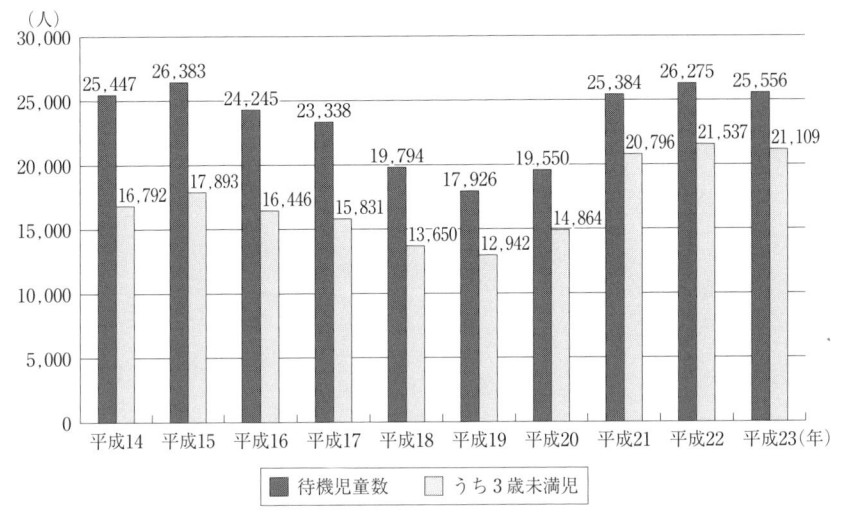

図 7-2　待機児童数

年	待機児童数	うち3歳未満児
平成14	25,447	16,792
平成15	26,383	17,893
平成16	24,245	16,446
平成17	23,338	15,831
平成18	19,794	13,650
平成19	17,926	12,942
平成20	19,550	14,864
平成21	25,384	20,796
平成22	26,275	21,537
平成23	25,556	21,109

注：厚生労働省の資料による。厚生労働省は2001（平成13）年以前も待機児童数を公表していたが，その数には他に入所可能な保育所があるにもかかわらず第一希望の保育所に入所するために待機している児童および認可外保育施設や保育ママなどの地方単独保育事業を利用しながら待機している児童の数を含んでいたため，比較可能な2002（平成14）年以降を掲載した。
出所：平成14年～平成23年までの「厚生労働省報道発表」における待機児童数の推移を参考に筆者がグラフ化。

ているにもかかわらず，希望する保育所が満員であるなどの理由によって，保育所に入所できない児童のことをいう。

厚生労働省は，毎年4月1日現在の待機児童数を公表している。

重要語解説

待機児童

保育所入所申請をしているにもかかわらず，希望する保育所が満員である等の理由で保育所に入所できない状態にある児童。

その待機児童の数には，保育所に入所申請をしていても，他の保育所なら入所可能にもかかわらず第一希望の保育所への入所を希望して待機している児童，または認可外保育施設や保育ママなどの地方単独保育所を利用しながら待機し

ている児童数は含めていない。

(2) 緊急保育対策等5か年事業

政府は1994（平成6）年12月に「エンゼルプラン」に示された「子育てと仕事の両立支援の推進」の施策の具体化として，「緊急保育対策等5か年事業」を発表した。

①低年齢児保育の促進

②多様な保育サービスの促進

③保育所の多機能化のための整備

④保育料の軽減

⑤子育てを地域ぐるみで支援する体制の整備

⑥母子保健医療体制の充実

これらのことを，5年後（1999〔平成11〕年度末）の目標と定めて実行していく計画だった。

計画は着々と実行され，目標が設定されたすべての項目が増加したが，1999（平成11）年度末の目標を達成することはできなかった。そのため，この計画は，1999（平成11）年12月に発表された「新エンゼルプラン」に引き継がれることになった。「新エンゼルプラン」では，5年後（2004〔平成16〕年度末）の目標を新たに定めた。

(3) 待機児童ゼロ作戦

「緊急保育対策等5か年事業」や「新エンゼルプラン」に沿って保育サービスの充実を図ってきたが，待機児童の問題は解決されなかった。そのため，政府は2001（平成13）年7月に「仕事と子育ての両立支援の方針について」を閣議決定し，その中に「待機児童ゼロ作戦」を盛り込んだ。「待機児童ゼロ作戦」は，親の就労の障害となっている待機児童の解消を目指し，保育所，**保育ママ**，幼稚園による預かり保育などを活用し，2004（平成16）年までの3年間で受入児童数を15万人増大させることを目標とした。

> **重要語解説**
>
> ### 保育ママ
>
> 　自治体の認可を受けて自宅で少人数の3歳未満児の保育を行う者，またはその事業の総称であるが，自治体によって名称や資格要件に違いがある。

　そのために，新設保育所については，学校の空き教室等の既存の公的施設や民間施設を活用して社会福祉法人，企業，NPO等をはじめ民営で行うことを基本とすること，また，民営保育所の整備を促進するため，引き続き会計処理の柔軟化を進めると共に，公有財産の利用等の整備を進めること，そして，保育所の定員の弾力化や設置基準の緩和，保育所・保育施設を併設した各種施設を増やすための支援を行うと共に，地方公共団体は基準を満たした保育所の設置認可を迅速に行うこととした。

　その結果，2004（平成16）年までの3年間で受入児童数は，約15万6,000人増加したが，待機児童数は依然として多く，2万4,245人であった。

　その後も待機児童の解消に向けて，2004（平成16）年12月に策定された「子ども・子育て応援プラン」にもとづき，2005（平成17）年度から2007（平成19）年度までの3年間で集中的に受け入れ児童数の増大を図ると共に児童福祉法を改正した。2006（平成18）年4月1日に待機児童が50人以上いる市区町村は，2006（平成18）年度までに策定した保育の実施の事業等の供給体制の確保に関する計画をもとに，待機児童の計画的な解消を図ることとした。

　こうした結果，待機児童数は2003（平成15）年から4年連続で減少し，2007（平成19）年には1万7,926人まで減少した。

（4）新待機児童ゼロ作戦

　さらに一層の待機児童の解消を進めるために，2007（平成19）年12月に取りまとめられた「子どもと家族を応援する日本」重点戦略をもとに，2008（平成20）年2月に「新待機児童ゼロ作戦」が策定された。

　「新待機児童ゼロ作戦」では，希望するすべての人が子どもを預けて働くこ

とができるためのサービスの受け皿を確保し，待機児童をゼロにすることを目標として掲げ，10年後の数値目標として次の2項目を設定した。

①保育サービス（3歳未満児）の提供割合　38％（現行20％）

　［利用児童数（0〜5歳児）100万人増］

②放課後児童クラブ（小学1年〜3年）の提供割合　60％（現行19％）

　［登録児童数145万人増］

そして具体的な施策として，次の5つの取組みを進めることとした。

①保育サービスの量的拡充と保育の提供手段の多様化

②放課後児童健全育成事業（放課後児童クラブ）の推進

③保育サービス等の計画的整備

④地域や職場の実情に応じた取組みの推進

⑤質の向上等に資する取組みの推進

具体的には，①の保育の提供手段の多様化の一環として，児童福祉法を改正して家庭的保育事業（保育ママ事業）の制度化を図ることや，④の地域の実情に応じた取組みとして認定子ども園の設置の促進を進めるとした。

待機児童の数は2007（平成19）年を底として，2008（平成20）年からは再び増加に転じ，2010（平成22）年には2万7,275人になり，2003（平成15）年の水準まで戻ってしまった。これは新待機児童ゼロ作戦の実行によって，全国の保育所の定員数が2010（平成22）年には215万7,890人と2003（平成15）年の199万295人と比べて16万7,595人増えたことになる。しかしそれにもかかわらず，全国の保育所利用者数が2010（平成22）年は，2003（平成15）年に比べて15万9,523人増えたことによるものである。

また2010（平成22）年と2003（平成15）年とを比較して，待機児童の内容に大きな違いが見られた。待機児童のうち3歳未満児の人数を見ると2003（平成15）年には，1万7,893人であったものが，2010（平成22）年には，2万1,537人で3,644人も増えている。つまり3歳以上の待機児童の数は，保育所の定員数の拡大によって減少したが，保育ニーズの高い3歳未満の待機児童の受入が進んでいないことを示している。

これは2008（平成20）年9月に起こったリーマン・ショックの影響で，雇用環境が急激に悪化し，女性の就業ニーズが高まったことによるものと考えられる。

（5）待機児童解消「先取り」プロジェクト

待機児童数が2010（平成22）年まで3年連続して増加したことから，政府は首相官邸に待機児童ゼロ特命チームを設置し，2010（平成22）年11月に「国と自治体が一体的に取り組む待機児童解消『先取り』プロジェクト」（待機児童解消『先取り』プロジェクト）を取りまとめた。

「待機児童解消『先取り』プロジェクト」では，待機児童の解消に向けた取組みが緊急の課題と認識し，今までの施策で待機児童の解消ができなかった反省をふまえ，2013（平成25）年度から実施予定の「子ども・子育て新システム」のうちすぐに実施が可能な手段を使い，2011（平成23）年度から前倒しで実施するとした。

実施の方法は，待機児童が多く，潜在的な保育需要を先取りしながら待機児童解消に意欲的に取り組む自治体を対象として，その自治体が「待機児童ゼロ計画」を策定する。2011（平成23）年度は，112の自治体で「待機児童ゼロ計画」が採択され，一定の基準を満たした場合に保育所整備の補助率の引き上げ等が実施された。

2011（平成23）年の待機児童数は2万5,556人で，前年に比べて若干減少したが，まだ高い水準にある（2012〔平成24〕年3月30日付厚生労働省報道発表における待機児童数）。

第3節　次世代育成支援

平成に入ってから，政府が取り組んできた子ども支援策にもかかわらず，少子化の流れは進行した。2005（平成17）年には，合計特殊出生率が1.26まで減少した。

このように少子化の進行に歯止めがかからなかったため危機感を高めた政府は，2002（平成14）年9月に策定された「少子化対策プラスワン」を受け，2003（平成15）年3月に少子化対策推進関係閣僚会議において「次世代育成支援に関する当面の取組み方針」を決定した。その推進のために，さまざまな法律が制定された。

（1）次世代育成支援対策推進法
　次世代育成支援は，「家庭や地域の子育て力の低下に対応して，次世代を担う子どもを育成する家庭を社会全体で支援すること」を目的とし，子どもが心身共に健やかに育つための環境を整備することである。その観点から2003（平成15）年7月に地方公共団体および事業主に対して，次世代育支援のための行動計画（10カ年計画）を提出するよう義務付けた「次世代育成支援対策推進法」が制定された。これは，次世代を担う子どものための取り組みを促進するために行動計画をつくり，実施することをねらいとした。

（2）少子化社会対策基本法と少子化社会対策大綱
　次世代育成支援対策と共に少子化に歯止めをかけるための対策も急がれ，2003（平成15）年7月に「少子化社会対策基本法」が制定された。これは，少子化を的確に対処するための法律であった。そして，この法律にもとづき2004（平成16）年6月に「少子化社会対策大綱」が，少子化対策会議を経て閣議決定された。この大綱で少子化の進行は危機的なものと受け止め，「子どもが健康に育つ社会」，「子どもを生み，育てることに喜びを感じることのできる社会」になることを緊急な課題とした。そして少子化の流れを変え，子育て家庭が安心とよろこびをもって子育てにあたることができるように，社会で応援するという基本的な考えに立ったものである。国で取り組むべき重要な「3つの視点」と「4つの重点課題」，「28の具体的な行動」を提示した。
〈3つの視点〉
　①自立への希望と力

②不安と障壁の除去
③子育ての新たな支え合いと連帯——家族のきずなと地域のきずな
〈4つの重点課題〉
①若者の自立とたくましい子どもの育ち
②仕事と家庭の両立支援と働き方の見直し
③生命の大切さ,家庭の役割等についての理解
④子育ての新たな支え合いと連帯

　先に示した少子化社会対策大綱に盛込まれた施策については,その効果的な推進を図るために,2004(平成16)年12月に「少子化社会対策大綱に基づく具体的実施計画について」(子ども・子育て応援プラン)が策定され,2005(平成17)年度から実施された。

(3) 子ども・子育て応援プラン

　子ども・子育て応援プランは,2005(平成17)年度から2009(平成21)年度までの5年間で実施される具体的な施策内容が盛込まれた。「子どもが健康に育つ社会」,「子どもを生み育てることに喜びを感じることのできる社会」へ変えようとしていることが国民へわかるように,おおむね10年後を見据えた「目指すべき社会の姿」を提示している。さらに,若者の自立・教育・働き方の見直し等の幅広いプランとなっている。

(4) 新しい少子化対策

　2005(平成17)年の合計特殊出生率は,1.26と過去最低の超少子化となった。さらなる少子化の進行に対処するよう,少子化対策の抜本的な転換を図るため2006(平成18)年6月に,少子化社会対策会議で「新しい少子化対策」が策定された。特に,家族や地域のきずなの再生や社会全体の意識改革を図るために,①社会全体の意識改革と,②子どもと家族を大切にするという2点を重視した。親が働いているか否かにかかわらず,すべての子育て家庭を支援するというもので,妊娠・出産から高校・大学生期に至るまでの年齢に合った子育て支援策

を掲げた。

（5）子どもと家族を応援する日本重点戦略

　2007（平成19）年12月に少子化社会対策会議において，「子どもと家族を応援する日本」重点戦略がとりまとめられた。この戦略の視点は，就労と出産・子育てのどちらかを選ばざるを得ない状況を解決するために，「働き方の見直しによる仕事と生活の調和（ワーク・ライフ・バランス）の実現」を示した。これは個人が仕事上の責任を果たしながら結婚や育児をはじめとする家族形成の他，地域活動への参加等，個人や多様なライフスタイルの家族がライフステージに応じた希望を実現できるようにすることである。それと共に，その社会基盤となる「包括的な次世代育成支援の枠組みの構築」を，同時並行的に取り組むことが重要であるとした。働き方の見直しによる仕事と生活の調和の実現については，2007（平成19）年12月「仕事と生活の調和（ワーク・ライフ・バランス）憲章」，「仕事と生活の調和推進のための行動指針」が決定された。また，2008（平成20）年2月に希望するすべての人が安心して子どもを預けて働くことができる社会を目指して，保育所などの待機児童を解消することや保育施設の質・量の充実を推進するための「新待機児童ゼロ作戦」を発表した。

（6）子ども・子育てビジョン

　これまでの少子化対策という視点は，「真に子ども・若者のニーズや不安，将来への希望に応える政策」になっていなかった。「子ども・子育てビジョン」では，子どもと子育てを全力で応援することを目的として「子どもが主人公（チルドレンファースト）」という考え方のもと，これまでの「少子化対策」から「子ども・子育て支援」に視点を移した。この「子ども・子育てビジョン」は，2010（平成22）年1月に新たな少子化対策大綱として閣議決定されたものであり，2010（平成22）年度から2014（平成26）年度までの5年間に実施される施策が盛込まれている。社会全体で子育てを支えると共に，「生活と仕事と子育ての調和」を目指している。「子ども・子育て支援」を行っていくために，目指

すべき社会への政策4本柱と12の主要施策は，次の通りである。
 1．子どもの育ちを支え，若者が安心して成長できる社会へ
　①子どもを社会全体で支えると共に，教育機会の確保を
　②意識を持って就業と自立に向かえるように
　③社会生活に必要なことを学ぶ機会を
 2．妊娠，出産，子育ての希望が実現できる社会へ
　④安心して妊娠・出産できるように
　⑤だれもが希望する幼児教育と保育サービスを受けられるように
　⑥子どもの健康と安全を守り，安心して医療にかかれるように
　⑦ひとり親家庭の子どもが困らないように
　⑧特に支援が必要な子どもが健やかに育つように
 3．多様なネットワークで子育て力のある地域社会へ
　⑨子育て支援の拠点やネットワークの充実が図れるように
　⑩子どもが住まいやまちの中で安全・安心にくらせるように
 4．男性も女性も仕事と生活が調和する社会へ（ワーク・ライフ・バランスの実現）
　⑪働き方の見直しを
　⑫仕事と家庭が両立できる職場環境の実現を
 これらの内容にもとづき数値目標を定め，今後5年間を目途として取り組みを進めることにしている。

（7）子ども・子育て新システム

　幼保一体化等を含む，新たな次世代育成支援のための包括的なシステムを構築するために，子ども・子育てシステム検討会議が設置され，2010（平成22）年6月「子ども・子育て新システムの基本制度要綱」が閣議決定された。この中では，「子どもの良質な成育環境を保障し，子どもを大切にする社会」や「出産・子育て・就労の希望がかなう社会」等の目的を示している。また，「子ども・子育てを社会全体で支援する」等の方針も挙げている。この子ども・子

育て新システムでは，次のような内容を実現することが示されている。
- ○政府の推進体制・財源の一元化
- ○社会全体（国・地方・事業主・個人）による費用負担
- ○基礎自治体（市町村）の重視
- ○幼稚園・保育所の一体化
- ○多様な保育サービスの提供
- ○ワーク・ライフ・バランスの実現

第4節　子育て支援施策に対する評価・効果

（1）子ども・子育てビジョンにかかわる点検・評価のための指標調査

　これまでの子ども支援施策は，2010（平成22）年1月29日に閣議決定された「子ども・子育てビジョン」にもとづいて，各種の取組みが行われている。「子ども・子育てビジョン」は，2010（平成22）年から2014（平成26）年までの5年間を目途とした施策で，定期的にその実施状況について点検・評価をすることとした。

　2012（平成24）年3月に内閣府は，「子ども・子育てビジョンに係る点検・評価のための指標調査」を行い，その結果を発表した。この調査は子育てにかかわる各種施策の利用者のみを対象としているのではなく，国民全体の属性の構成比を反映した対象者を想定し，調査をしたものである。

〈目指すべき社会の姿の達成度（図7-3）〉

　子ども・子育てビジョンに示されている目指すべき社会の姿を達成しているかを質問した。この項目については「そう思う」，「ややそう思う」，「どちらともいえない」，「あまりそう思わない」，「そう思わない」から1つを選び回答する方法で行われた。
- ○達成度が相対的に高く評価された項目（「そう思う」，「ややそう思う」の割合）
「子どもの健康と安全を守り，安心して医療にかかれるような社会」

第 7 章　子育て支援施策

			そう思う+ややそう思う	そう思わない+あまりそう思わない
子どもが安心して成長できるの育ちを支え、若者社会	[1]	子どもを社会全体で支えるとともに、教育機会の確保をできる社会	24.5	43.3
	[2]	意欲を持って就業と自立に向かえるようにできる社会	13.9	57.1
	[3]	社会生活に必要なことを学ぶ機会を持てる社会	22.9	41.8
妊娠、出産、子育ての希望が実現できる社会へ	[4]	安心して妊娠・出産できるような社会	20.4	49.0
	[5]	誰もが希望する幼児教育と保育サービスを受けられるような社会	14.3	55.6
	[6]	子どもの健康と安全を守り、安心して医療にかかれるような社会	31.5	35.0
	[7]	ひとり親家庭の子どもが困らないような社会	15.6	50.1
	[8]	特に支援が必要な子どもが健やかに育つことができる社会	15.5	45.9
育て力のある地域社会へ多彩なネットワークで子	[9]	子育て支援の拠点やネットワークの充実が図られるような社会	16.8	41.8
	[10]	子どもが住まいやまちの中で安全・安心にくらせるような社会	21.9	41.0
生活が調和する社会へ男性も女性も仕事と	[11]	働き方の見直しが可能な社会	20.8	48.1
	[12]	仕事と家庭が両立できる職場環境の実現が可能な社会	16.2	51.0

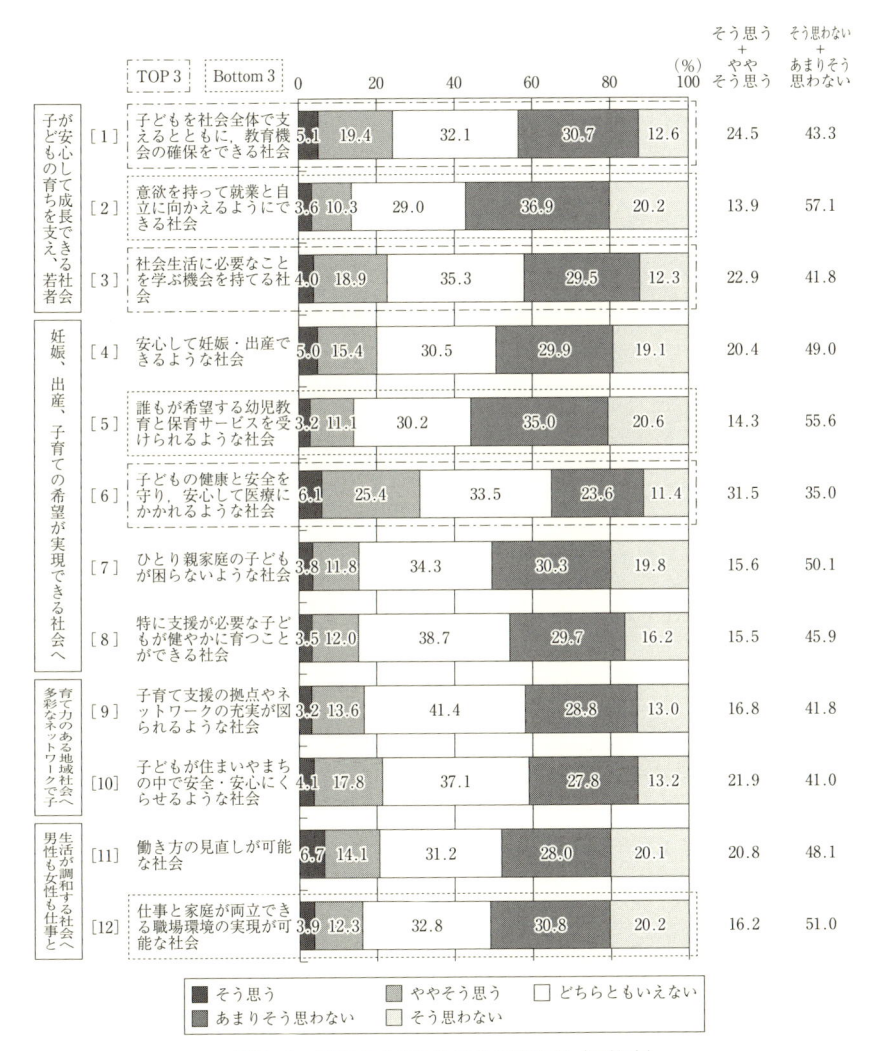

図7-3　目指すべき社会の姿の達成度（回答率）

出所：http://www8.cao.go.jp/shoushi/cyousa/cyousa23/vision/pdf/2-1-1-1.pdf

(31.5%)

「子どもを社会全体で支えるとともに，教育の機会の確保をできる社会」
(24.5%)

「社会生活に必要なことを学ぶ機会を持てる社会」(22.9%)
「子どもが住まいやまちの中で安全・安心にくらせるような社会」(21.9%)
「働き方の見直しが可能な社会」(20.8%)
　○達成度が相対的に低く評価された項目(「あまりそう思わない」,「そう思わない」の割合)
「意欲を持って就業と自立に向かえるようにできる社会」(57.1%)
「誰もが希望する幼児教育と保育サービスを受けられるような社会」(55.6%)
「仕事と家庭が両立できる職場環境の実現が可能な社会」(51.0%)
「ひとり親家庭の子どもが困らないような社会」(50.1%)
「安心して妊娠・出産できるような社会」(49.0%)

〈子ども・子育てビジョンの国の取組みへの評価(図7-4)〉
　この項目については「行っていると思う」,「やや行っていると思う」,「どちらともいえない」,「あまり行っていないと思う」,「行っていないと思う」,「国の取組みを知らないため評価できない」から1つを選び回答する方法で行われた。
　○達成度が相対的に高く評価された項目(「行っていると思う」,「やや行っていると思う」の割合)
「子どもの健康と安全を守る取組」(21.3%)
「子どもの学びを支援する取組」(20.3%)
「放課後対策を充実する取組」(16.5%)
「障害のある子どもに対する支援の取組」(15.9%)
「小児医療体制を確保する取組」(15.1%)
　○達成度が相対的に低く評価された項目(「あまり行っていないと思う」,「行っていないと思う」の割合)
「若者の自立した生活と就労に向けた支援に取組」(57.8%)
「子どもを社会全体で支える取組」(55.6%)
「待機児童の解消や幼児教育と保育の質の向上等を図る取組」(53.8%)

第7章 子育て支援施策

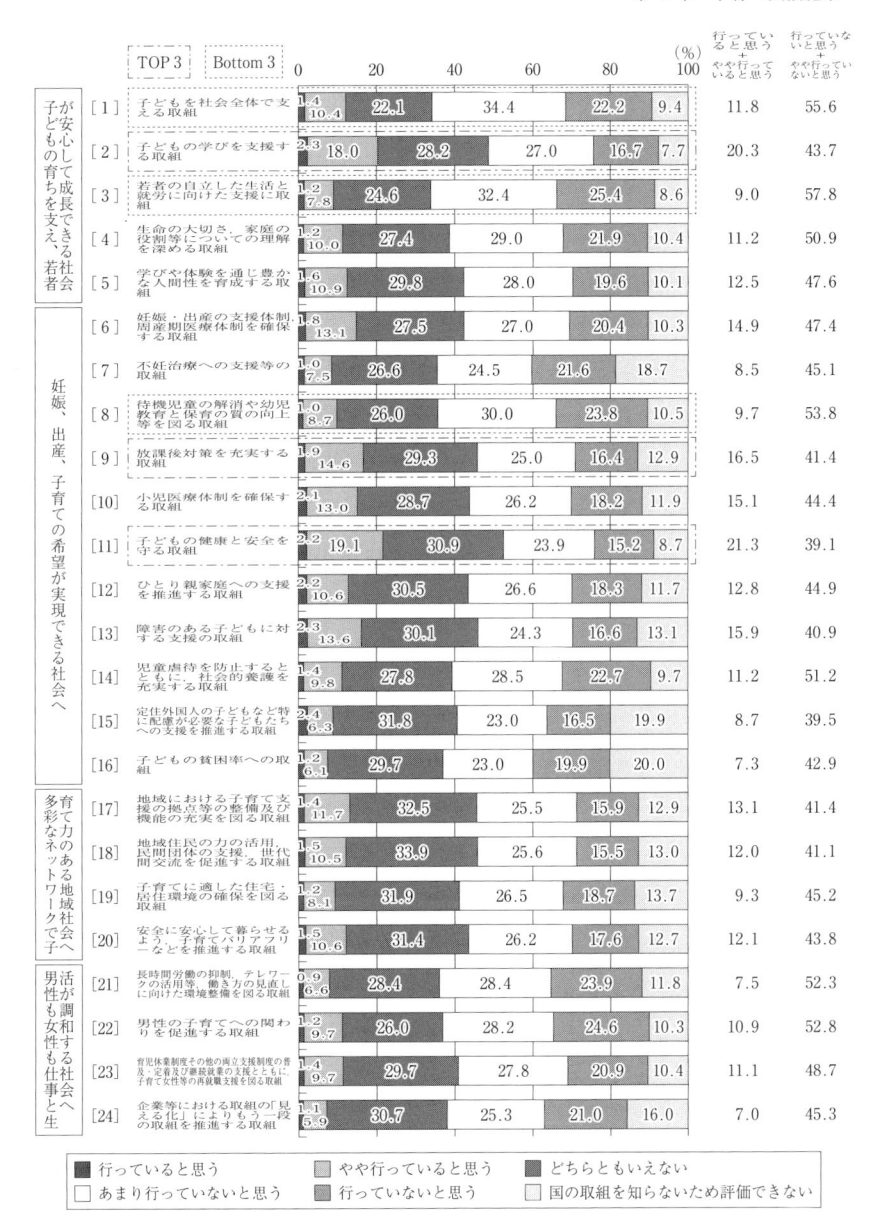

図7-4 子ども・子育てビジョンの国の取組みへの評価
出所：http://www8.cao.go.jp/shoushi/cyousa/cyousa23/vision/pdf/2-1-2-1.pdf

「男性の子育てへのかかわりを促進する取組」(52.8%)
「長時間労働の抑制，テレワークの活用等，働き方の見直しに向けた環境整備を図る取組」(52.3%)

〈子ども・子育てビジョンの取組みに関する要望［国に実現してほしい項目］(図7-5)〉

子ども・子育てビジョンの取組みに関する要望の中で，1番目から5番目に実現してほしい項目を選ぶ方法で行われた。

要望が多かった項目は，次のとおりである。

「若者の自立した生活と就労に向けた支援に取組」(45.6%)
「長時間労働の抑制，テレワークの活用等，働き方の見直しに向けた環境整備を図る取組」(33.5%)
「生命の大切さ，家庭の役割等についての理解を深める取組」(32.8%)
「子どもを社会全体で支える取組」(29.9%)
「子どもの学びを支援する取組」(29.7%)

〈子ども・子育てビジョンの取組みに関する要望［国の取組みとして不十分だと考える項目］(図7-6)〉

子ども・子育てビジョンの取組みに関する要望の中で，1番目から5番目に不十分だと考える項目を選ぶ方法で行われた。

「若者の自立した生活と就労に向けた支援に取組」(37.6%)
「長時間労働の抑制，テレワークの活用等，働き方の見直しに向けた環境整備を図る取組」(32.8%)
「育児休業制度・その他の両立支援制度の普及・定着および継続就業の支援と共に，子育て女性等の再就職を図る取組」(29.9%)
「児童虐待を防止すると共に，社会的養護を充実する取組」(28.8%)
「待機児童の解消や幼児教育と保育の質の向上等を図る取組」(26.0%)

第 7 章　子育て支援施策

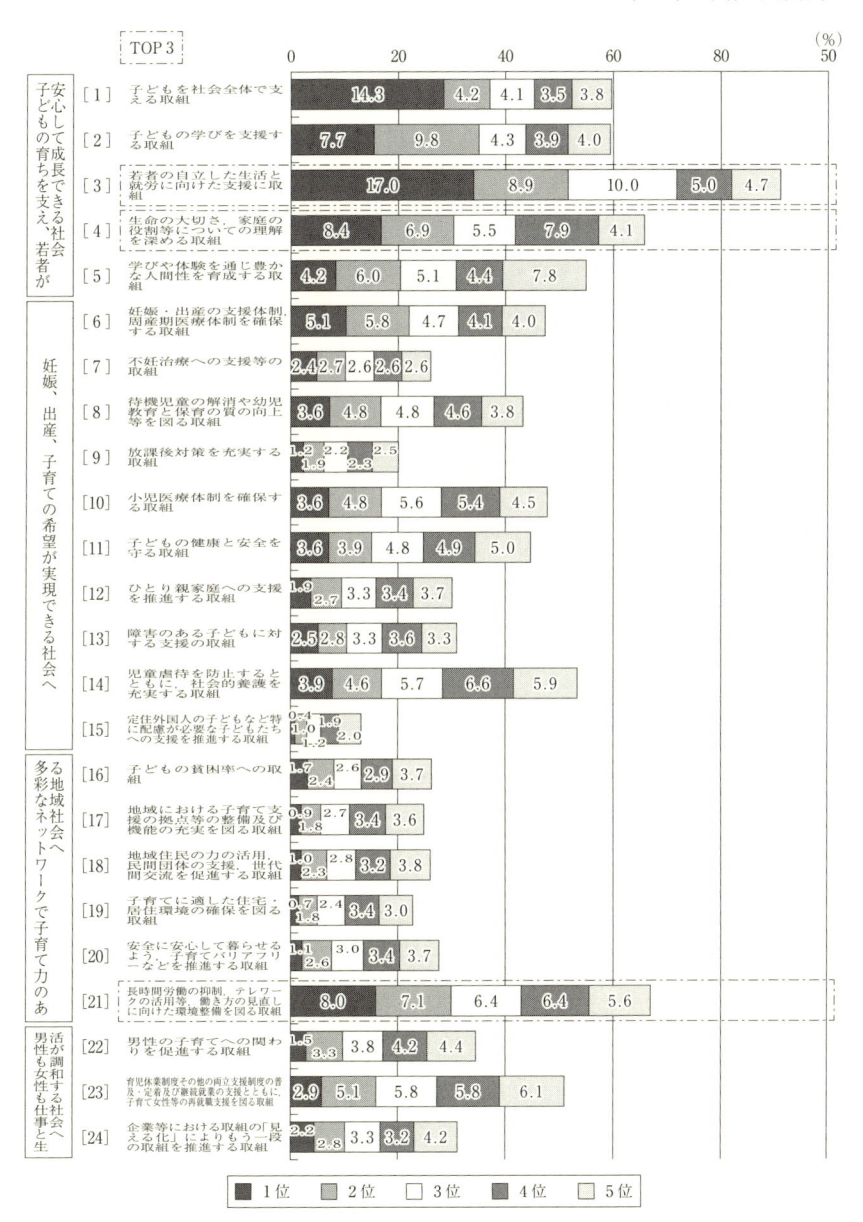

図 7-5　子ども・子育てビジョンの取組みに関する要望【国に実現してほしい項目】
出所：http://www8.cao.go.jp/shoushi/cyousa/cyousa23/vision/pdf/2-1-3-1.pdf

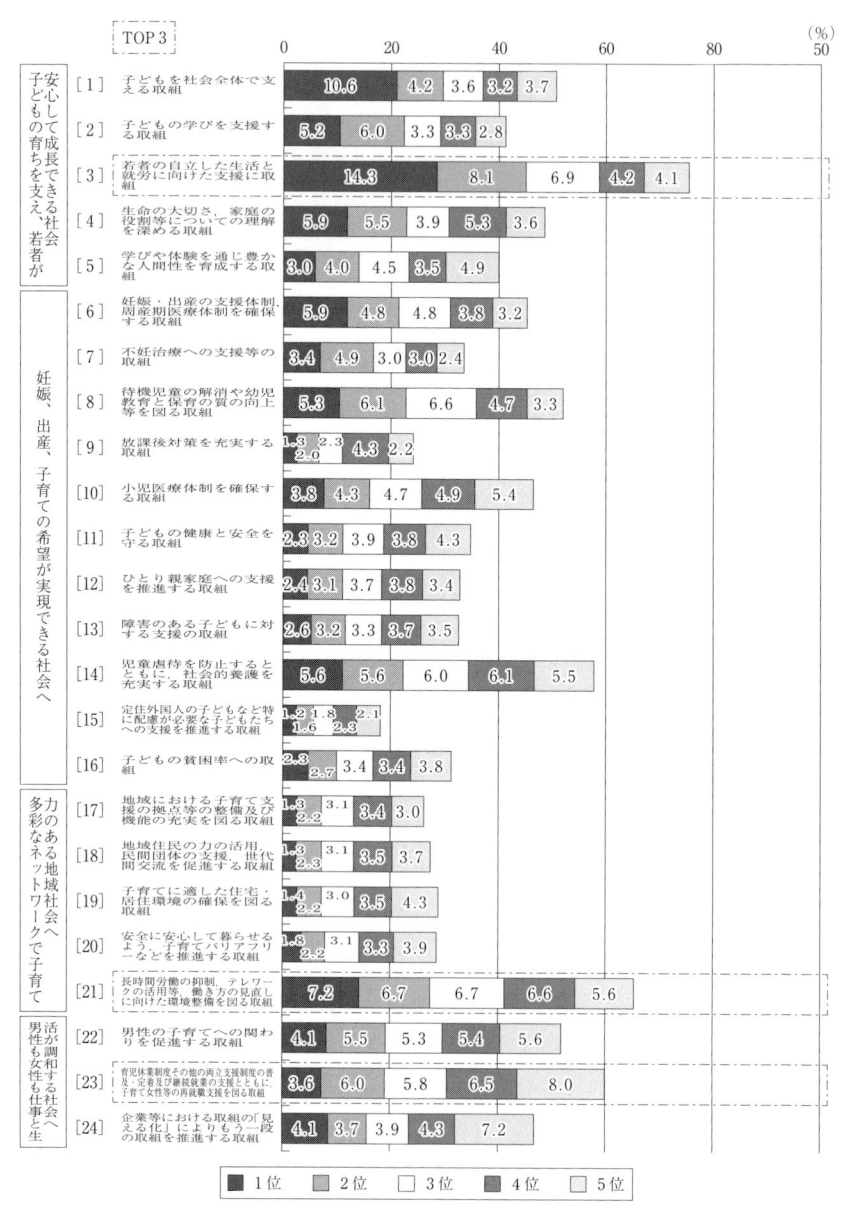

図7-6 子ども・子育てビジョンの取組みに関する要望【国の取組みとして不十分だと考える項目】

出所：http://www8.cao.go.jp/shoushi/cyousa/cyousa23/vision/pdf/2-1-4-1.pdf

第5節　子育て支援施策の課題

　政府はこれまでいろいろな子育て支援策を実施してきたが，現実の子育てをめぐる環境は厳しい状況である。非正規労働者の増加などの雇用環境の変化，核家族化や地域社会のつながりの希薄化による家庭や地域の子育て力・教育力の低下により，若者が雇用などの将来の生活に不安を抱き，結婚や出産に関する希望の実現をあきらめ，子育て当事者が悩みを抱えながら苦労している。
　このような状況をふまえ，親が子育ての充実感を得られ，仕事と子育て・家庭の両立が図れるように，子ども・子育て支援を質量共に充実させることによって，家庭を築き，子どもを生み育てるという希望がかなえられる社会の実現が求められる。
　そのためには，子育てについての第一義的な責任が親にあることを前提としつつ，かつては家族や地域が担っていた子育てに関する支え合いの機能や，企業による日本型の生活保障が低下していることをふまえ，こうした子ども・子育てを支える機能として，「子ども・子育て新システム」を取りまとめた。
　「子ども・子育て新システム」は，「すべての子どもへの良質な成育環境を保障し，子ども・子育て家庭を社会全体で支援」すること，および「新たな一元的システムを構築」することを目指したもので，2012（平成24）年8月に「子ども・子育て新システム」のために政府は，「子ども・子育て関連3法」を成立させた。この3法は，成立したものの2013（平成25）年4月現在未施行である。
　「子ども・子育て関連3法」のひとつが「認定こども園法」の改正である。これは，幼保一体化を推し進め，新たに「学校および児童福祉施設としての法的位置付けを持つ単一の施設」として「幼保連携型認定こども園」を規定した。従来の幼保連携型の認定こども園では，幼稚園については学校教育法にもとづく認可が必要で，保育所については児童福祉法にもとづく認可が必要であったものが，今回の改正により，改正認定こども園法にもとづく単一の認可でよくなった。それにともない，指導監督も一本化され，財政措置も「施設型給付」

として，一本化された。また「幼保連携型認定こども園」の職員は，幼稚園教諭の免許状と保育士資格を併せ持つことが原則で**「保育教諭」**と呼ばれる。

重要語解説

保育教諭

　認定こども園は，①「幼保連携型」・②「幼稚園型」・③「保育所型」・④「地方裁量型」に類型されていた。しかし，2012（平成24）年8月の『認定こども園法』の改正により，①の「幼保連携型」については，「幼保連携型認定こども園」として，単一の認可となり指導監督も一本化された。改正前は，幼稚園は学校教育法にもとづく認可であり，保育所は児童福祉法にもとづく認可であった。指導監督も，幼稚園・保育所それぞれの法体系にもとづくものであった。この改正にともない，「幼保連携型認定こども園」の配置職員として，幼稚園教諭の免許状と保育士資格の両方を取得していることを原則とした，「保育教諭」を必ず置くことになった。

　そして「子ども・子育て関連3法」のもうひとつが「子ども・子育て支援法」の制定である。「子ども・子育て支援法」では，子ども・子育て支援給付の内容や地域の子ども・子育て支援事業を規定すると共に，国には基本方針の策定を，地方自治体に子ども・子育て支援事業計画の策定を義務づけた。また子ども・子育て会議を設置して，多方面のステークホルダーが子育て支援の政策プロセスに参画・関与することができる機会を設けた。

コラム

地域で子育て

　「社会で子育て，地域で子育て」と，よく耳にする。社会福祉協議会で主催している「子育てサロン」の相談員として，子育て中の母親の話に耳を傾けている時の話である。
　「この間，子どもをバギーに乗せて買い物に行く途中，近所のおばあさんが子どもを見て『あら，靴下をはかせていないの。寒いからはかせたほうがいいよ』と言われ，頭にきちゃった。だから，『うるさいな，私の子どもだから私の好きなようにしていいじゃない』とそのおばあさんに向かって言ってやった」とのこと。母親は，自分が非難されたのだと思ったのかもしれないが，どうであれ人の言葉はいったん受け入れることが大切である。「地域で子育て」と言われても，このような状況ではまわりの人は何も言わなくなってしまうのではないだろうか。

第**7**章　子育て支援施策

【演習課題】
1　さまざまな子育て支援策があることがわかった。実際には，その施策の効果があるものや，なかなか進まないものもある。
　そこで国の施策にとらわれずに，グループで「夢の子育て支援策」を考え，ポスターにして内容を発表してみよう。「夢」がキーワードだから，大胆な施策を考えてみよう。
2　自分の地域では，どのような「子育て支援」が行われているのか，市町村役場に行って調べてみよう。また，親子を主体とした子育て支援の場に参加させてもらい，実際の現場を体験してみよう。

〈参考文献・参考資料〉
松本園子・永田陽子・福川須美・堀口美智子『実践 家庭支援論』ななみ書房，2011年。
松本峰雄編『子どもの養護——社会的養護の原理と内容』建帛社，2011年。
新保育士養成講座編集委員会編『家庭支援論——家庭支援と保育相談支援』全国社会福祉協議会，2011年。
内閣府編『平成16年版　少子化社会白書』ぎょうせい，2004年。
内閣府編『平成17年版　少子化社会白書』ぎょうせい，2005年。
内閣府編『平成18年版　少子化社会白書』ぎょうせい，2006年。
内閣府編『平成19年版　少子化社会白書』日経印刷，2007年。
内閣府編『平成20年版　少子化社会白書』佐伯印刷，2008年。
内閣府編『平成21年版　少子化社会白書』佐伯印刷，2009年。
内閣府編『平成22年版　子ども・子育て白書』佐伯印刷，2010年。
内閣府編『平成23年版　子ども・子育て白書』勝見印刷，2011年。
厚生労働省報道資料「立法と調査」第333号，2012（平成24）年10月5日，参議院事務局企画調整室。

〈理解を深めるための本・ビデオ〉
汐見稔幸編『世界に学ぼう！　子育て支援』フレーベル館，2003年。
　——デンマーク，スウェーデン，フランス，ニュージーランド，カナダ，アメリカにおける子育てに関する施策と支援の実態が具体的に書かれている。文化は異なっても子育てへの社会的サポートが社会の課題になっている点では共通している。子どもの育ち，育児に関する支援を考える上で，参考になる本である。
垣内国光・櫻谷真理子編『子育て支援の現在』ミネルヴァ書房，2003年。
　——子育て支援がなぜ必要なのかを，筆者らの調査を基に解き明かしており，現状を認識すると共に，より具体的に何が必要なのかが理解できる本である。
NPO法人彩の子ネットワーク『お母さんの声に耳をすませて——みんなで子育て』。〈ビデオ〉

——彩の子ネットワークが主催をしている「子育てサロン」の様子が収録されている。子育ての悩みを涙ながらに語るお母さんの心の叫び，夫として，お父さんとしての子育て参加，地域の子育て先輩世代の考え等々，子育ての実際を知ることができるビデオである。

（藤　京子）

第8章
保育所の子育て支援機能

―学習のポイント―
　保育所は地域にある児童福祉施設である。また，最も身近で，なおかつ保育の専門家が複数いる通所施設である。近年，保育所には，通ってくる子どもと保護者たちだけでなく，地域で生活している親子への支援も求められている。なぜなら，保育士が持つ高い専門性を地域社会に還元していくことが必要とされているからである。本章では，保育所がどのように地域と連携をしながら子育て支援を行っているか，また保育士が専門性を活かしながら実践している支援の実際について学びを深めていくこととする。

第1節　保育所における子育て支援機能

　1989（昭和64）年の「1.57ショック（合計特殊出生率が，1966〔昭和41〕年の丙午に記録した1.58を初めて下回った年）」以降，急速な少子化の流れと社会福祉に対する考え方の変化にともない，保育所の役割は大きく変化してきている。これまでの社会福祉に対する考え方は，「最低生活保障としての補完的でかつ代替的な従来の福祉（ウェルフェア）」に主眼を置いていたが，1990年代以降「個人の権利や主体性，自己実現を保障し，人間としてより豊かに生きることの支援（ウェルビーイング）」を目指す福祉観へと変化してきた。1994（平成6）年に策定された「今後の子育て支援施策の基本的方向について（通称エンゼルプラン）」とその具体策を定めた「緊急保育対策等5カ年事業計画」を皮切りに，「少子社会対策推進法」，「新エンゼルプラン」と続き，その後も新たな法律や

施策の基盤整備が続いている。この時流は，現在においても，必要性から継続されており，2010（平成22）年の「子ども・子育てビジョン」，「子ども・子育て新システムの基本制度案要綱」へと発展し，積極的に施策が展開されてきている。

　当初は，少子化対策に主眼が置かれていた子育て支援施策の推進であったが，福祉観の変化と共に，「子どもを産み育てやすい社会」を目指し，「社会による子育て」の必要性が認識され，「利用者中心の子育て支援」を重視する施策の方向性や保育実践へと流れが傾きつつある。このような流れの中で保育所に求められる役割も変化してきた。

　その中で，2001（平成13）年の児童福祉法の改正により，保育士が国家資格化された。児童福祉法で保育士とは，「専門的知識及び技術をもつて，児童の保育及び児童の保護者に対する保育に関する指導を行うことを業とする者」と規定されており，保育のみならず保護者に対しても「保育に関する指導」を行うことが位置づけられた。また，その後，保育所における保育の基本的あり方を示す「保育所保育指針」の中で，子育て支援にかかわる保育所の役割が明記されるようになった。これにともない，全国保育士会は，2003（平成15）年11月に「全国保育士会倫理要領」を公表し，保育所の役割として「地域の子育て支援」に着目した文言を示している。倫理綱領では，「私たちは，地域の人々や関係機関とともに子育てを支援し，そのネットワークにより，地域で子どもを育てる環境づくりに努めます」と明示しており，保育士は地域における子育て環境づくりに貢献する必要性と責務があることを宣言している。また，2008（平成20）年に告示された「保育所保育指針」では，「保育所は，入所する子どもを保育するとともに，家庭や地域の様々な社会資源との連携を図りながら，入所する子どもの保護者に対する支援及び地域の子育て家庭に対する支援等を行う役割を担うものである」ことが示されている。

　これらの点から，現代の保育所は，①保育所に在籍する子どもとその保護者に対する保育支援（相談支援を含む）と，②在宅で子育てをしている地域の親子に対する保育支援（相談支援を含む）の2つの領域を活動範囲とした保育支援活

動が求められていると言えよう。また，従来からの保育所の主要な機能である①に示した機能に加え，地域社会における保育活動を担う機能を持つことが要請され，保育所は地域における子どもの保育のみならず，親に対する子育て支援を推進して行くための中心的な役割を果たすという重大な役割を担うことが求められるようになっている。

第2節　子どもとその保護者に対する支援

　従来の保育所における保育サービスは，親が働いている，あるいは介護や病気・ケガなど，何らかの理由により養育ができないか，充分な養育ができにくい状態にあるといった，いわゆる**「保育に欠ける」**家庭を対象としており，保護者の代替として支援するためのものであった。したがって，児童福祉法第39条第1項において，「保育所は，日日保護者の委託を受けて，保育に欠けるその乳児又は幼児を保育することを目的とする施設」と規定し，保育所の役割や保育活動の必要性を示唆している。しかし，都市化や核家族化が進み，あるいは人間関係が希薄化する中で，子育ての知識や技術が継承されにくくなったことから，保護者の子育てに対する悩みや不安を抱えた家庭の増加，働き方の変化，子育て環境の多様化といった現実に対応するために，さまざまな保育サービスを提供する必要性が生じてきた。保育所に在籍している子どもとその保護者に対しても，通常保育のみならず，延長保育事業，病児・病後児保育事業，休日・夜間保育事業等さまざまな保育事業を展開している。これらの特別保育は第9章にて取り扱うこととし，本章では，通常保育事業（基本的には11時間開所）の中で展開されるものを中心に論じる。

重要語解説

「保育に欠ける」家庭

　「保育に欠ける」とは保育所への入所条件に示されている言葉である。児童福祉法第39条には「保育所は日日保護者の委託を受けて，保育に欠けるその乳幼児又は幼児を保育することを目的とする施設とする。②保育所は前項の規定にかかわらず，特に

> 必要があるときは，日日保護者の委託を受けて，保育に欠けるその他の児童を保育することができる」と定められている。この「保育に欠ける」という状態について，児童福祉法施行令第27条には次のように例示されており，いずれかの要件を満たした時に保育所への入所が可能とされている。
> 　①昼間労働することを常態としていること
> 　②妊娠中であるか又は出産後間がないこと
> 　③疾病にかかり，若しくは負傷し，又は精神的若しくは身体に障害を有していること
> 　④同居の親族を常時介護していること
> 　⑤震災・風水害・火災その他の災害の復旧に当たっていること
> 　⑥全各号に類する常態であること
> のいずれかに該当し，かつ同居の親族などがその子供の保育が出来ない場合。

（1）子どもに対する保育を通じての支援

　保護者の就労時間の多様化や就業時間の長期化，通勤時間に要する時間の長さなどにより，保育所の通常保育の開所時間をフルに活用している家庭は少なくない。子どもたちは，一日の活動時間のほとんどを保育所で過ごすこととなる。保育場面で子どもの育ちを支えることが重要な要素であることは言うまでもない。保育所保育指針において，保育とは「環境を通して養護と教育を一体的に行う」ものであると明記されていることからもわかるように，子どもの保育所での生活は，家庭と同等，あるいはそれ以上に豊かなものでなければならない。子育て支援においては，ともすると保護者の子育てを支援することに焦点が当てられ「子育て支援＝保護者支援」といったイメージが持たれる場合が多い。

　しかし，保育所の長時間利用や休日利用を余儀なくされているのは子どもであることを考えてみれば，保育所の保育の主体者は子どもであることを忘れてはいけない。

　子育て支援の活動には，親を支援し，子育ての負担や苦痛を軽減し，子どもの生活の質や人格形成の基礎となる学習環境の悪化を避けるなどの意図が含まれており，保護者や保育所の状況や事情によっては他の児童福祉施設と連携し

ながら支援を行うことも含まれている。

　このことは相談支援の実践においても同様であり，保護者の生活にかかわるさまざまな事情が優先された子育て支援が行われることがあってはならない。

　そのためには，保育所の保育士は子どもの心身の健康や置かれている環境に常に目配りをし，保護者や家庭の支援を行う必要がある。また，保護者の支援を行うことは，子どもの養育から生じる親の負担感や生活苦などの問題の解決や緩和するといった意図を持って遂行していくことが求められている。しかし，子育て支援の活動は，子どもにとって大切な居場所を提供することであり，生きるエネルギーや心を育てる機能や役割を持つ親や家庭の養育環境の改善を目指していることを忘れてはならない。

　2008（平成20）年の保育所保育指針の改定では，保育の基本的な考え方，子どもや保護者への向き合い方の基本に家族支援という視点が位置づけられている。家族援助，あるいは支援という視点に立った保育実践は未だに確立されているとは言い難い状況にあり，保育所や保育関係者は今後の課題として，家庭支援に可能な限り力を注いでいく必要がある。

重要語解説

子どもの生活の質

　「生活の質」とはQOL（Quality of Life）の日本語訳である。子どもは児童福祉法や児童憲章などに示されているように，大人に保護された環境の下で成長していく存在である。最近の経済格差の広がりにともない相対的貧困率や子どもの貧困率などの指標が示され，国際的な比較が行われるようになったが，国内でも貧困を理由として教育を受けることにも格差が生じ，子どもの生活の質の確保にも影響が見られ始めている。

　子どもがどのように成長していくのかは子ども自身の発達年齢や能力，親や大人との関係，子どもの属する社会集団などとの関係などによって大きく異なると言われる。子どもの生活の質を考える時に大切なことは，今現在の生活について，子ども自身が「どのように受け止めているか」ということである。まったく同様な環境で，同様な体験をしても，子どもによって受け止め方はさまざまであり，中には大人側から嫌われないようにするために「良い子」を演じてしまう子どももいる。親や大人が子どもの一面を見て，子どもの生活の質を決めることは避けなくてはいけない。

（2）子ども・保護者への相談支援

　保育所において相談支援の活動を実践していくためには，子どもの相談を丁寧に受け止めて，相応の時間をかけて解決・緩和する方向に向けて支援を行うことが必要である。

　保育所で保育士が相談支援を行う対象者は，通常，親であることが多い。しかし，保育士が最も気配りをしなくてはならないのは，通所してくる子どもの一人ひとりであることを忘れてはならないことである。この重要さは前節でもふれたが，保育士は，子どもが「先生，あのね，あのね」，「先生，聞いて聞いて」などと，彼らが小さな身体の中で思い悩み，苦しんでいることを懸命に伝えようとする時に，彼らの心身を丸ごと受け止め，あるいは，負担となっている気持ちを吐き出させて，気持ちや身体の負担を軽減させることが必要である。たとえ，その悩みや問題が，大人から見ると，ささやかな問題であったとしても，保育士がかかわりを避けたり，問題を後回しにしたりすることは，目の前の子どもが抱える問題と向き合わないことであり，子どもたちからの信頼を失うことになりかねない。子どもの抱える悩みや苦しみ，あるいは心配ごとと，保護者からの相談内容は，直線的あるいは間接的に関連性があることが多く，相談支援を進めていくためには，保護者からの悩みや不安，心配ごとなどを傾聴することは重要な活動となる。

　子どもの送迎時などに，保育士が保護者から相談を受ける姿を見かけることは日常茶飯事である。送迎時というわずかな時間で行う保護者とのかかわりの時が，保育士に与えられ相談支援の知識や技術を活用できる貴重な時間であり，30分や1時間以上にわたって相談に応じるケースは年間に数えるほどである。相談内容はさまざまで，食事や睡眠，発達，子どもとのかかわりやしつけなどの，子育て生活全般に関すること，あるいは家族員や家庭に関することが比較的多い。保育士は，時には，自分より年上の保護者の個人的な悩みや不安の相談に応じなければならないこともある。保育士が相談を持ちかけられた時には，たとえ保護者が抱える問題の内容や質，方向性がどのようなものであったとしても，向き合ったり，寄り添ったりする中で，必要に応じて自分自身が持つ価

値観や，保育観をかえりみる必要性に迫られる。

　それゆえ，保護者から相談を受ける際には，保育の専門家としての知識や技術はもちろんのことではあるが，支援者としての視点やスタンス，人生観，社会観などを併せ持つことが求められる。それでは，保育士は子どもや保護者から，支援者として，いかなる役割や具体的な支援を求められているのであろうか。この項では，保育所で遂行される相談支援を実践する際に求められる基本的な視点や特徴について検討してみる。

1）子どもから始まる

　子育てに関する相談は，まずは「子どものこと」から始まる。具体的には，「おむつがとれない」，「なかなか眠らない」，「偏食がひどい」，というような日常の子育てに関することから始まる。保護者は，子どものことに関する悩みであれば，保護者自身の個人的な悩みよりも語りやすく，相談しやすい。

　子どもに関する具体的な子育ての方法について助言を求め，相談をするうちに，保育士と保護者との間に信頼関係が育まれ，保護者は徐々に自分自身の問題や家族の問題など，より個人的な問題についても相談するプロセスを辿ることが多い。「この保育士なら自分自身の問題についても相談して大丈夫だ，受け止めてもらえる」といった安心感を持てるようになるにしたがって，相談内容が家庭内の込み入った内容まで，発展していく場合もある。

　保育士は，子どもの保育所への送迎時に日常的に顔を合わせる身近な専門家であり，信頼できる子育ての支援者としての役割を担っている。また，保護者にとって，気軽に子どものことや家庭のことについて相談できるのも保育士であり，病院や保健所，あるいは児童相談所などの専門機関に相談に出向くために時間を割かなくとも，保育士との日常のかかわりの中で解決・緩和できる悩みや問題は少なくない。したがって，日々の保育士との会話や相談で用が足りることも多い。保護者は，日常的に保育士から，悩みや愚痴を聞いてもらえることで，自分が抱えている悩みや問題と対峙でき，深刻な悩みへと発展しないで解決・緩和へと向かうことが期待できる。保護者にとって保育士は，気軽に雑談をし，気分転換のはかれる専門家であり，保育所は最も身近な相談場所で

ある。そのため，いつでも相談できる環境をつくっていくことが大切である。

2）家族員や家庭の状況を視野に入れた相談支援

相談支援の展開は，インテーク（クライエントとの出会いと情報収集）から始まるが，保育所での相談の場合，インテークの段階で母親，父親，きょうだいなどの家族の状況が把握できていることが少なくない。保育所では，入所の際に家族状況を可能な限り把握し，子どもを取り巻く家族員や家庭の状況についてある程度理解している。そのために，問題となっている子どもについて相談支援を遂行する際には，家庭や家族員の抱える状況を念頭に置きながら，対象となる子どもの問題に着目した考察を行うことが可能である。この家族員や家庭の状況の把握は，子どもや保護者の相談支援を行う上では重要な過程である。なぜなら，保育所での活動の中で子どもが発達や成長をするためには，家族員や家庭との連携が重要要素となるからである。また，家族員や家庭の状況が子どもの日常や心身の健康に影響を及ぼすことから，保育所・保育士は，保護者や家庭と密接なかかわりを持ち，ある程度の状況を把握しておくことが必要不可欠である。

3）子どもも保護者も知っている

保育所で行われる相談支援の特徴は相談を受ける立場の保育士が，子どものことや保護者・家庭の様子を詳細に知っているという背景がある。このことは保護者の話から子どもの姿を思い浮かべるのではなく，保育を通して子ども自身や保護者の様子を知ることができ，それは，相談活動を進める上で大きな強みとなる。

一般的に，相談支援の場面で語られる保護者の話は，保護者自身の経験や理解にもとづいており，事実とは異なる内容がしばしば含まれていることがある。

保育所などで保護者から保育士が相談を受ける際には，子ども自身の姿を保育場面を通して見ていることから，保護者の子どもに関する理解の「ズレ」を見つけやすくなる。幼稚園や小学校などの先生も同様であろうが，保育を通して日常的に子どもとかかわっている保育士ならではの強みであると言えよう。

しかし，こうした点は，同時に支援者として注意しなければならない内容を

含んでいる。保育士自身の見方が絶対ではないということである。なぜなら，保育士が知らない子どもの家庭での姿を，一番良く知っているのは他ならぬ親や家族員であり，彼らから見た子どもの実態や心情は保育の場面で保育士自身が理解している子どもの姿とは異なることも十分にあり得る。子どもは多様な姿を見せることがあり，保育士は保護者からの相談を受けながら，対象となる子どもの保育場面とは違う実態や心情についての理解を深めていくことが可能となる。こうした情報を教えてくれるのは，相談者としての保護者ということを忘れてはならない。

(3) 他機関へとつなげる支援

親にとって身近な相談ができる場所は保育所である。しかし，相談内容によっては保育所だけの相談で十分ではない事態が生じる場合がある。たとえば，虐待が疑われる内容の相談や子どもの発達にかかわる相談，家庭の経済状況に関する相談等については保育所内での相談だけでは不十分である。その際に，心しておかないといけないことは，無理をして保育所や保育士の力だけで支援したり，悩みや問題を解決・緩和したりしようとしないことである。だれしも能力や知識，技術などには，おのずと限界がある。保育士が自分自身，あるいは所属する保育所の役割の限界を自覚できているか否かは大切なことである。

そのために，保護者から相談を受け，保育所・保育士の能力や知識，技術だけでは対応しきれないと判断した場合には，相談者の必要とする知識や技術，あるいは対応能力のある人材や他の機関を紹介することが大切である。これらの対応を適切に展開することができるようにするためには，保育所・保育士自身が普段から，地域で活動している専門能力の高い人材や子どもを支援するために必要な能力や技術を有する人材が所属する社会資源と常に情報交換や交流を行い，子どもや家庭を支援するために必要なネットワークを築いておくことが重要である。すなわち親からの相談内容に応じることができるのは，どの機関（施設）であるのかを判断し，その情報を提供することも保育士の重要な役割のひとつである。また，さまざまな事態に対応できるチームアプローチが可

能なシステムを，意識してつくりあげておくことも重要なことである。
　特に，近年，高齢者介護の領域や精神保健領域ではチームアプローチを用いた実践が一般的となっており，今後，家庭支援においても親（必要に応じて子どもも含む）を含めた形態でのチームアプローチの実践が不可欠な状況になりつつある。
　そのためには，保護者の同意や参加が必要となる。保護者と保育所・保育士に柔軟な信頼関係が形成されていないと，必要な時に保護者の同意を得ることがむずかしくなることもある。そうした点にも配慮が必要である。

事　例

「療育センターってどんなところ」（けんじ君，3歳男児の母）

　けんじ君（仮名）は，大柄で力が強く，よく動くが運動はあまり得意ではない男の子である。自分のやりたいことは是が非でもやろうとするところがあり，そのことでトラブルが絶えなかった。
　けんじ君が0歳児から入所した保育所の保育士は，彼のことを気にしながら保育をしていた。けんじ君は，言葉はややゆっくりめではあるが成長してきており，理解力も決して低くはない。しかし，彼は気性が激しく，何か気にさわることがあると大泣きして部屋から飛び出していこうとする姿がしばしば見られた。また，3歳児クラスになっても，友だちのおもちゃを力ずくでとってしまったり，気に入らないことがあると近くの友だちを叩いたり噛んだりする姿が時折見られた。保育士に注意されると，いけないことをしたことはわかるのだが，なかなかやめられず，同じことを繰り返してしまう傾向がある。けんじ君は，力が強いこともあり，保育士は他児にけがをさせることがないようにいつもハラハラしている状態だった。
　けんじ君のお母さんは，さばさばした性格で，自分の思ったことはすぐ口にすることが多い人だった。そのために他の保護者との間でトラブルになってしまうことも見られた。
　お母さんは，けんじ君のことをとてもかわいがっており，けんじ君のことを考え，いけないことははっきりとダメだと伝えるように努力していた。ところが，お母さんはけんじ君に対して大きな声で叱ることが多く，「話してきかせる」という叱り方ではなかった。また，けんじ君がやりたいことをやりたいようにさせることで落ち着かせようとする姿勢が時折見られ，そのやり方に反感を持ったまわりのお母さんたちから陰口を叩かれることも日常的にあった。
　また，頼みのお父さんは仕事が忙しく，ほとんど保育所には顔を出せないことから，

けんじ君の子育てはお母さん任せであった。

そのような折，以前けんじ君のお姉ちゃんの担任をしたこともあるベテランの佐藤先生（仮名）が3歳児の担任になった。それまでにもけんじ君の保育所での姿について話をしてきたが，お母さんからは「そのうちわかるようになるから，大丈夫」という返事が返ってくるばかりで，なかなか話を深めることができずにいた。

ある日，けんじ君が，保育所のすべり台で，階段をのぼっている友だちを押して先にすべろうとし，押された友だちが階段から落ちてしまうという出来事が起きた。さいわい，落ちた友だちは大きなけがもなく大事には至らなかった。しかし，このことをきっかけに，佐藤先生はお母さんにけんじ君のことについてもっと真剣に考えてもらおうと思い，取り組むことにした。

佐藤先生は保育所でけんじ君に十分に目をかけているつもりでいる。しかし，今回のすべり台のことのように防ぎきれない場合も出てきたことに対して，まずはお母さんに謝った。佐藤先生から謝られたことでお母さんは「佐藤先生が悪いわけじゃないのに……」と驚いたようであった。また，そこまでけんじ君のことを真剣に考えてくれていることについて，うれしくも思った様子がうかがえた。それから，今まで話してくれなかった，けんじ君の家庭での様子について，いろいろと話してくれるようになった。その中で，家庭では大好きな電車のビデオを見ていることが多いこと，家にいる時はほとんどテレビの前にいること，お母さんがけんじ君と妹の2人を連れて外出すると毎回けんじ君が迷子になること，それが大変で家でビデオを見させて留守番させることなどがわかってきた。お母さんは，「けんじのことは，気にはしているが仕方ない，もうあきらめている」という言葉を口にした。これらのやりとりの中で，佐藤先生は思い切って近隣にある療育センターに一度相談に行ってみたらどうかと提案した。するとお母さんから，「療育センターってどんなところなのですか。ホームページで見たけれど，いまひとつどんなところかわからなくて……」と小さな声で質問が返ってきた。

その言葉を聞いた佐藤先生はお母さんがすでに療育センターのことについて調べていたことに驚きつつ，これまでお母さんなりにけんじ君のことを心配していたことがうかがえた。佐藤先生は，今までの相談では母親が心配している感情を表に出すことができなかったのだということがわかり，とても切なくなり，申し訳ない気持ちになった。また，療育センターでどのような療育が行われるのか，自分自身も具体的に知らないことについても反省した。

その後，佐藤先生は療育センターに問い合わせをして，けんじ君とお母さんは療育センターを見学した。その上で，けんじ君のお母さんにどのような療育が受けられるのかを説明し，けんじ君のためには通った方がよいのではないかと，センターの利用を促した。

1か月後，けんじ君は，お母さんが療育センターの機能や役割を理解したこともあ

> り，週1回の療育を受けるようになった。療育センターに通った次の日は，センターでどのようなことをやったか，けんじ君のお母さんから佐藤先生に必ず報告が行われている。佐藤先生は自分が見学に行った時の施設の様子を思い浮かべながら，彼女の話を聴き，そして，保育場面でのけんじ君の様子を詳細にお母さんに伝えた。少しずつではあるがけんじ君の様子に変化が見られることを，お互いに確認し合いながら，話し合いを重ねている。

第3節　地域の子どもとその保護者に対する支援

　保育所に通所していない子どもや，育児不安や虐待不安に悩む地域の保護者の相談支援を行うことは，保育所・保育士に求められる役割のひとつである。しかし，地域支援へ向けての取り組み方や意識は各保育所によって異なっており，全国のすべての保育所に地域子育て支援の考えや支援できる環境が備わっているとは言いがたい。「最も身近にあって子育てに関する相談支援を利用することの出来る児童福祉施設は保育所である」と胸を張って言えるよう保育所の環境や設備，人材を育成することを早急に行い，すべての保育所で地域住民のために子育て支援に取り組むことが可能となるために環境整備が望まれる。
　近年，児童虐待の増加などにともない在宅で子育てをしている母親の育児に対する負担感について注目が集まる傾向にある。子育ては日常的な営みである。子育ての営みは保護者が望む，望まないにかかわらず，核家族化などによる生活環境の進行した現代社会では，一軒家やマンションなどの閉鎖的な空間の中で，孤立した形で行われている場合が多く，保護者自身が地域社会から孤立した環境で子育てをしていることが多い。こうした環境下では人間関係が希薄化し，保護者は育児を行う中でより強い負担感に支配され，ストレスが高じてしまう危険性が強まる。そして，虐待といった深刻な事態に発展してしまう場合がある。子どもや保護者が，そのような不幸な事態に陥らないようにするためには，子育て支援が地域に開かれた形で行われ，多様な組織や人材から支援を受け，地域社会と柔軟性のあるシステムの中でつながりを持てるようにすることが重要なことである。

第 8 章　保育所の子育て支援機能

　地域の保育施設である保育所には保育に関する専門職である保育士が所属している。しかし，保育士は保育所に通ってくる子どもや家庭のみを支援対象とするわけではない。保育士は地域で養育されている子どもや家庭を支援する役割も担っている。そのために保育士は自らが有する能力や技術，知識を活かしながら，在宅で子育てをしている子どもや保護者にどのような役割が果たせ，かつ支援が可能か否かについて積極的に考えることが期待される。

（1）保育所における地域住民との交流

　保育所では1年間を通してさまざまな活動（行事）が計画されている。その活動内容にもとづいて地域住民を保育所に招いたり，近隣の公園等を活動の場として利用したりすることで，気軽に近隣住民が保育所の行事に参加できるよう工夫をしながら，地域住民との交流を図っている。保育所は保育所に在籍している子どもだけではなく，その地域で暮らしている子どもや保護者，あるいは地域住民が気軽に集える場所としての機能を持っている。また，そのことを目的とした活動が，それぞれの保育所の保育内容を通じて積極的に展開されている。

───エピソード───
「保育所は頼れる場所」（H保育所の夏祭り）

　東京都内の住宅街に位置するH保育所は，地域に開設して40年余りの歴史を持っている。園のまわりは住宅が多いが，小学校，中学校，児童館，高齢者の福祉施設，公園，遊歩道のような施設もあり，都心に近い割には緑も比較的多く残っている地域である。また，地元の小学校，中学校の体験学習や，幅広い年齢層からのボランティアの受け入れも行っており，地域との交流も積極的に行っている。H保育所には，父母会もあり，在籍児の保護者と保育所の先生との交流も活発である。保育所では年間を通してさまざまな行事が設定されており（表8-1），内容によって在籍児の保護者のみならず地域の親子や福祉施設も巻き込んだ活動を展開している。その活動のひとつに夏祭りがあり，このイベントは毎年，父母会と保育所の共催という形で開催されている。

　夏祭りの前に，父母会の役員が中心となって屋台や出し物の計画を立て，保育所と話し合いをする。保育所では，父母会からの提案を受け，職員でどのような出し物を

するかを話し合い，準備する。園庭が狭いため，場所は近隣の公園を借りて行われるのだが，当日たまたま公園の近くを通りかかった近所の人たちも参加できるような開放的な夏祭りとなっていた。

ある年，保育所の近隣で不審者によるいたずらが数件発生した。さいわい，大きな被害はなかったものの，夏祭り開催時の安全面での心配をする保護者の声が高まった。もし不審者が現れたらどうするのか，といった強い意見も出された。保育所内でどのような警備体制を持つかを再検討したが，これまで以上の警備体制を敷くことはできにくい状況にあり，今以上の数の警備職員を配置することはできないという判断に至った。そこで，公園での開催ではなく保育所の園舎と園庭を開放して夏祭りを開催することが検討され，父母会にそのことが伝えられた。この問題に関しては，父母会でも話し合いが交わされ，保育所の先生方にこれ以上の負担をかけるのは難しいという意見で一致した。そして，保護者で夏祭りのためにできることはないかという検討が行われた。従来から，保護者も持ち場を決め，安全確認をしながら夏祭りを実施してきた。しかし，不審者の問題が浮上してきたため決して万全と言えないのではないか，といった意見も出された。その後，保護者の夏祭りに関する話し合いは，根気よく続けられた。話し合いの結果として，今年は園庭と園舎での開催でよいのではないか，という意見でまとまりかけた。ところが，あるお母さんからの一言で，話の流れは一変した。

そのお母さんによると，「H保育所に入所する前，0歳児だったわが子の夜泣きがひどく，本当に大変だった。その時，H保育所の夏祭りが公園で開催されており，たまたま子どもを抱っこして散歩している私に保育所の先生が声をかけてくれた。そこで何気なく夜泣きがひどくて，という話をしたところ，保育所に相談に来たらいかがですか，と誘ってくれた。（自宅の）近くにあるのに保育所に相談するということはそれまで思いつかなかった。夏祭りに行ったことで，保育所にどんな先生がいるかもわかり，困った時は保育所に相談してもよいのだ，と思うきっかけにもなった。夏祭りを公園でやることによってそうしたきっかけに出会えるお母さんたちもいるのではないか。そのためにもやはり夏祭りは公園でやることが大切なのではないか」ということであった。彼女の意見は，多くの父母の不安を一掃し，公園で夏祭りを開催するということの重要性について，父母会のメンバーの意識を変化させた。

その後，父母会で幾度も安全面での話し合いを重ね，警備の人数を増やすために，地域の住民にボランティアを募ることにした。もちろん警察署にも相談をした。また夏祭りの当日は，保護者同士が情報を共有し，当日の警備体制は，保育所に通う子どもに限定して気配りをするのではなく，地域のすべての子どもの安全を守るために，お互いに声を掛け合いながら警備の充実を図ろう，という前向きな警備・支援体制を取るという結論に落ち着いた。父母会の話し合いの結果は，早速保育所へ伝えられた。その父母会の総意を受けて，保育所でも公園で夏祭りを開催することの重要性につい

て再検討が行われた。その結果,夏祭りの公園開催に向けた話し合いが幾度となく行われ,職員の体制を含めた検討会が根気強く実施された。

夏祭り当日は地域の高齢者の方々も警備のボランティアとして参加してくれた。加えて,警察官が公園の周りのパトロールを念入りに行ってくれた。

夏祭りの安全確保のために,多くの地域住民が相当な時間を割いた。その尽力もあって,夏祭りは例年以上に盛り上がり,成功をおさめた。

ボランティアとして参加した,あるおじいさんは,「久しぶりに子どもたちの元気な声とお母さんたちの楽しそうな様子を見て,うちの近所にもこんなに子どもたちがいるのだな,と改めて思ったよ」と満足そうに語ってくれた。

公園で安全に夏祭りを開催するために,地域住民へボランティアとしての協力を求めたことが,結果として,予想以上に地域の人たちとの交流を深めることにつながった。

保育所や父母会ではその後,夏祭りは通所する子どもとその保護者だけのものではなく,地域住民のものでもあるのだということを再確認し,今後も公園での開催を目指すことで意見が一致した。

表8-1 保育所の主な年間行事

月	行事
4月	春の健康診断
5月	わくわく遠足（幼児），こどもの日会食,各クラス保護者会
6月	歯みがき集会,眼科・耳鼻科検診（幼児）
7月	プール開き,夏祭り,七夕会食
8月	プールじまい
9月	キャンプごっこ（年長），秋のバス遠足,歯科検診
10月	運動会,秋の健康診断
11月	お店やさんごっこ
12月	もちつき,おたのしみ会
1月	各クラス保護者会（1月～2月）
2月	豆まき,おおきくなった会（発表会）
3月	ひな祭り,お別れ会食,お別れ遠足（年長），卒園式,入園説明会

出所：H保育所園便り。

（2）子育てにかかわる相談

保育所や地域子育て支援センターなどでは,地域で子育てをしている保護者からの乳幼児の保育に関する相談・助言に応じることが求められているが,地

域住民に関する子育て相談支援は、電話や面接などさまざまな方法を駆使して行われている。たとえば、園庭開放や子育てサロンを実施した際に訪れた保護者からの相談を、気軽に立ち話のような形で受け入れたことが功を奏したことがある。保育所や子育て支援センターで相談支援に関わる保育士には、保護者の中には藁をもつかむような気持ちでこうした施設を訪問し、相談支援を受けることもある、ということを認識する必要がある。慣れない子育て中の保護者にとってみれば、日常の子育ての中で生ずる、一見小さな悩みや不安と思われるようなことであっても、気軽に相談できる場所や機会があるということは心強いものである。

　また、保育所に通う乳幼児を散歩に連れて行く時や公園で遊んでいる時などに、地域で子育てをしている保護者から相談を持ちかけられることも少なくない。こうした場合の多くは雑談程度のかかわり方で相談支援を行うことも可能であるが、その場では応じきれないような複雑な問題を含む相談内容であれば、保育所で行われている相談支援の日程を伝えたり、園庭開放などの情報を提供し、保育所への来訪を促し、保護者の相談支援につなげていくことが必要となる。

　保育所における相談では、相談の過程で交わされた相談支援の内容が外部に漏洩しないように、相談者の秘密が守られることが必要不可欠である。このことは「守秘義務」と言われ、保育士資格の法定化にともない、保育士には個人情報に関する守秘義務が課されている（児童福祉法第18条）。守秘義務を守ると言うことは、相談支援の形態や、相談者がどのような相手であれ、相談を希望する保護者との信頼関係や関係性を強めるためにも重要な意味を含んでいる。

　加えて、相談支援を行う際には、相談援助技術、すなわちソーシャルワークの視点を持つことを忘れてはならない。ソーシャルワークの詳細については、社会福祉の領域で開発されてきた相談援助であるが、保育士が相談を受ける際に必要な基本的姿勢を獲得する上で、有効な視点や技術が含まれている。このソーシャルワークについては、第4章の「家庭を支援する技術」のところで、ふれているので、参考にしていただきたい。

第4節　地域子育て支援センターの機能を活かす

　地域子育て支援センター事業は，地域の子育て家庭に対する育児支援を行うことを目的として，1993（平成5）年に「保育所地域子育て地域モデル事業」として創設された。その後，1995（平成7）年に「地域子育て支援事業」と名称変更し実施され，2007（平成19）年からは，地域子育て支援事業の一形態である「センター型」として運営されている。

　当初，保育士という専門性を持った職員が複数在籍し，保育を行うための環境が整っている保育所は目的を果たすための条件を十分に満たしていることが多く，地域子育て支援センターを設置する上では心強い施設であったという背景があり，事業創設時の指定施設は保育所に限定されていた。その後の需要の高さから，設置にあたって保育所に限定されることはなくなり，現在は，一般に独立型と呼ばれる地域子育て支援センターも設置されている。

　保育所で展開されている地域子育て支援センター事業は，センター所属の担当保育士が配置されており，基本的には担当保育士が子育て支援事業を遂行するが，実際は保育所の園庭や園舎を共有している場合が多く，在籍児とのかかわりもある。保育所によっては，保育の中に活動を組み込み，在宅子育てでは経験できない集団での体験をさせることを目的とした活動を計画している場合もある。

　ここでは地域子育て支援センター事業を取り入れながら在宅子育て家庭への支援を行っている保育所の役割を中心に解説する。

（1）親子の居場所を提供

　地域子育て支援センター事業は，保育所において，地域で子育てしている子どもや保護者へ交流の場所を提供し，人間関係の構築や交流を促進するなどの役割を果たしている。

　この事業では特別なプログラムを用意する場合もあるが，特にプログラムを

用意せず，子どもが自由に遊べる環境を設定する場合が多い。こうした環境の中で，保育士などの専門家に見守られながら子どもが自由に遊んだり，これまでにかかわることのなかった子どもや保護者とのかかわりを楽しんだりする。保護者は子どもの様子を見て楽しんだり，保護者同士の情報交換の場として活用したり，自分自身の子どもとのゆったりした遊びの時間を持ったりする。子育て支援センターには，保育士などが常駐しているので，相談したり，聞きたいことなどがある場合には，気軽に相談することも可能である。保育士が必要性を感じた場合は，保育士の方から声を掛けることもある。

　地域子育て支援センター事業の目的は，安心して子どもが自由に遊べる場で，保護者は他の親子の様子を見たり，少し年上の子どもの姿から自身の子どもの成長の見通しを持ったり，保護者同士のかかわりを持つことにより，子育ての負担感や不安などを軽減していくところにある。また，保護者が他の家族との交流を深めることにより，仲間意識を育て，子育ての悩みや将来への不安などを共有したりできるように支援する狙いもある。さらに，わが子が他の子どもとかかわる姿を見て子どもの成長・発達を確認し，子育てを楽しめるような認識が持てるように触発することも重要視している。

　保護者にとって，身近に心地よく過ごせる場や，困った時に相談できる専門家がいるということは，子育てをしていく上で大きな安心感を持つことができ，子育てへの意欲が高まり，親自身の課題に向き合おうという気持ちを持てることにもつながる。

（2）保育講座・保育研修の開催

　在宅で子育てをしている保護者にとって，子どもから離れて自分の時間を持つということはなかなかむずかしい。そこで保護者が子どもから離れ，自分の時間として子育てについて学んだり息抜きができるようにすることを目的として開催されるのが，保育講座や保育研修である。保護者からのニーズに応じて，さまざまな講座・研修が企画される。たとえば，「子どもの食事づくり，離乳食・幼児食」，「食生活と子育て」，「おうちでできる応急処置」，「おうちでつく

れるおもちゃづくり」等，子育てに関するものや，保護者がほっとできることをねらいとして開催される催しとして「編み物講習会」，「リースをつくろう」，「ドライフラワー講習会」等もある。また親子で参加型のものとしては，「ベビーマッサージ」，「親子ふれあい体操」，「つくってあそぼう」といったものも準備されている。

　保護者・子ども参加型以外のものは，託児所を準備することで，保護者が自分の時間を持てるように配慮している。なかには子どもを産んでから初めて子どもと離れる，という親もいる。研修や講座に参加する際に，子どもに泣かれたり駄々をこねられたりすると，親も不安になりやすい。しかし，講習会が終り，急いで子どものところへ向かってみると，保育士とかかわりを持つ中で，子どもが笑顔を取り戻した姿を見てほっとする，あるいは，同時にわが子の成長を感じたり，自身の気持ちがすっきりしたりしていることに気づくことがある。子どもと保護者が別々に活動することで，保護者は子育てへ向き合うエネルギーや主体的な気持ちを再生することができる。もちろん，講座や研修などで得られた知識や情報も貴重な財産となる。その一方で，子どもと保護者が一時的に離れる経験をすることも，双方にとって大切な経験となる。

　この講座や研修をよい機会として，保護者同士が意気統合して，自主的な学習会や講習会の企画を行ったりする活動へと発展し，保育所や保育士と保護者とのさらなる交流が深まっていくこともある。子育ては保護者と保育所や保育士，あるいは地域住民との共同作業が必要である。こうした講座や研修の企画には，保育所や保育士が一方的に行い，その企画に沿って親子が楽しむだけのものではなく，それぞれの地域で生活している保護者が主体的に子育てに向き合う力を身につけていくことや，地域住民の子どもへの理解が深められるようなねらいを持つことも必要である。

　保育所や保育士は，保護者同士の居場所づくりや各種の講座や研修などを企画し実行に至る過程で，保護者の活動や生きがいを支援したり，促進していくことが重要である。

―― コラム ――

K市A保育所の取り組み

A保育所の外観

　K市内にあるA保育所には，園内に1995（平成7）年にK市より地域子育て支援センター事業として委託されたA子どもセンターが併設されている。A子どもセンターには2名の保育士が在籍しており，子どもセンターを利用する親子を中心にかかわっている。保育所の職員とセンターの職員とが協力しながら保育を行っており，園庭で遊んでいる時は地域の親子が園児の中にとけこんで一緒に楽しく遊んでいる姿があちこちで見られる。

　A保育所では「四季の自然の中で，陽の光と風と雨を受けながら，しっかりと根を張り，枝を伸ばしている大きな樹。私たちは子ども一人ひとりがそんな樹に育ち，自分らしい花や実をつけるようになってほしい」という願いのもと，「子どもも大人も人や自然と豊かに交わりながら育ちあう場として，保護者と職員が心を合わせてつくり続けてきた」園庭を「A保育所精神のシンボル」として位置づけ，保育を実践している。そのA保育所の園庭を存分に活用しながら，保育所の中が，地域の親子にとっても安心して楽しめる居場所となっている。

＊利用手続きと方法

　初回に一度登録をすませると，その後は保育所の園庭とホールを使って親子で自由に遊ぶことができる。月曜日から土曜日の9:30〜16:30まで利用できる。親子で「今日どこかにでかけたいな」と思った時に気軽に遊びに行けるよう工夫されている。

＊メニューの紹介

①ベビーらっこちゃん

　0歳児専用の活動であり，毎週水曜日9:30〜12:30に開催される。寝返り，おすわり，ハイハイ，よちよち歩きの赤ちゃんとお母さんがゆったりと安心して過ごせる居

第8章　保育所の子育て支援機能

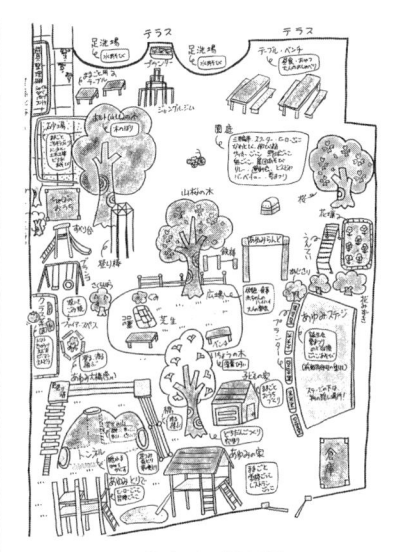

A保育所の園庭図　　　　　　　1日のスケジュール

場所を提供している。園内の保育室にプレーマットを敷き詰め，赤ちゃんがその上で寝ころんだり，お母さんとふれあいながらリラックスしてすごして遊んでいる。保護者は保護者同士でおしゃべりを楽しんだり，育児の工夫を話し合ったりしている。保育士とも気軽におしゃべりしながらちょっとした悩みを相談したりもできる。

　ベビーらっこちゃんの活動では，リラックスした雰囲気の中で，保護者同士のおしゃべりもはずみやすい。

②らっこちゃん

　0歳から6歳までの親子が参加できる。毎週火曜・木曜の9:30～12:30に開催される。天気のよい日は園庭を中心にアスレチック等の遊具を利用して，体をつかって遊ぶこともできる。雨の日やお天気の悪い日は，園内の専用ホールで遊べる。自由に遊べる雰囲気の中で親子が楽しみながら過ごし，保護者同士の会話や子ども同士の遊び，保育士が入って遊びをつないだりすることもある。また，保護者の何気ない会話から子育ての悩みを保育士がキャッチし，自然に相談できる雰囲気がある。絵本の読み聞かせや親子のふれあい遊びの時間もあるが，それぞれの親子が自由に参加する形態をとっている。

　らっこちゃんの活動では，お天気のよい時は在籍児の中に入って園庭をフル活用して，園舎の中のホールでも遊ぶこともある。多くの保護者やお友だちと仲良く遊ぶ。

③どんぐりクラブ

　5歳から小学生の子ども達を対象に，月1回土曜日に開催される。「わんぱくに遊

ぶ」ことを目指し，自然の中で体を動かしたり，仲間と思いきり遊んだりする。また，自分の手でつくり上げる楽しさを体験できる活動となっている。陣取り，こま回し，肝だめし会など，子どもたちに人気の遊びが大人と一緒に楽しめるようになっている。保護者も参加し，地域の親子みんなで活動をつくり上げている。また，学生ボランティアも活動を支援し，子どもたちや保護者とふれあいながら学ぶことができる場所でもある。

④ミニミニ育児講座

らっこちゃんの時間の一部を利用したミニ講座である。子育てに役立つ知恵や情報を交換し，みんなでおしゃべりを楽しみながら，日常の子育てに向かう気持ちを共有していく。おむつはずし，子どものけんか，子どもと絵本等，さまざまな話題で盛り上がる。

⑤ぷれ・パパママセミナー

もうすぐパパやママになる人たち向けの講座で年2回開催される。赤ちゃんが家族に仲間入りした時にどのようにかかわればよいかを具体的に学んでいく。赤ちゃんと出会うよろこびを伝え，子育てへの夢をふくらませることを願って開催している。先輩ママや先輩パパとのおしゃべりもあり，赤ちゃんを実際に抱っこしながら体験することで，より具体的に赤ちゃんとのかかわりをイメージできるように工夫されている。また，同じ時期に保護者になる妊婦さん同士でおしゃべりすることで，その後の子育ての仲間づくりへとつながっていくこともある。

⑥子育て相談

面接相談と電話相談がある。面接相談は予約制，電話相談は月曜〜金曜の10：00〜16：00で受けつけている。相談内容はさまざまで，日常の子育てのささいな悩みから困ったことまで，子育てに関すること全般の相談を受けている。

⑦巡回相談

外部の専門家による相談だが，園の中で行われ，子どもが遊ぶかたわらで，ゆったりと相談できる。子どもの発達のこと，言葉のこと，接し方が難しいこと等，子育て全般の相談ができる。改まった場ではなく，開放された園の中で相談することができ，保護者が気軽に利用できるようになっている。年4回実施される。

⑧すくすくめぇる

「やぎさんゆうびん」という名前の子育て通信を発行している。子どもとの生活や子どもの育ち，かかわり方をわかりやすく伝えている。楽しくなる子育てのポイント，ちょっと気づきにくい育児のコツ，食事やおやつのヒントといった内容がある。

A保育所では地域との連携を大切にしながら，A子どもセンターの機能を活かして子育て支援を実践している。保育所に在籍している子どもとその保護者だけでなく，地域で子育てしている親子，さらには地域で生活している人々とのつながりを大切に

> し，保育を実践している。保育士の確保や人員の余裕がない中での，A保育所の保育実践に学ぶ点は多い。

第5節　関係機関との連携

　保育所では日々在籍児と保護者，また地域で子育てをしている子どもや親への支援を実践している。しかし，時には保育所が実施している日常の保育や地域における子育て支援だけでは十分な支援を提供することが困難な場合も生じる。保育所は地域の子育て支援の中核を担う重要な施設ではあるが，地域における子育て支援は，保育所だけの力でその役割を果たすことは容易なことではない。保育所は児童福祉施設の一種であることから，通所しているか，地域で生活しているかに関係なく，子どもや親の支援を行う際には，地域にあるフォーマル，あるいはインフォーマルな社会資源の活用や連携を持つことが重要であり，社会資源を活かしたネットワークの構築やチームアプローチを生かした実践が求められている。

(1) 家庭支援における連携とは何か

　子どもや家庭をめぐる問題は複雑で多様化しており，問題が深刻化する前の早期発見・早期対応と共に，子どもや家庭に対するきめ細かな支援が重要となっている。そのためには，都道府県（児童相談所）と市町村間の連携はもちろんのこと，福祉事務所，知的障害者更生相談所，身体障害者更生相談所，発達障害者支援センター，児童福祉施設，民生委員や児童委員，児童家庭支援センター，児童発達支援センター，婦人相談所，配偶者暴力相談支援センター，社会福祉協議会等の福祉分野に関連する機関だけではなく，保健所や市町村保健センター，精神保健福祉センター，医療機関，学校，教育委員会，警察，民間団体，公共職業安定所等の種々の分野の機関とも連携を図るとともに，各機関（社会資源）とのネットワークを構築して，その活用を図ることが必要である。

　こうした活動は保育士や社会福祉士，精神保健福祉士，介護福祉士などの資

格を有する者が担当する場合が多い。しかし，保育士に限らず，相談支援を担当する場合には，自己の相談支援にあまりにも懸命になりすぎてしまい，周囲の状況の実際や変化などに眼が向けられない事態に陥ってしまうことがある。

　ひとりの人間，たとえば「生きていく上で何かしらの支援が必要な人」に対して支援する場合に，専門的なスキルを持つ支援は大切であるが，ひとつの専門的なスキルや限られた地域社会の中ですべての支援を提供することは困難な場合がある。たとえば，保育が必要な子どもに対して，熟練した保育技術を持つ保育士が保育を担当するだけでは子どもに対する保育が十分なものになるわけではなく，だれもが納得する保育活動を行うためには，医師や看護師，保健師，臨床心理士，社会福祉士，精神保健福祉士などの専門家との連携や，児童相談所や児童家庭相談室（福祉事務所），発達障害者支援センターなどの社会資源との連携やそれにもとづいたチームアプローチが必要不可欠となる場合がある。

　子どもや家庭を取り巻く環境として，保育所では，保育や教育，社会福祉の専門家が，家庭では，家庭支援の専門家が，地域ではコミュニティの調整の専門家がそれぞれの持つ専門性を活かし，有機的な連携をすることにより，総合的な子どもや家庭の支援を行うことが可能となり，子どもの健全な成長発達を実現することが期待される。

　家庭支援を進めていくと，保護者の抱える複雑な問題に子どもが巻き込まれている場合がある。家族が犯罪（被害者の場合だけではなく，加害者となっている場合も含めて）にかかわっている可能性のある場合には，無理をしないで福祉事務所や警察の生活安全課，法テラスなどの専門家に対して支援チームへの参加を要請する必要がある。

　家庭への支援を行う際には家庭を構成する家族の全体像をふまえた上での支援が不可欠である。たとえば，保育所などで勤務する保育の専門家が知っている（支援の対象となる）子どもの姿を理解するためには，子どもの保護者やその家庭が抱えているさまざまな事情，生活状況などを理解しないと家庭環境の全体像は見えてこない。

家庭への支援を進めていく過程で，支援チームにかかわる専門家から出される意見や見方を総合的に検討することにより，支援の対象となる子どもや家庭の全体像を把握することが可能となり，対象となる子どもや家庭環境を多面的に理解し，家族にとって必要とされる適切な支援を行うことが可能となる。

　こうした取り組みを実現していくためには，支援チームを構成するだけではなく，各専門家の持つ情報を共有することが必要である。支援チームを構成し多職種間の有機的な連携を進めていくためには不可欠な取り組みである。

　こうした多職種の連携は，チームを構成する各専門職のスタッフが，対象となる子どもや保護者，家庭を支援することが可能となるため，対象となる子どもや家庭の抱えている問題の背景や要因が一層明確になり，支援の内容や質を高めていくことが可能となる。

　そして，子どもや保護者が必要とする支援と，保育士をはじめとする保育所などで子どもや保護者とかかわっている専門スタッフが提供する支援の内容の質や方向性の「ズレ」を最小限に留めることが可能となり，対象となる子どもや家庭に必要とされる支援の提供が実現可能となっていく。

（2）家庭支援における連携の困難性

　家庭支援の目的は，子どもの生活や発達，成長を保障するところにあるが，日常的に保護者の支援や家庭全体を対象とした支援の必要性が言われ，社会の問題となって議論されたり，具体的な国の施策となってきたが，その背景には，大きく分けて3つの理由がある。

　1つ目は，女性の社会進出の促進の必要性である。最近の不安定な経済状況の中で，女性が社会に出て就労し，収入を得ないと家庭の経済を維持することが困難な状況となっている。2つ目は，女性の社会的な地位の確立である。それぞれ性別は異なるが，男女は地位や待遇において格差があることが許されるはずがない。3つ目は少子化の問題である。わが国の少子化の問題は，社会全体の力を脆弱化させている。

　こうした状況を背景として，家庭を対象とした支援が必要となり，社会全体

の課題として取り上げられることとなり，子育てビジョンに見られるような国の施策としての取り組みが進められることとなった。

　この家庭支援を推進していくためには，主に3つの課題がある。

　1つ目は，子どもの支援，保護者あるいは家庭支援を進めていくためには，家庭や保育所，地域などに分けてとらえ，それぞれの場所で対応するのではなく，エコロジカル（生態学的）モデルの視点から，子どもを全体像としてとらえ，包括的な支援を行わなくては問題が解決・緩和できにくい。このためにも，各制度や社会資源の連携の必要性が求められているが，それぞれの制度や団体間の交流をスムーズに行うことは，むずかしい状況にある。

　2つ目は，子どもや家庭を支援するという課題は，複雑な社会構造の中で生じている問題であり，これまでそれぞれのニーズを把握し，福祉や教育などのサービスを提供すれば，改善が見られた問題であった。ところが，現代の子どもや家庭の問題の解決・緩和のためには個々のニーズに合わせた手づくりの支援や介入を必要とする内容を含むものが増加している。

　3つ目は，社会制度としても，被支援者に対して，より細やかな支援が期待され，丁寧に行えば行うほど，制度自体を詳細にしていかなければいけなくなり，その結果として複雑な対応が求められ，制度や各支援機関の活動が硬直化してしまい，結果的に適切な支援の提供が困難となってしまうという状況が見られる。

　こうした点が支障となり，家庭支援を開始する際に予測したほどの効果が得られずに，非効率的な相談支援が展開され，支援者，被支援者双方が不満を抱える状況に陥ってしまわないよう注意が必要である。

―重要語解説―

エコロジカル（生態学的）モデル

　社会福祉の援助を行うための手法として「相談援助技術」が体系化される過程で援助の対象となる問題を「全体を要素に分析し，分析された要素を結合して，再び全体を構成する」分析と統合という方法を用いる「システム理論」と，「人と環境との動的な相互作用関係から人間の生活実態をとらえる」という視点を持つ生態学という考

え方が発生した。システム論は「論理的かつ抽象的で分析性にすぐれている」のに対して，生態学は「対象とする生活体の個別な生活をより実証的かつ具象的にとらえる」などの違いがある。エコロジカル・モデルとはこの２つの理論の特徴を活かす形で提唱された考え方である。相談援助技術は，「利用者の抱える生活上のストレスを改善するために，利用者の能力が高められるよう能力付与（エンパワメント）を行い，周囲の環境を変えたいという動機に働きかけるなどの一連の活動」であるという考え方で，人が生活環境と共存するための能力を対処能力（コービング），そして環境が人間のニーズに適応することを応答性（レスポンス）と呼び，対処能力や応答性が弱かったりした場合に生活ストレスが発生するというものである。

（３）家庭支援における連携の課題

①支援の対象者によって，支援の手法や加重を変える

支援される子どもや保護者，家庭に内在する問題や状況によって，そのかかわり方や力の入れ具合は調整しなくてはならない。だれにでも，どの子どもにも，同じ手法で画一的に支援を行うことは，回避しなくてはならい。したがって，多面的に，あるいは，いま置かれている環境を含めて検討し，「いま，何が必要か」，「将来どうして行くべきか」という視点を持ちながら，支援を行うことが必要である。そうすることにより，支援される子どもや保護者，家庭のニーズに可能な限り近い位置で調整や教育という相談援助の目的を実現することに近づくことが可能となり，その結果として，効率的で，効果的な支援策を遂行することに結びつけていくことが可能となる。

②チーム内に階層をつくらない

チームで行動することは，チーム内に階層をつくることではなく，まずは支援をする者たちが，お互いの専門性に尊敬の念を持つということであり，医師には医師の，看護師には看護師の，警察官には警察官の，教師には教師のそれぞれの専門性があることを再認識していくことが重要である。言い換えれば，自分は保育士の専門職であるという「万能感」を持たないようにするだけでも，この問題は解決する。

③ストレスをコントロールする

他職種との協働の連携にとって最も重要なことは,各機関に所属する専門職のストレスのコントロールにある。異なる領域の専門家がチームを組むということは容易に思われるかも知れないが,それほど容易なことではなく,チームで相談援助を行う立場にある専門職は,常に大きなストレスと向き合わなければならない状態にある。

保育所などで日々子どもの保育にかかわる保育士は日常的に,子どもやその保護者からの評価の対象になっており,そうしたことを気にするが故に,本来なら十分に保育できるだけの資質と技量を持っていながら,その力を十分に発揮できずに,負のスパイラルに巻き込まれてしまい,本来持つ能力の半分も出せないばかりかストレスを抱え,**バーンアウト**(燃え尽き症候群)してしまう場合もある。

よりよい保育や家庭支援の遂行を行うためには,その支援の担い手である保育士が,自己肯定感を維持し,自尊感情を適切に持ちながら対応していくことが,何より相談支援の効率性を高め,効果を上げる源となることを,あらためて保育関係者は認識すべきである。

重要語解説

他職種との協働

協働(きょうどう)とは,複数の主体が,何らかの目標を共有し,共に力を合わせて活動することを意味しており,コラボレーション(collaboration)やパートナーシップ(partnership)とほぼ同義語である。協働は,地域活性化を目指す活動を進めていく上で,行政や市民の力だけでは解決することのむずかしい課題がある場合などに,行政と市民が協力して課題解決へ向けての取り組みを行い,よい結果を出していこうとする考え方で,社会福祉の分野でも古くから取り入れられてきた考え方である。子育て支援のためのネットワークづくりやチームアプローチを行うなどの際には多くの職種の専門家との連携が必要となるが,こうした取り組みを行う時に他職種との協働が必要となる。

第8章 保育所の子育て支援機能

---重要語解説---

バーンアウト（燃え尽き症候群）

だれでも好きな仕事やスポーツなどを見つけ，努力し，少しでもよい結果を出そうとする。こうした努力が実を結び自他共に満足できるような結果が出せると，さらに努力し良い結果を積み重ねていくことができる。しかし，いくら努力しても自分の思ったような結果を出すことができないような状況が続くと「もういいや……」という気持ちを持ってしまい，最初は好きだった仕事が嫌になってしまったり，スポーツをやめてしまったりすることがある。このような状態を「バーンアウト（燃え尽き症候群）」と言い，こうした状態になると「働く意欲が急速に，それも著しく低下」してしまう。バーンアウトは教師や看護婦などの人を相手にする（対人サービスを行う）職種に多く見られると言われ，長い間の目標への献身が十分に認められなかった時に生じる情緒的・身体的に消耗した状態で，過度で持続的なストレスに対処できず，張り詰められていた緊張が緩み，意欲が急速に低下してしまったようなときに表出される心身の症状である。

真面目で元気よく働く模範的な組織人として評価を得ている人ほどなりやすく，やる気のある人，理想の高い人，責任感の強い人やストレスを内側にため込みやすい人がなりやすいと言われ，医療や福祉，教育などの分野では思い入れの強い人が働いているためバーンアウトが多発しやすいと言われている。

第6節　保育所における子育て支援の課題

保育所は最も身近な地域の通所の児童福祉施設のひとつであり，子どもたちが毎日通う生活の場所でもある。子どもたちが，毎日の保育所生活を楽しく，充実したものとして過ごすことは，子どもにとっても保護者にとっても安心して日々を過ごす上で大切なことである。保育所では第一義的には在籍している子どもの保育を行うことが求められ，その保護者への支援も必要とされている。保護者が安定した生活の中で子育てに取り組むことは，保護者としての成長の機会ともなりうる。子どもと保護者が保育所を利用することで安心して生活することができるのであれば，そのこと事態が子育て支援の実践にほかならない。こうした日常の活動として展開される保育の質を高めることにより，保育所を利用する子どもや保護者，あるいはその家庭に対してより適切に支援すること

が可能となる。また，保育所での日常の様子を保護者に伝えていくことや，クラスだよりや連絡帳の活用，送迎時の保護者との何気ない会話，保育所に掲示されている子どもたちの作品や情報提供のポスター，保護者会，行事等の日常的な保育活動の一環として実践されている活動自体が保護者が安心して子どもを預けるために欠かせない重要な要素となっている。

　保育所での様子がわかり，保護者自身が保育所の保育に参加したいという気持ちを持てるような関係をつくっていくことが，保育所の専門性を活かした子育て支援と言えるのではないだろうか。そのためには子どもと保護者に向き合う保育だけではなく，保育所や保育士の思いを伝えるためのドキュメンテーションを作成したり，行事のための準備をするなどの，子どもや保護者と直接関わる保育活動以外の時間を確保し，業務の時間として位置づけていくことが必要である。現状では，多くの保育所ではそうした時間を確保することがむずかしく，保育士が残業という形で行っていたり，場合によっては自宅へ持ち帰り作業を行っているといった現状がある。保育以外の時間を確保することは，結果として保育の質を高めることにつながることを念頭に置き，日々の保育活動に取り組んでいくことが必要である。

　また，家族援助の対象は在籍児とその保護者だけではなく，地域の在宅子育ての家庭でもある。地域で子育てしている子どもと保護者が，気軽に遊びに来ることができる雰囲気づくりと開かれた保育所づくりが求められている。そうした場所で展開するプログラムを実践することは保育士として，それほどむずかしいものではないかもしれない。しかし，プログラムを展開することで親子を楽しませる専門性だけでなく，これらの場所で聞かれるあるいは見られる親子や家族の課題やニーズをとらえることが保育所の専門性でもある。そのためには，保育士が相談援助やカウンセリングの技術を身につけていくことが必要性である。直接保育に結びつくものは比較的実践しやすいが，保護者の相談に乗ることは困難さを感じる場合も少なくない。そうした専門性を獲得していくことも，保育士が子育て支援を行っていく上では重要である。

　保育士としての高い専門性は，日々の保育実践の中で体得していくものもあ

るが，その一方で実践を通して自身の保育士としてのさまざまな課題に気づくことも少なくない。そのような課題について学んでいくための，研修や講習会への参加，あるいは保育士自身がリフレッシュする時間も必要である。そのための時間と場所の提供を，国などの行政機関や保育所独自の取り組みとして任せるのではなく，自らが主体的に取り組んでいく姿勢を持つことも大切である。保育士が生き生きと保育実践をすることは，その地域で子育てをしている親子にとって，子育てに向かう上での前向きな気持ちや健やかに育っていくためのエネルギーにつながっていくと思われる。

【演習課題】
1　保育士であるあなたに，保育所で地域の子どもや保護者が楽しく活き活きと過ごすための企画を任されたとします。さて，どのような計画をたてますか。まずは，保育所の概要，在籍児の特徴，地域の特色，参加する子どもと保護者の様子など，いろいろな要素を考えながら企画を立ててみよう。
2　保育所に通う3歳の恵美ちゃん（仮名）は，最近，落ち着きがなく，よくおもらしをするようになりました。保育所で出される給食も残すことが多くなり，食欲もいまひとつのようです。恵美ちゃんの様子を気にしながら見ていましたが，ある日，恵美ちゃんの太ももに手でたたいたような赤いあざがあることに気づきました。恵美ちゃんは「ころんだの」と言っています。保育士は気になり，恵美ちゃんのお母さんに事情を聞いてみることにしました。さて，お母さんにはどのように聞くことが大切になるでしょうか。恵美ちゃんの性格，お母さんの性格，家族の特徴など想像しながら，お母さんがスムーズに答えてくれるための聞き方について考えてみよう。

〈参考・引用文献〉
安梅勅江『子育ち環境と子育て支援』草書房，2004年。
大豆生田啓友・森上史朗・太田光洋編『よくわかる子育て支援・家族援助論』ミネルヴァ書房，2008年。
柏女霊峰・橋本真紀『保育者の保護者支援——保育指導の原理と技術』フレーベル館，2008年。

厚生労働省「保育所保育指針」，2008年。
小林育子・小舘静枝・日高洋子『保育士のための相談援助』萌文書林，2011年。

〈理解を深めるための本・ビデオ〉
遠山洋一『バオバブ広場にようこそ！』筒井書房，1997年。
　　——バオバブ保育園園長である遠山先生が，お母さん，お父さんに向けて書き続けてきた園だよりから，保育の様子を実に生き生きとした記録にまとめたものである。保育所が果たす役割について考える上で新しい視点を得られる本である。
Video Tone ライブラリー『保育所の地域子育て支援』全2巻。〈ビデオ〉
　　——地域ぐるみで子どもを育てている保育所での実例を取り上げながら，「みんなで子育て・地域で子育て」を理念とする子育て支援とはどのようなものかを学ぶことができる。保育所で展開される子育て支援の実際を知ることができる。

（向井美穂）

第9章
保育所における子育て支援サービス

── 学習のポイント ──

　多様化する就労形態や家族形態，そして少子化などをはじめとする子どもをとりまく社会の変化にともない，1990年頃を端緒として，さまざまな家族支援や子育て支援を行うシステムやサービスが誕生した。また2000年代には，増え続ける待機児童対策として，公立保育所の規制緩和や民営化が行われるようになった。本章では，社会変化にともなう制度の変遷や背景，そしてそこから誕生した保育サービスの種類や内容について学ぶ。

第1節　保育サービスの規制緩和

　保育所は，1947（昭和22）年の児童福祉法制定の際に誕生した児童福祉施設である。保育所の入所児童数は，「団塊の世代」の子ども期（およそ1947年〜1949年頃に生まれた世代）や「団塊ジュニア」の子ども期（およそ1971年〜1974年頃に生まれた団塊の世代の子ども世代）の高い利用率の時代を経て，1980（昭和55）年〜1990（平成2）年頃には，少子化傾向の影響を強く受けて入所児童数は年々減少していった。しかし，時代を経るにつれ，核家族化，女性の高学歴化，仕事を持つ女性の増加などを背景として，保育所の家庭支援の有用性が強くクローズアップされ，1995（平成7）年頃を境に，保育所入所を希望する児童が年々急増し始めた。この現象は，男女雇用機会均等法（1986年施行）や男女共同参画社会基本法（1999年）が制定され，仕事と子育てが両立しやすい社会が国として目指されたことにより，より一層の女性の社会進出への追い風となっ

図 9-1 全国保育所入所児童数

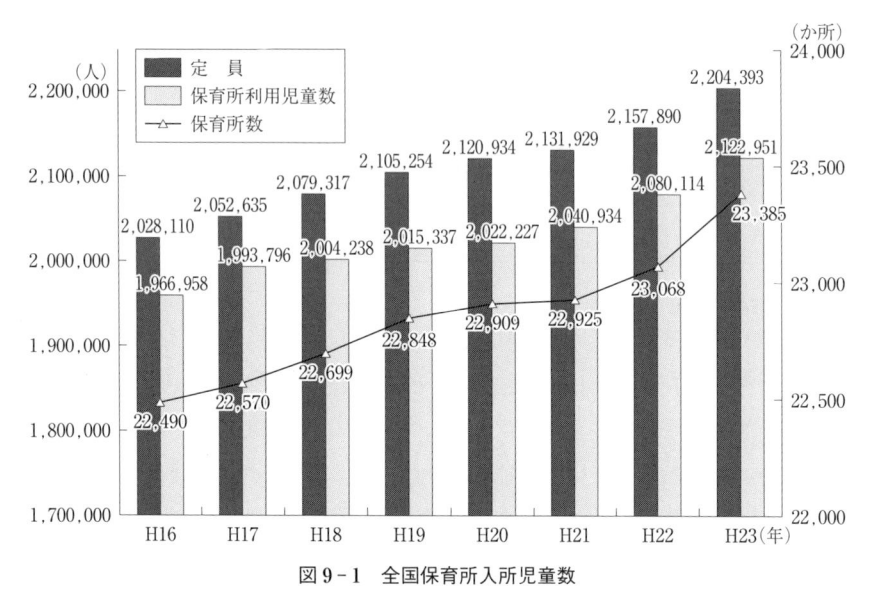

出所：厚生労働省，2011（平成23）年10月「保育所関連状況取りまとめ」。

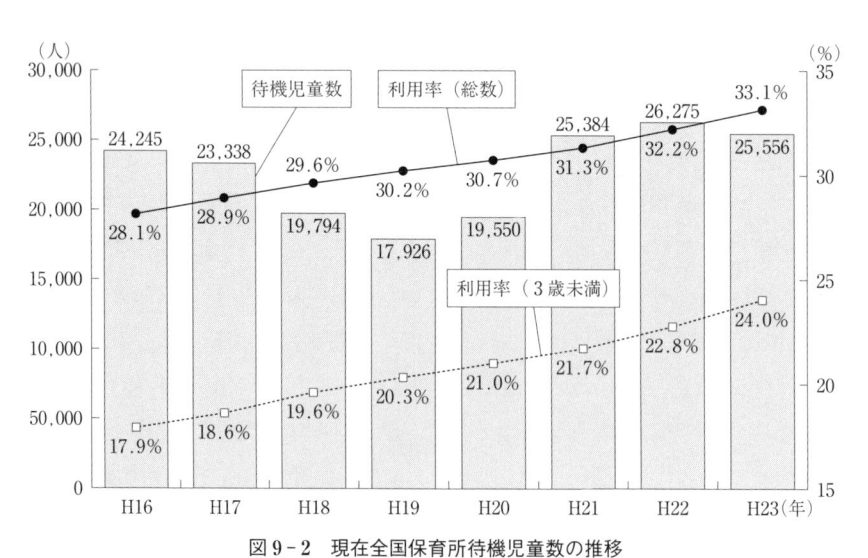

図 9-2 現在全国保育所待機児童数の推移

出所：厚生労働省，2011年10月「保育所関連状況取りまとめ」（平成23年4月1日）。

ていた。けれども一方で、少子化であるにもかかわらず皮肉な事態であるが、保育所の入所を希望しても入所できない「待機児童」が増加する状況に陥った（図9-1、図9-2）。

　これらの状況を受けて、2001（平成13）年5月7日、当時の小泉純一郎首相は、歴代首相として初めて保育施策に言及し、待機児童の解消を重要課題のひとつとして取り上げた。

　その後、政府は待機児童の解消を重点に、保育サービス供給の拡充および保育所運営の効率化などの保育施策を展開することとなった。これがいわゆる「保育所の規制緩和」と「公立保育所の民営化」の始まりである。

　これらの取り組みは、従来の保育所に関する法制度に対する規制の緩和に踏み出したものである。それは、仕事と育児の両立という厳しい状況に置かれた家庭の育児を支援する必要性に迫られることになったからである。加えて、あまたの保育ニーズに対応できない事態に陥っている現実社会に取り残された児童や家庭を支援するために、国として家庭の代替機能を有する保育所の規制緩和と民営化を推進せざるを得なくなったという経緯がある。

コラム

待機児童が生じる背景と影響

「待機児童問題」とは、保育に欠ける子どもを持つ保護者が保育所入所申請をし、保育サービスの提供を希望しているにもかかわらず、保育所が満員であったり、居住している地域に保育施設がない状態のことを指す。そのため、保護者が子育てのために就労できなかったり、仕事を再開したいのにもかかわらず保育サービスを受けられないことから、職場への復帰ができなかったり、退職を余儀なくされる事態へと陥りやすくなる。

　　出所：taikijidou.net「保育所・保育園　待機児童の現状」を参考に筆者作成。

（1）公立保育所の民営化

　この項では、保育所の規制緩和が進められる中で、最も大きな改革であった公立保育所の民営化の背景とその問題点について検討する。

1）公立保育所の民営化が目指された背景

　多様化する家族形態，保護者のニーズ，待機児童対策などに対応できる保育の体制を確立するために，公立保育所は多様な視点からの体制の改革に向かわざるを得なくなった。国や地方自治体の財政が逼迫した状況に陥っていく中，社会福祉法人立の保育所の一層の推進と，加えて企業の参入を認めることで，保育所の総数を増やし，（保育の内容や質の向上とともに），東京，神奈川，埼玉，大阪等の都市部を中心に問題視されている，待機児童数の増加への対応を目指すこととなった（図9-2）。

　ところで，政府が待機児童の課題について具体的に取り組み始めたのは，低年齢児保育や延長保育，一時保育事業等の推進を目的とした「緊急保育対策等5カ年事業」（1994〔平成6〕年）が策定され，1994（平成6）年に予算措置が講じられてからである。これに続いて在宅児を含めた子育て支援の施策の推進や**地域子育て支援センター事業やファミリーサポート事業**を含んだ「少子化対策推進基本方針」（1999〔平成11〕年）が閣議決定されている。

重要語解説

地域子育て支援センター事業

　地域子育て支援センター事業は，厚生省労働省（当時，厚生省）の通達「特別保育事業の実施について」にもとづく施設であり，1998（平成10）年4月に開始された事業である。

　近年の子育て環境の変化に対し，保護者の子育てへの不安感や負担感，子どもの人間関係の経験や社会経験の不足等の背景がある。そうした状況に対し，各自治体が中心となり，子育て中の親子が気軽に集い，相互交流などを目的として，相談支援や講習を企画・実施する事業である。

　出所：厚生省児童家庭局長児発第283号，1998（平成10）年4月8日。

重要語解説

ファミリーサポート事業

　ファミリー・サポート・センター事業は，乳幼児や小学生等の児童を持つ子育て中の保護者を会員として，児童の預かり等の支援を受けることを希望する者と，援助を

第❾章　保育所における子育て支援サービス

> 行うことを希望する者との相互援助活動に関する連絡，調整を行うものである。市区町村ごとに設けられたファミリー・サポート・センター（おもに市区町村の社会福祉協議会に置かれている）が地域住民に募って，子どもを預かりたい会員と預けたい会員を登録し，利用をあっせんする。地域住民の相互援助活動なので，主に二重保育，病児保育，一時保育，園や習い事のお迎えなど，通常保育の補完的な役割を果たしている。原則として保育者の自宅で保育を行う。
> 　2005（平成17）年度から，地域の特性や創意工夫を活かした，次世代育成支援対策推進法にもとづく市町村行動計画の着実な推進を図るため，次世代育成支援対策交付金（ソフト交付金）が創設されたところであり，ファミリー・サポート・センター事業は，同交付金の対象事業とされている。2009（平成21）年度から，病児・病後児の預かり，早朝・夜間等の緊急時の預かりなどの事業（病児・緊急対応強化事業）を行っているところもある。
>
> 出所：厚生労働省HPより引用。一部筆者改変。

　また2001（平成13）年には，男女共同参画会議の答申を受けて，児童待機ゼロ作戦を含む「仕事と子育ての両立支援策の方針について」を閣議決定している。

　方針では「待機児童ゼロ作戦――最小コストで最良・最大のサービスを」「多様で良質な保育サービスを」など5つの柱からなる少子化対策が掲げられている。

　「待機児童ゼロ作戦」は，「保育所，保育ママ，自治体におけるさまざまな単独施設，幼稚園における預かり保育等を活用し，潜在を含めた待機児童を解消するため，待機児童の多い都市を中心に，（中略）受け入れ児童数の増大を図る。施設の運営は民間を極力活用し，最小コストでの実現を図る」ことが目指された（「仕事と子育ての両立支援策の方針について」2001年7月6日，傍点筆者）。

　また2001（平成13）年11月の児童福祉法の一部改正は，先の待機児童ゼロ作戦を踏まえ，「保育の実施への需要が増大している市町村は，公有財産の貸付け，その他の必要な措置を積極的に講ずることにより，社会福祉法人その他の多様な事業者の能力を活用した保育所の設置又は運営を促進し，保育の実施に係る供給を効率的かつ計画的に増大させるものとする」（第56条の7）と「多様な事業者」，民間資源の活用，が条文中に示されたことは，公立主導で行われ

てきた戦後の保育行政の中での最も大きな転換点であった。

さらに，2002（平成14）年9月，厚生労働省において，「少子化対策プラスワン」がまとめられた。この対策は，これまでの取り組みだけでは少子化の流れはくい止めることはできず，先の「待機児童ゼロ作戦」に加えて，「男性を含めた働き方の見直し」や「地域における子育て支援」，「社会保障における次世代支援」「子どもの社会性の向上や自立の促進」なども含めて，社会全体が一体となって総合的な取り組みを進めていこうと提言するものであった。

少子化対策をベースにした保育所の民営化について考えてみると，そこには2つの意図が推測される。ひとつは待機児童の問題を解決・緩和しようとするもので，これらの事態に対して効果が期待できるものである。もうひとつは，⑤の保育所の民営化に関しては，国や地方自治体の財政が破綻しかねない状況への対応であり，削減した財源を他の保育サービス，あるいは他の分野の財源の充実にあてたいという行政側の意図である。待機児童対策の背景には異なる意図がある。

なお，一般に「民営化」と言われる形態には，①委託等による公設民営化方式と，②施設の（無償・有償）譲渡による民設民営化方式がある。

①の委託等による公設民営化方式は，指定管理者制度や業務委託により管理運営を委ねる方式であり，保育所の管理運営は民間事業者が行うが，保育所の設置主体は自治体である。

②の施設の（無償・有償）譲渡による民設民営化方式は，土地および施設を（無償・有償）譲渡する場合と，土地を（無償・有償）貸与し，施設を（無償・有償）譲渡する場合があり，設置主体も管理運営するのも民間事業者となっている。

これら2つの民営化方式の中間の形態が，土地および施設を普通財産にした上で，民間事業者に（無償・有償）貸与する方式であり，管理は自治体が，運営は民間事業者が行う形式をとっている。

2）公立保育所民営化のメリットとデメリット

公立保育所の民営化のメリットは，早朝保育や乳児保育，延長保育，休日保

育等の特別保育事業はじめとする保育サービスの向上を促進し，保育所の送迎用バスを活用した送迎や行事，習い事等の教育や独自サービスの展開が期待でき，それぞれの保育所が特色ある保育に取り組みやすくなる。

加えて，保育所の数や受入児童数の増員対応などが期待される。

さらに，各法人や企業が保育所の運営に関して決定権を持てる部分が多くなることから，保育所でのさまざまな取り組みやニーズへの対応が迅速に，かつ柔軟に行いやすくなる。

一方，公立保育所の民営化のデメリットとして，保育費以外の保護者の個人負担（制服・備品・教材費の購入などの費用）の増加や民営化される前の保育所での保育方針の変更や担当する保育士の大幅な人員交代により，保護者や子どもと保育者の間で築かれた信頼関係は途絶えることとなり，新たに保育士との関係を築くこととなる。たとえば，公立保育所を民営化する際の引き継ぎ時間が短ければ短いほど，旧スタッフと新スタッフとの情報交換や子どもや保護者とかかわる時間が持てない理由から，事故が生じたり，保護者との誤解やトラブルなどが生じやすくなる。さらに，公立保育所で築かれてきた保育士間の育ち合いや，ベテラン保育士から若手保育士への保育文化・知識・技術等の貴重な財産の継承なども困難となる，などの問題を含んでいる。

なお，公立保育所を民営化するにあたり，子どもの最善の利益を優先するには，スムーズに公立から民間へと移行するための特別措置が必要であると考えられる。

2003（平成15）年12月，保育園を考える親の会では「民間委託（委譲）・民営化に求められる最低条件10か条」（コラム参照）を掲げ，保育サービスの改善につなげるよう提言を行った。

コラム

民間委託（委譲）・民営化に求められる最低条件10か条

1. 求められる「質」をそなえること
2. コスト軽減分は保育のために
3. 利用者が安心できる説明と意見の聴取を

4．人件費の極端な削減は質の低下につながることを念頭に
  5．受託業者の選定は適正に
  6．子どもの負担を最小限にする努力を
  7．責任の所在を明確に
  8．保育園の公共性を維持
  9．直営施設の役割を確認し，急激な変化の影響も検証する長期的展望を
 10．移行後の情報開示および利用者との対等な関係を促進。
出所:「民間委託・民営化に求められる最低条件10か条」,保育園を考える親の会,2003年。

3）公立保育所民営化の現状

　各地方自治体の財政の逼迫した状態は，2013（平成25）年1月現在において，都市部の待機児童問題と同様にほぼ変わりはない。むしろ，保育士不足も拍車をかけて一層混迷を加えた様相であり，公立保育所の民間への移行は確実に進められていくと言える。

　ただし，公立保育所を民営化する中で，問題視されること，イコール「現存する私立保育所を否定すること」ではない。私立保育所には私立保育所のよさがあり，特色を持った運営を行っている保育所は数多くある。これらを認識しつつも，あえて公立保育所の民営化についてこの節で取り上げた理由は，今まで公立であった保育所を民営化することは，子どもや保護者の支援において重要な意味を持つからである。

　公立保育所の民営化とは，公立保育所の「廃止」であるということである。公立保育所の民営化は，NTTやJRなどの民営化とは異なり，経営主体が変わるだけではない。ハコ（＝建物）はそのままであるが，ヒト（＝所長や保育士などのスタッフ）は原則的にすべてが入れ替わることになり，旧所で大切にしてきたこれまでの保育の理念や環境が変わってしまうことを意味する。

　また，公立保育所の民営化を法的な視点から見ると，民間に「委託」（委譲），「移管」されるなどと表現される。しかし，実際は当該公立保育所を「廃止」するという条例が制定され，民営化の措置がとられる。すなわち，これまでの公立保育所が築き上げてきた保育の「実体」（理念や文化）が閉じられることを

意味する。

　これらの事態が進行していく中で見過ごすことのできない事柄は，性急に民営化を進めた自治体に対し，保護者や保育士による住民訴訟が起きている地域が散見されることである。結果として，住民訴訟が功を奏して民営化を阻止した地域もある。一方，住民訴訟で思うような結果が得られなかった地域も見られ，地域によってさまざまである。

　しかし，公立保育所の民営化を進める地方自治体に対して，地域住民が「NO」という意志を突きつけた事実の背景には，「子どもの保育権を尊重してほしい」という保護者や地域住民の強い思いが込められていることを忘れてはならない。

　これまで住民訴訟が起きた主な地方自治体は，大阪府高石市・大東市・枚方市，神奈川県横浜市等が，その先駆けとして挙げられる。

　これらの住民訴訟と裁判の結果についてみると，まず，2003（平成15）年の大阪府大東市の市立保育所の，地域住民が「公立保育所廃止・民営化」の撤回および損害賠償を，市を相手取って求めて訴訟を起こした裁判がある。この訴訟は，2005（平成17）年1月に地方裁判所で棄却され，住民側が控訴している。また，2006（平成18）年4月に高等裁判所が賠償請求を認容する審判を下したが，翌年の2007（平成19）年に最高裁判所が市側及び住民側双方の上告を棄却している。

　また横浜市では，2004（平成16）年，横浜市が一方的に市内の保育所を民営化したことに対して，地域住民が「公立保育所廃止・民営化」の撤回および損害賠償を求めた訴訟を起こしている。この訴訟に対して，横浜地裁は2006（平成18）年に判決を下し，4つの横浜市立保育所の2004（平成16）年3月限りでの廃止を違法であるとするとともに，同市に対して原告（園児と保護者）へ損害賠償を支払うよう命じている。同地裁は，児童福祉法第24条は保護者の保育所選択権を法的利益として保障しているとし，①入所時における保育所の選択，②入所後における継続的な保育の実施，③具体的な保育の実施期間中に選択した保育所を廃止することは許されないこと，の3点を示した。

しかし，横浜市側はこの判決を不服として東京高裁に控訴し，「条例制定は行政訴訟の対象である『処分』に当たらない」として訴え自体を却下したことから，保護者側が逆転敗訴（2009〔平成21〕年）している。また，「移行期間や保護者の理解が十分とは言えないが，保護者らの利益を最大限尊重している」として賠償請求も棄却している。さらに，地域住民は上告したが，2009（平成21）年12月に保護者の請求は棄却されている。

　先に示したように，2003（平成15）年大阪府大東市の高裁および横浜市の地裁の判決では，公立保育所の「廃止・民営化」について保護者が損害賠償を求めた事案に関する判決のみが住民の請求を容認している。しかし，その後の上級裁判所の裁判では，公立保育所の「廃止・民営化」に関する判決は棄却されている（表9-1）。また，高石市，枚方市等の地方自治体が行う，数々の公立保育所の民営化に関する住民による訴訟は，その多くが敗訴しているか，現在係争中である。これらの民営化に関する裁判の今後の動向については，全国の保育所運営に多大な影響を与える可能性が高いことから，見守り続ける必要がある。

　実際に，これまでいくつかの地方自治体で公立保育所をめぐる住民訴訟が実施されているが，これらの裁判所の判決から見ると，民営化の流れは，止めることはできない地方自治の大きな流れとなっている。

　その中で，公立保育所の民間移行の推進状況については，都道府県間格差や自治体間格差が生まれてきている。それは，具体的に言えば公立保育所主導で保育事業を推進している自治体もあれば，長期的には，公立保育所の全面的な民間移行を目指しながらも，住民や保護者の意向を組み取ったり，保育サービスの内容や質の後退を抑制したりしつつじょじょに民間への移行を進めている地方自治体や，地域住民の意向を反映し，可能な限り公立保育所を主体とした保育事業を行う方向性を模索している地方自治体も散見される。

　こうした状況からも，公立保育所の民営化の推進の実現には，さまざまな問題や課題が生じかねない状況があり，公立保育所の民営化の問題は，保育所の主体者である子どもの最善の利益を考えた上で，慎重に推進していく必要がある。

表9-1　公立保育所民間移譲の経過・判決の経過

市	高石市	大東市	枚方市	横浜市
民間移譲発表	2000年9月	2001年11月	2003年6月	2003年4月
条例改正	2001年6月	2002年9月	2003年9月	2003年12月
民間移譲	2002年4月	2003年4月	2004年4月	2004年4月
地裁判決	2004年5月 控訴棄却	2005年1月 控訴棄却	2005年10月 控訴棄却	2006年5月 控訴棄却 賠償請求認容
高裁判決	2006年1月 控訴棄却	2006年4月 控訴賠償請求認容	2006年4月 控訴棄却	2009年1月 控訴棄却
最高裁判所		2007年11月 双方の上告の棄却		2009年30月 上告棄却

出所：三野靖「公立保育所民間移譲判決の比較検討」『自治総研』自治総合研究所，2007年9月号（通巻347号），19頁を参考に，筆者一部改変。

第2節　多様な認可保育園に関するサービス

　認可保育所とは，児童福祉法にもとづく児童福祉施設であり，国が定めた設置基準（施設の広さ，保育士等の職員数，給食設備，防災管理，衛生管理など）をクリアして都道府県知事に認可された施設である（児童福祉法第39条）。

　認可保育所では，保護者の仕事や病気，家庭のさまざまな理由から，保育に欠ける0歳～小学校就学前の子どもに保育を提供する。

　認可保育所には，区市町村が運営する公立保育所と，社会福祉法人や企業，NPO法人などが経営する民間保育所の2つの運営主体が存在する。認可保育所の運営費は，国・都道府県・市区町村の負担と保護者から徴収する保育料とで運営がなされている。

　認可保育所のサービスメニューは多様化し，保育対策等促進事業実施要綱（2008〔平成20〕年6月厚生労働省雇用均等・児童家庭局長通知）「保育対策等促進事業の実施について」については，2000（平成12）年3月29日付の「保育対策等促進事業の実施について」（厚生労働省雇用均等・児童家庭局長厚生労働省雇用均

表9-2 通常保育活動の目標

〈保育にかかわるねらい〉
「生命の保持」
①一人ひとりの子どもが,快適に生活できるようにする。
②一人ひとりの子どもが,健康で安全に過ごせるようにする。
③一人ひとりの子どもの生理的要求が,十分に満たされるようにする。
④一人ひとりの子どもの健康増進が,積極的に図られるようにする。
「情緒の安定」
①一人ひとりの子どもが,安定感を持って過ごせるようにする。
②一人ひとりの子どもが,自分の気持ちを安心して表すことができるようにする。
③一人ひとりの子どもが,周囲から主体として受け止められ,主体として育ち,自分を肯定する気持ちが育まれていくようにする。
④一人ひとりの子どもの心身の疲れが癒されるようにする。

〈教育にかかわるねらい〉
「健　康」
　健康な心と体を育て,自ら健康で安全な生活をつくり出す力を養う
「人間関係」
　他の人々と親しみ,支え合って生活するために,自立心を育て,人と関わる力を養う
「環　境」
　周囲の様々な環境に好奇心や探究心を持って関わり,それらを生活に取り入れていこうとする力を養う
「言　葉」
　経験したことや考えたことなどを自分なりの言葉で表現し,相手の話す言葉を聞こうとする意欲や態度を育て,言葉に対する感覚や言葉で表現する力を養う
「表　現」
　感じたことや考えたことを自分なりに表現することを通して,豊かな感性や表現する力を養い,創造性を豊かにする

出所:「保育所保育指針」を参考に筆者加筆修正。

等・児童家庭局通知)の改正が行われている。この通知に基づいて,①通常保育,②乳児保育,③障害児保育,④延長保育,⑤病時・病後保育,⑥休日・夜間保育,⑦一時預かり保育,⑧地域子育て支援などの事業が実施されている。

(1) 通常保育事業

　子どもはみな将来に向けてすこやかに伸びていく可能性を秘めている。保育所では,子どもが現在の生活を充実して過ごし,望ましい未来をつくりだすための基礎的な力を培うことを保育の目標としている。

保育所では，保育に関する専門性を有する保育者が，家庭との緊密な連携の下に，子どもの状況や育ちをふまえ，保育所における環境を通して，養護及び教育を一体的に行うことを特性としている。通常保育活動では，表9-2に示す諸事項を目指し，保育が行われている。

（2）乳児保育事業

乳児保育事業は，1969（昭和44）年の1歳未満児を対象とする乳児指定保育所制度を始まりとして実施されるようになった。当時は指定された保育所でしか1歳未満児は保育を受けられなかった。また，当時は，「乳児期は家庭において育てられることがのぞましい」と考えられがちな風潮もあったが，育てられることに関する議論（愛着関係の形成の問題等）を経た後に，時代や社会の要請により（第1節参照），乳児保育に関するニーズが高まっていった。現在では待機児童問題の中で一番待機児童が多い層がこの乳児期である。

こうした背景として，1998（平成10）年に保育所の一般事業として，乳児保育事業が一般化され，これにともない指定保育所制度は廃止，児童福祉施設最低基準も改正され，すべての保育所において未満児も保育を受けられるようになり，乳児3人に対して1人の職員を配置することとなった。

乳児は特に，年間を通じて入所児童数の変動があることから，それぞれの保育所において安定的に乳児保育を実施できるよう，年度当初から乳児保育を担当する保育士を確保しやすくし，途中入所のニーズへの対応や乳児の受け入れのための環境整備を行っている。

また，乳児期は特に発達や個人差が大きい時期でもあるため，乳児保育事業がより一層充実し，健康，安全で情緒の安定した生活が送れるような保育実践が行われている。加えて，産後・産児休業明けに入所を希望している妊産婦への指導や，（近隣地域で生活する）育児休業中の保護者や子どもに対する保育にかんする相談支援も行っている。

（3）障害児保育事業

　障害児保育事業は，1974（昭和49）年に「障害児保育事業」として開始され，全国の保育所で障害児保育が施策化されたことに始まる。また同年，文部省（現文部科学省）では，「私立幼稚園特別支援教育費補助金」を開始し，私立幼稚園における障害児保育および障害児教育が施策化されている。

　この障害児保育事業が制度化された背景として，ノーマライゼーション理念の普及や障害児の保育・教育権保障運動が全国各地に広がった影響が大きいと思われる。

　この保育事業の対象は，集団生活が可能な中・軽度の障害を持つ児童であるとされており，障害児保育を実施する保育所では，保育士の加配が行われ，必要な設備の整備も実施されることとなっている。

　現在では，市町村の実績に応じて対応するため，障害児保育環境改善事業により，障害児保育を新たに実施する保育所を対象に，障害児用のトイレなどの設備整備の費用補助が行われている。

　また，保育所における障害児への保育事業の提供は，健常児との活動を可能な限り一緒に行う保育実践（統合保育・インクルージョン保育）や個々の特性や障害の程度に応じ，個別での保育活動を実施している。

　また，2012（平成24）年4月の児童福祉法改正によって，保育所へ通う障害児や保育者に対して専門的な支援を行うための「保育所等訪問支援」を創設している（厚生労働省社会援護局障害保健福祉部障害福祉課「児童福祉法の一部改正の概要について」）。

事　例

僕は２つの保育所に通っています

　4歳のユウキ君（仮名）は，3歳児健康診査の際に，軽度の発達障害があると診断された。医師からの診断がおりた時は，老舗の和菓子屋を営む両親はひどく困惑して落ち込みを見せたが，祖父母の支援もあり，現在はユウキ君とともに生きていこうと前向きな気持ちで彼と向かい合えるようになり，障害を積極的に受け入れ，可愛がって育てている。

ユウキ君は，担当の保健師の勧めもあり，自宅の近くにあるB市立R保育所とB市立発達支援センターへ，週にそれぞれ3日ずつ通っている。
　彼はこうした日常を「僕は2つの保育園で遊んでいるよ」，「ともだちがたくさんいるんだよ」と言って，積極的に通っている。両親も祖父母も，ユウキ君のいきいきしている姿を見て，先々の心配はありつつも，ほほえましく見守っている。

出所：事例をもとに筆者作成。

（4）延長保育事業

　地域環境の変化や社会情勢の変化などと共に，保護者の就労形態の多様化や通勤時間の増加，不定期な勤務時間等が一般的となっている。そのために，家庭の生活サイクルが不安定となり，特に仕事と子育ての両立がむずかしい家庭もあり，これらの家庭の状況に相応する支援を行うために，朝・晩の通常保育時間の前後に時間を延長して保育を行う事業が必要となった。特に，共働き家庭やひとり親家庭の保護者からの延長保育事業の期待度は，保育所への入所希望者の増加とリンクして，さらに高まりつつある。

　これらの状況が進む中で，延長保育事業は，1980年代の無認可のベビーホテルでの乳幼児の死亡事故の多発を契機として，1981（昭和56）年の「延長保育特別対策」として厚生省（現厚生労働省）が創設し，1991（平成3）年には，長時間保育事業として22時までの延長が認められるようになった。

　延長保育は，次世代育成支援対策交付金の特定事業のひとつであり，特別保育事業として実施されている。児童福祉法では，保育所の保育時間はおおむね8時間と規定（児童福祉法第34条）しているが，延長保育に関しては，通常の保育所の11時間の開所時間の前後に，30分から1時間の保育時間の延長を行うものであるとされている。さらに2時間以上6時間までの延長保育を実施する場合は，5段階ごとに延長時間を設定することができる。加えて，延長保育は通常の保育所の開所時間（前後）を超えて保育を行うために，保育の質の確保という観点からも，加配保育者が置かれている。

　子どもたちは，保育士によって延長保育専用の保育室などに集まり，食事をしたり，年齢に応じた基本的生活習慣の支援を受けたりしながら，異年齢保育

を柱とした保育を提供されている。

　また，延長保育を行う場合には，保育所は子ども一人ひとりのニーズや保護者のニーズに応じるよう，かつ，むやみに心身の負担を強いることのないよう，保護者と子どもの親子関係の調整に配慮をしながら保育を実践するための努力をしている。

　けれども一方では，実態として環境や設備，保育士数に限界があり，提供されるサービスは決して十分なものとは言えない現実も同時に抱えている。そのため，子どもの発達や発育，あるいは親子の愛着関係の形成ということも考慮し，保育の質や保護者に対する支援への配慮は欠かせないものとなっている。

（5）病児・病後児保育事業

　病児・病後児保育事業は，1994（平成6）年に病後児デイサービスモデル事業として予算化された。その後，1998年度に乳幼児健康支援一時預かり事業として位置づけられ，2007（平成19）年度からは病児・病後児保育事業としてサービスが提供されることとなった。

　この病児・病後児保育事業は「病気の子どもの一時預かりや保育中に体調不良となった児童への緊急対応を行うことにより，保護者の子育てと就労の両立を支援する」ことを主な目的としており，4つの事業がある（表9-3参照）。

　この病児・病後児保育事業は，病院や診療所，保育所に併設された専用スペースや病児・病後児保育専用の施設で行う「病児対応型」「病後児対応型」，一般の保育所に専用スペースを設けた「体調不良児対応型」，自宅などへ看護師や保育士・保育ママらのスタッフを派遣する「訪問型」がある。

　対象となる子どもの年齢は，おおむね10歳未満の子どもとなっている。また，普段保育所に通っていない在宅家庭の子どもも利用することができる。ただし，医療機関併設以外の病児・病後児保育室は，急性期（これから症状がピークを迎える症状の時）には預からないことが原則となっている。利用料は地域や施設によって異なるが，利用に際し助成金が出る自治体もある。この病児・病後児保育事業を行う際，看護師資格や医師資格を有する職員が必要とされるため，

表9-3 病児・病後児保育事業の分類

類型	保育対象児童および保育を行う場所
病児対応型	当面症状の急変を認められないが，病気の回復期に至っていない児童（保育所）
病後児対応型	病気の回復期にある児童（保育所）
体調不良児対応型	保育中に体調不良に陥った児童（保育所の医務室や空いたスペース）
訪問型	当該児童において一時的に保育する非施設・訪問型

出所：山縣文治編『よくわかる子ども家庭福祉』ミネルヴァ書房，2012年，150頁を参考に筆者作成。

人件費が嵩んでしまう。また，感染症の流行などで季節により利用者数の増減が激しく，経営が難しいという課題もある。また，これらの保育所の中には看護師が常時勤務していなかったり，医師との連携が不十分だったりするケースも見られる。

病児・病後児保育事業に関するニーズはとても高いが，病児・病後児保育に対応できる施設や，また，仮に対応できる施設であったとしても，スタッフ不足という課題がある。けれども，さまざまな事情から病気の子どもの看病に困っている保護者は多く，病児・病後児保育が整備されることは急務であると考えられる。

(6) 休日・夜間保育事業

1) 休日保育事業

休日保育事業は，日曜・祝日の保護者の勤務などによって，休日保育が必要な子どもを預かる事業である。1999（平成11）年度に試行事業として始まり，その後，より必要性が高まったことから，2000（平成12）年度に正規の休日保育事業として推進されることとなった。

この事業は，市町村長が指定する休日保育実施保育所で行われ，実施保育所は，休日等も含めて年間を通じて開所することを原則としている。開所時間については，保護者の勤務時間その他の家庭の状況等を考慮して，市町村長が定めるとされている。

また，休日保育を実施している保育所に通う児童以外に対しても，必要に応

じてサービスを提供することもできる。さらに，お盆や年末年始といった特別な休日の場合にも，保育することが可能となっている。

なお，2008（平成20）年における日曜・祝日等に保育所で児童を保育する休日保育は927か所で実施されている。

２）夜間保育事業

夜間保育事業は，1981（昭和56）年度からモデル事業として開始され，1995（平成７）年からは正規事業として，夜間保育推進事業として実施されている。保育時間を通常の保育時間の前後６時間延長，最大で12時間延長することが可能である（表9-4参照）。

表9-4　夜間保育を行うデイリープログラム例

時　間		プログラム
8:30～9:30	早朝保育	登園・視診・あそび（異年齢児保育）
9:30～17:00	通常保育	各年齢クラスでの保育
17:00～20:00	延長保育	夕食・あそび（異年齢児保育）
20:00～24:00	夜間保育	シャワー・就寝・順次降園

出所：夜間保育所への聞き取りをもとに筆者作成。

実施施設は，基本は夜間のみの保育を行う保育所として設置許可を受けている。ただし，保育所の分園が夜間保育を中心に行う際には，開所時間の差を設けて実施することで，通常保育と夜間保育を実施することが可能となる。

なお，2008（平成20）年における夜間保育所の開設数は，全国で77か所となっている。

３）延長保育・夜間保育の課題

延長保育・夜間保育の課題は，子どもの発達上のリスクや親子関係が気になるところである。

長時間保育を受ける子どもに対する縦断研究を行った網野ら（2004〔平成16〕年）の興味深い結果がある。それは，子どもの発達上のリスクに関しては，保育時間の相違，つまり11時間以上と11時間未満での子どもの発達に差は見られなかったという。そこで，子どもの発達に差が出てしまう要因について分析を

行う中で浮上してきたことがらは，保護者や家庭の状況が強く影響しているということであった。特に保護者に育児相談者がいない場合には，相談者がいる場合に比べてリスクが高いという。また子どもの人とかかわる力や他者への理解については，家族で一緒に食事をする機会がめったにない場合は，機会がある場合に比べて発達リスクが高かったと述べている。つまり，子どもの発達には保育時間は直接的な関連要因として見いだされないが，保護者のサポートがあるかどうか，また子どもの発達に見合った保育士の適切な働きかけがなされているかどうかが関連していることが明らかになったという。

以上の知見をふまえて考えると，子どもを育てる主体である家庭への支援の必要性や，長時間保育における保育の質の一層の向上が求められていることがわかる。

(7) 一時預かり等事業

一時預かり等事業は，一時保育事業と，保護者の就労形態の多様化にともなう断続的な保育ニーズ等に対応する特定保育事業の2種類に分けられる。

前者の一時保育事業は，保護者の通院，冠婚葬祭，社会参加活動，育児疲れ，介護疲れの軽減等を目的として，一時的に子どものために保育を行う。

後者の特定保育事業は，パートタイム勤務や育児短時間勤務等の就労形態の多様化にともなって，一定程度の保育（1か月あたりおおむね64時間以上，週2・3回程度）を必要とする保護士のために子どもの保育を行う。

従来から一時保育促進事業として行われていたが，2009（平成21）年の児童福祉法改正により，児童福祉法にもとづく事業として実施されている。この事業は，保育所で行われる「保育所型」と地域子育て支援拠点や駅周辺等の利便性の高い場所で行われる「地域密着型」がある。

ここ数年，保護者や家庭等の多様な事情から，通常保育を活用しない，あるいはできない保護者が増加し，一時預かり等事業のニーズが高まりつつある。

そのため，地域によっては，利用したい時にできないという状況でもある。

233

表9-5 地域子育て支援事業の概要

【必須事業】

事業名	実施主体	事業内容
放課後児童健全育成事業	特に指定なし 市区町村，社福法人，父母会など	保護者が仕事等により昼間家庭にいない小学校低学年児童に対し，授業の終了後に児童館等において適切な遊びと生活の場を与える。
一時保育事業	市区町村 保育所を経営する社福法人，NPO法人等へ委託することが可能	専業主婦等が育児疲れの場合や急病の場合などに保育所において，一時的な保育を行う。
病後児保育事業	市区町村 保育所等を経営する社福法人，NPO法人等へ委託することが可能	病気回復時期にある乳幼児を保育所，病院等において一時的に預かる。
ファミリー・サポート・センター事業	市区町村 社副法人，NPO法人等へ委託することが可能	育児を受けたい人と行いたい人を会員とする組織により，保育所までの送迎，保育所閉所後の一時的な預かり等，育児についての助け合いを行う。
育児支援家庭訪問事業	市区町村 社福法人，NPO法人等へ委託することが可能	児童虐待の未然防止や諸問題の解決等を図るため，①出産後間もない時期の家庭への子育てOBや産褥ヘルパーの派遣による育児等の援助，②対人接触を図ろうとしない等の育児困難な家庭への保健師等の派遣による専門的な支援を実施する。
地域子育て支援センター事業	市区町村 児童福祉施設を経営する社福法人，NPO法人等へ委託することが可能	子育て不安に対する相談・指導や，子育てサークルへの支援等地域の子育て家庭に対する育児支援を行う。
つどいの広場事業	市区町村 社福法人，NPO法人等へ委託することが可能	主に乳幼児（0～3歳）を持つ子育て中の親が，打解けた雰囲気の中で気軽に集い交流すると共に，子育ての相談に応じる「つどいの場」の提供を行う。
子育て支援総合コーディネート事業	市区町村 社福法人，NPO法人等へ委託することが可能	「子育て支援総合コーディネーター」を配置し，地域における多様な子育てサービス情報を一元的に把握するとともに，子育て家庭に対する総合的な情報提供，利用援助等の支援を行う。

【選択事業】

事業名	実施主体	事業内容
ショートステイ事業（子育て短期支援事業）	市区町村 児童養護施設等を経営する社福法人，NPO法人等へ委託することが可能	保護者が病気になった場合などに児童養護施設等において一時的に児童を短期間（7日間程度）預かる。
トワイライトステイ事業	市区町村 児童養護施設等を経営する社福法人，NPO法人等へ委託することが可能	保護者が仕事等により帰宅が夜間になる場合や休日の勤務の場合に，児童養護施設等において一時的に預かる。
訪問型一時保育事業（乳幼児健康支援一時預かり事業）	市区町村 社福法人，NPO法人等へ委託することが可能	保護者が病気になった場合に一時的に児童の居宅に保育士等を派遣して保育を行う。
特定保育事業	市区町村 保育所等を経営する社福法人，NPO法人等へ委託することが可能	保護者がパートを行ってる等により保育が困難な就学前児童に対して，週2，3日程度又は午前か午後のみ等の柔軟な保育を行う。

出所：厚生労働省　www.mhlw.go.jp/houdou/2004/06/dl/h0618-6d．より引用。

(8) 地域子育て支援事業

　地域子育て支援事業には，子育て家庭にとって身近な地域の拠点として，子育ち・子育て支援の中核的機能を担うことが期待されている。

　この事業は，主に保育所に併設されていた「地域子育て支援センター」，子育て当事者による草の根的な運動から発展してきた「つどいの広場」という，成り立ちの異なる2つの事業が再編・統合された結果，誕生したものでもある。

　そのため，市町村，社会福祉法人，NPO等の運営主体と，それらに従事する保育士，子育て経験者，保健師，児童厚生員等のさまざまな実践者が混在し，支援内容の多様化が進んでいる。事業内容は表9-5の通りである。

　この事業は，都道府県・市町村とも，ほとんどが国の基準通りに実施している。類似事業として，都道府県または市町村の単独事業として行われているものがある。市町村の類似事業の名称としては，「子ども家庭支援センター」，「〜広場」，「〜サロン」，「〜クラブ」など，地域によりさまざまな名称がつけられている。なお，市町村での実施割合は6割程度と言われている。

第3節　認定・認証保育所におけるサービス

　特に都市部において増え続ける待機児童対策のために，都道府県が独自の保育所設置基準を設定し，設置基準・職員構成・利用料などの弾力化を図り設置した保育所である。

　地域によって「認証保育所」（東京都），「認定保育室」（相模原市），「認定保育ルーム」（千葉市），「届出保育施設」（福岡県），「認可外保育施設」（川崎市），「横浜保育室」（横浜市）など，呼称はその地域によってさまざまである。この節では，代表的な取り組みである東京都の認証保育所を紹介する。

　東京都では，2001（平成13）年から「認証保育所制度」を発足した。大都市圏である東京都では，待機児童問題は深刻な問題であり，その対策として制度化された（表9-6）。

　東京都の認証保育所の基準は，0歳児を受け入れることや，13時間以上の開

表 9-6　東京都・認証保育所の制度創設の意図

1）現在の認可保育所だけでは，ニーズに応えきれていない大都市のニーズに対応しようとする都独自の制度である
2）大都市の特性に着目した都独自の基準（認証基準）を設定している
3）企業の経営感覚の発揮により，多様化する保育ニーズに応えることのできる新しいスタイルの保育所を設けるというねらいがある

出所：東京都福祉保健局 HP より引用。

表 9-7　認証保育所の基準

1）全施設で0歳児から預かる。
2）全施設において13時間の開所を基本とする。
3）都が設置を認証し，保育の実施主体である区市町村とともに指導する。
4）保育所についての重要事項を随時情報提供する。
5）情報公開によりニーズにあった保育所が選べる。
6）利用者と保育所が直接利用契約できる。
7）料金は上限を決める。
8）都独自の基準を設定し，適切な保育水準を確保する。

出所：東京都福祉保健局 HP より引用。

所時間があること，正規の職員（保育士）が職員全体の6割以上いることなどである（表9-7）。都および区市町村は基準を満たす保育所を認定し，設立主体である民間事業者や個人に運営費の補助を行っている。

現在，認証保育所にはA型（駅前基本型）とB型（小規模，家庭的保育所）の2種類があり，A型が578か所，B型が86か所，計664か所が運営されている（2013年1月1日現在・東京都福祉局 HP 参照）。

東京都では，認証保育所は保育所が守るべき最低基準を弾力化（幅を広げ，柔軟に対応する）し，それぞれの園で独自の特色を持った運営がされている。そのため認可保育所に比べ，保育所を安価に設置・運営することができる。保育に対する財政縮減を図ることができる利点はあるが，利益や企業の競争と保育の質が比例するとは言い難いことは，保育所の民営化の項で述べた通りである。

また，利用者に対し補助金を給付する自治体もあるが，住んでいる地域により補助金の差があるため，保護者の負担額が多くなってしまい，経済的に逼迫

している家庭には利用しにくいという問題もある。

第4節　家庭的保育サービス

　家庭的保育（注：「家庭的保育サービス」，「保育ママ」など，自治体によってさまざまな呼称がある）とは，自治体の認定を受けた保育者の居宅で行う保育である。保育を受ける乳幼児や児童は，保育所に通うのと同じニーズを持つ子どもであり，保育所と同じように保護者の就労や病気などの理由で，日中家庭で保育できない子ども（保育に欠ける子ども）が対象である。

　家庭的保育サービスは，児童福祉法（児童福祉法第6条の3第9項）にもとづき，市区町村が実施する公的な保育である。大人数の保育所に比べ，小規模で家庭的で温かな雰囲気の中で，保育が行われるところに特徴がある。もともと家庭的保育の歴史は古く，産休明け保育や保育所不足などを補うために，働く母親同士の互助的な組織として各自治体により創設され，実施されてきた。

　2000（平成12）年に国の補助事業となり，2010（平成22）年には児童福祉法で保育所保育の補完的役割を担うことと法律で位置づけられるようになった。

　家庭的保育には，家庭的保育を行う保育士が連携する保育所の支援を受けながら子どもを保育する「個人実施型保育」と，保育士が家庭的保育を行う保育士を雇用し保育所等の支援を受けながら子どもを保育する「保育所実施型保育」の2つの形態がある。

　①保育士が保育を行う

　保育にあたる者は基本的に保育士資格所有者である。保育士資格を保有していない場合は，講義と実習による認定研修を受け，保育士と同等の知識や技術を持つと市区町村長が認めた者が家庭的保育者となることができる。

　②家庭的な環境での異年齢保育

　保育は保育者の居宅，あるいはその他の場所に整備された専用の保育室で行われる。保育室は子どもの人数に応じた広さが規定されているが，それ以外にも，居間，食堂，庭等を活用する保育士もいる。安全に十分配慮された専用の

保育室で，3人から5人の異年齢の子どもが，きょうだいのような関係を体験しながら共に育つことを心がけている。

③小人数ならではのきめ細やかな保育

子どもの数が少なく，一人ひとりの発達の状況，興味・関心，体質・体調等の状況にきめ細やかに対応するために，特に発達や発育に個人差のある低年齢児の保育では，対象の子どもの状況に相応した支援ができる利点がある。また，1人の保育者がかかわるため担当が固定化され，子どもとの信頼関係が形成されやすい。さらに保護者共，より緊密な信頼関係を築くことができる。

④地域に密着した保育

保育にあたる者は子育て経験者が多く，子育て中の保護者への共感的理解も深いことも特徴である。保護士も安心して子育てに関して相談ができ，地域の子育て支援としても一役を担っている。保育にあたる者とその家族，近所のお年寄りや子ども，公園や児童館で出会う親子等，地域密着系の多様な人間関係を活用しながら生活支援ができる。

第5節　認可外保育所におけるサービス

認可外保育施設とは，認可保育園以外の保育サービスを提供する保育施設を指している。この事業は，ファミリー・サポート・センター事業やベビーホテル，院内保育施設，企業内保育施設，認定・認証保育所，病児・病後児保育などが挙げられる。

認可外保育所の保育の場所は，施設と居宅とに分かれる。待機児童の増加と共に，施設数も入所児童数も増加している。運営主体はさまざまで，企業・NPO法人・学校法人・個人等である。自治体からの補助金を受けて運営されているところもある（「認可外保育所」，「無認可保育所」，「未認可保育所」等も同様の位置づけである）。

認可保育所では，厚生労働省が定める一定の基準（児童福祉施設の設備及び運営に関する基準）を満たした上で，都道府県知事の認可を受け開設されており，

表9-8 「認可外保育施設指導監督基準の指針」の主な基準

1. 保育者の配置はおおむね児童福祉法最低基準に準じていること
   おおむね3分の1以上が有資格者であること
2. 保育室の面積は、おおむね乳幼児1人当たり1.65平方メートル以上であること
3. 漫然とテレビやビデオを見せ続けるなどの放任的保育の禁止
4. 消火用具、非常口その他非常災害に必要な設備が設けられていること。
5. 保育室を2階に設ける建物には、保育室その他乳幼児が出入りし又は通ずる場所に、乳幼児の転落事故を防止する設備が設けられていること。

出所：厚生労働省HP。

運営費や施設整備費に対する国からの補助金によって運営が行われている。認可保育所であれば、公立であれ私立であれ、自治体の福祉事務所において保護者の申し込みにもとづき入所を決定する。保育料や入所基準は、同じ自治体の中であれば公立や私立による格差は基本的にはなく、一定となっている。

一方、認可外保育所は、認可保育所に入所できなかった待機児童の解消や、保護者が夜勤など不規則な時間で働いている場合や、認可保育所ではカバーしきれないサービスが受けられることが利点である。

これらの認可外保育施設で適切な運営が行われるよう、各都道府県は指導・監督を行っている。指導・監督の基準は自治体ごとに異なるが、基本的な方向性は、厚生労働省が作成した「認可外保育施設指導監督基準の指針」（表9-8）にもとづいている。

しかし、すべての施設が指導・監督を受けている訳ではない。中には、届出義務を果たしていない施設も存在する。利用にあたっては、保護者の慎重な選択が必要であり、また、行政による徹底した指導も必要不可欠である。

第6節　子育て支援サービスの課題

（1）保護者のニーズに合わせたきめ細やかな保育サービスの必要性

子育て世代である20代後半〜30代の保護者は、職場では「働き盛り」と言われる世代である。職場の仕事量が多くなり、責任も地位もある立場で働いている人たちも多い。

そうした中で，平均的な保育所の開所時間に合わせ，「9時に出勤，残業なしで18時に退社」が可能な保護者は限られている。そのため，「早番」，「遅番」等のシフト制による勤務時間のバラつきや，忙しい時期，あるいは突発的な仕事が舞い込んだ時には急な残業，ということもありえる。このような事態が生じると，保育所の開所時間と保護者の労働時間はかみ合わなくなってしまう。したがって，保護者の勤務や生活の変更に柔軟に対応できるような，さまざまな保育メニューを兼ね備えた保育サービスが展開される必要があるだろう。

　また，保育所には，保護者も子どもを安心して預けられ，子ども自身が安全で安定した生活を送ることができる質の高い保育が前提とされる必要がある。また，子どもが保育を継続的に受けられるよう，保育料も極力低く抑えられることが求められるだろう。

　本章で見てきた保育サービスは，サービスを必要とする子どもや保護者，あるいは保育士が，根気強い社会活動を行ってきた結果，制度化されてきたものである。

　しかし，これらの保育サービスは，大都市圏に限られていたり，利用時間帯やサービス自体が保護者のニーズに対応しきれていなかったり，利用料が高額であったりと，「帯に短し，たすきに長し」の状況であり，まだまだ内在する課題は多い。

（2）保護者の「働き方の見直し」や「雇用の安定」が不可欠

　「急に残業になってしまった」，「休日に出勤しなくてはならない」等，保護者が生活のスケジュールの変更を余儀なくされた時に，いつでも「子どもを保育所に預けられる」という安心感が持てることは大切なことである。しかし，子どもにとっては，この状態は決して好ましい状況ではない。なぜなら，「いつもの時間に，お迎えに来ない」，「いつもと違う環境やかかわりの少ない保育士と過ごしている」という状況で保護者を待つ子どもは，「不安」がない訳はない。

　そうした子どもからの視点で見ると，夜勤のある看護師や塾講師，飲食業等，

不規則な勤務形態の保護者のためにも,「子どもを不安にさせない」,「さびしい気持ちにさせない」保育サービスの質の向上や場が確保されていることは,一層必要となっている。

　一般的に,0歳からの保育や長時間保育では,保護者,特に母親と分離されている時間の長さは,子どもにとっても,保護者と子どもの関係性においても,マイナスであると強調されることも多々ある。しかし,この種の問題は,子どもが保護者と共にいる時間の長さの問題ではなく,保護者や家庭全体の養育の質や保育所の質,そして,子どもを取り巻く社会環境や子育て支援の方向性が重要なのである。

　もちろん,保護者の生活や仕事のニーズばかりを優先していることは好ましい事態ではない。保育の主体はあくまで子どもである。そのために,子どもが保護者のもとでのびのびとした子ども時代を送り,また保護者も子育てを楽しむという生活スタイルのためには,そこで縁の下の力持ちの役割を期待される保育所や保育士の役割は大きいと思われる。

　加えて,保護者の働き方の見直しや,安定した雇用も必要となってくる。子育てには,保護者の職場の協力は欠かせない。また,保護者の「ワーク・ライフ・バランス」,つまり保護者が子どもや家族と過ごす時間の充実,保護者が自分自身の趣味の時間を持つことができるなど仕事と生活がバランスよく調和することは,子どもや保護者の生活の充実を図るためには欠かせない。

(3) 子育て家庭への経済的支援

　現在日本は,OECD諸国の中での相対的貧困率が第7位という高い割合となっている。その中でも,日本におけるOECDの評価では,わが国のひとり親家庭の相対的貧困率は54％であり「下位」の水準にある,という深刻な数字が示されている。一見豊かに見える現代の日本においても,貧困の問題は私たちのすぐ身近に存在している(表9-9)。

　また日本では,保育や幼児教育に対するコストの半額以上を家計に頼っている現状がある。そのため,生まれる家庭によって子どもの生活に格差が生じて

表 9-9 OECD 相対的貧困率

(%)

期＼国	日本	アメリカ	カナダ	イギリス	ドイツ	フランス	イタリア	スウェーデン	オーストラリア
1990年代半ば	13.7	16.7	10.7	10.9	7.2	7.6	14.2	3.7	11.4
2000年頃	15.3	16.9	11.4	10.2	7.6	7.2	11.8	5.3	12.2
2000年代半ば	14.9	17.0	11.7	8.3	8.3	7.2	11.4	5.3	13.2

注：相対的貧困率とは，所得（この場合は等価可処分所得）の分布における中央値の一定割合（本表では50％）に満たない人々の割合である。
出所：OECD Database "Income distribution ― Poverty", OECD iLibrary HP より（2013年2月現在）。

しまいやすい。親の貧困は子どもへと直結し，子どもの育ちの上で困難や不利をもたらしてしまう。貧困は身体的な発達はもちろんのこと，生活の質や経験の深さや幅，あるいは人間関係の幅等も制限されやすいことから，家庭の貧困の土壌から支配されやすく，世代を超えて負（貧困）の連鎖が生じやすいという問題を含んでいる。

保育・幼児教育に対するコストを家計に頼ることは，すなわち国による子育て家庭への公的支援の少なさを表している。その中でも，日本における0～5歳までの就学前の子どもに対する支出の少なさは深刻と言えるだろう。

OECDでは，『OECD保育白書――人生の始まりこそ力強く』という報告書の中で，「子ども期に対する国や地域からの手厚い支援が子どもの成長や，ひいては将来の国の成長に必要である」と訴えている。そうした意味からも，子育て家庭に対する経済的な負担を減らし，公的支援を増やす手立てや安定した基盤の整備が早急に考えられる必要がある。

【演習課題】

1 「公立保育所の民営化」についてあなたはどう考えるだろうか。本章第1節を読み，改めて自分の意見をまとめてみよう。そして，周りの人たちとその意見を交換してみよう。
2 子育て支援サービスは，すべて保護者自身が利用のための申請をする必要がある。制度を知らない・申請ができない保護者にはどのような対応が必要

だろうか。
3 諸外国では幼児の保育や教育を義務化している国がある。あなたはこの制度についてどのように考えるだろうか。「子どもの貧困」という観点から自分の意見をまとめてみよう。

〈参考文献〉
OECD, 星三和子他訳『OECD保育白書——人生の始まりこそ力強く』明石書店, 2011年。
全国保育団体連絡会・保育研究所編『保育白書　2009年版』ちいさいなかま社, 2009年。
全国保育協議会『保育年報2009』全国社会福祉協議会, 2009年。
網野武博他「保育所における延長保育・夜間保育の意義と課題——その推移と動向から探る」『厚生労働研究』2004年。
三野靖「公立保育所民間移譲判決の比較検討」『自治総研』自治総合研究所, 2007年9月号（通巻347号）, 19頁。
山縣文治編『よくわかる子ども家庭福祉』ミネルヴァ書房, 2012年。

〈理解を深めるための本・ビデオ〉
内閣府編『平成24年版　子ども・子育て白書』勝見印刷, 2012年。
　　——子どもや子育てに関するさまざまな施策, その内容・方針やデータが盛り込まれた, まさに「日本の子育ての現状」がわかる一冊である。毎年データが更新され, 出版されている。
ひとなる書房編集部編『涙では終わらせない——保育園民営化・当事者の証言』ひとなる書房, 2008年。
　　——「保育所の民営化」に直面し, 裁判に踏み切った保護者, 民営化で保育所を受託した法人側の保育士, 民営化が行われた公立保育園の園長と, 3つの立場からの手記である。公立保育園の園長の手記に出てくる, ある保護者の台詞,「新旧の先生方も悪くない, 親も悪くない, でも子ども達に一番負担がかかったよね。こんな思いを他の子ども達に二度と味わわせたくない」——それぞれの率直な実感が伝わってくる。
V-toneライブラリー『保育所の地域子育て支援(1)(2)』V-tone新宿スタジオ。〈ビデオ〉
　　——延長保育, 休日保育, 地域子育て支援事業など, 保育所における地域子育て支援サービスを先駆けとして始めたある保育所の所長たちのインタビューをもとに, 支援の実際をわかりやすく紹介したビデオである。

（坪井　瞳）

第10章
特別に配慮の必要な家庭への支援

学習のポイント

本章ではまず「支援する」ということについて概観する。次に「虐待の可能性のある家庭への支援」、「発達障害のある子どもを抱えている家庭への支援」を取り上げ、それぞれのテーマが持っている基本的な知識を学ぶ。さらに問題の発見や把握、初期の対応や他機関との連携、継続的で日常的な支援の方法を考察する。

第1節 「支援する」ということについて

(1) そばに寄り添うことの大事さ

人は、子どもであれ大人であれ、そばに寄り添われて、見守られている時に、持てる力を発揮できることを事例を通して学んでみよう。

事 例 (1)

「家のママってすごいんだよ～」

あっこちゃん（仮名）は小さい頃からピアノを習っていたが、このごろとても上手にピアノが弾けるようになったとうれしそうである。「あのね、ママって魔法使いみたい。だってピアノの先生はね、『あっこちゃん、ここはそっと弾くのよ』とか『ここは2の指でね』とか言って教えてくれるけどね、ママは何にも言わないの。ただにこにこして聴いているだけ。時々『すてきね』っていうぐらい。それなのにママがそばにいるとすぐ上手になっちゃうの」と教えてくれた。

あっこちゃんの母親にこの話をしてみたところ、「私は楽譜もたいして読めませんし、もちろん音楽的な才能なんかまったくないので、あっこに手取り足取り教えてあげることができないのです。でもあっこがピアノを弾き出すと、私はそばで聴きたく

なるのです。あっこはうまくないかもしれませんが、私にとってはあっこのピアノの音色はすてきに聴こえます。そして、不思議なのですが、あっこは私がそばにいると楽しそうにピアノを弾きますし、ピアノへの集中力が出てくるみたいです。楽譜に合わせて手を動かすという点では私がいてもいなくても変わらないのに」。

「自分の部屋より母のいる居間で勉強する方が好きだった」、「国語の音読の宿題を祖母に聞いていてもらうと楽しかった」など、子ども時代にあっこちゃんと似たような体験をしている人は案外多いのではないかと思われる。人は自分のことを好きになって見守ってくれる存在を近くに感じる時には、子どもであれ大人であれ、心を外に拡散せずに自分自身に深く取り組むことができるからである。これは幼稚園や保育所、家で子どもと遊んでいる時も心理療法を行っている時も同様である。人にとって、そばに寄り添って見守っている人の存在がいかに大事かということがわかる。子どもが園庭で遊んでいる時も、保育者が外に出て見守っていることが大事だと言われるのはこのようなことからである。子どもが木登りをしている時に、見守る大人がそばにいる時といない時では事故率まで違うというのもうなずけるであろう。木登りをしている子どもは、保育者に見守っていてもらうことで、あっこちゃんと同じように自分が取り組んでいることに集中できるからではないだろうか。

また、保育者が保護者にかかわる時にも、何か目に見える支援をするとか、もっともらしいアドバイスなどしている時には、相手とかかわった気になることも多い。しかし、子育てに迷った保護者が、自分の心を深く見つめ、その人らしく子育てができるように、保育者が近くに寄り添っていることはむずかしいが、大事な支援なのである。

(2) 相談業務に必要な支援者の態度

相談業務に必要な支援者の態度として、基本的には「傾聴、受容、共感」が大切である。これは、「人間にはもし問題を抱えて傷ついても、傷ついた心や体を自分で癒そうとする力が備わっている」という人間理解がもとになっている。

人が傷ついたり，困惑したりしている時に，友人に話を聴いてもらい，気持ちを理解し受け入れてもらうと，「……あ，ふと思ったんだけど……。話しているうちに自分が気にしていたことがはっきりしてきた」，「今どうしたらよいか気づいたことがあった。それに気持ちがちょっとすっきりしてきて，大丈夫。やっていけそう」などと感じることがある。自分の抱えている現実はあまり変わらなくても，自分の気持ちが変わることで，悩みが解消することがある。相談者の心の中に答えがあると言える。人は自分の心の中を日頃はあまり意識しないが，他の人に話を丁寧に聴いてもらい，共感してもらうと，自分では気づかなかった自分自身の心を深く見つめる機会になる。そのことによって，心の中を整理し，怒りや不安などを治め直すことができると言ってもよいであろう。「傾聴，受容，共感」という支援者の態度は，保育者が保護者支援をする時に身につけておきたい大事な技術である。

　外から見ると，ただ相談者のそばに寄り添って存在しているだけのように見えるこのような支援者の態度は，一見簡単なように思われるが，実際に取り組んでみるとエネルギーのいる，むずかしいかかわり方である。人は自分の考えや感じ方に違いがあり，目の前にいる相談者や子どもの姿にいつも共感できるとは限らない。それでも目の前の人の存在を受け入れて，支援者好みの人になるように相手をコントロールせずに，その人がその人らしく生きることを支えることはそうたやすくできないのである。

　支援するということは，支援者が「絶対こうした方がいい」と思っても，支援者の思い通りにさせたり，相手をコントロールすることとは異なる。

コラム

"I never promised you a rose garden"
（「私はあなたにバラの花園を約束したわけではない」）

　この本（『デボラの世界』）は，統合失調症を病むデボラという名の少女とその主治医である精神科医との関係を記した小説である。デボラはこの精神科医の支援を受けながら，自分の置かれた現状に対する解決をこの主治医から得ようとするが，主治医はデボラに "I never promised you a rose garden" と答えている。「私はあなたにバ

ラの花園を約束したわけではない」と。
　このことばは，人が（他）人を支援する時に覚えておきたいキーワードである。人が人を支援することとは，支援者が支援を求めている人にハッピーやラッキーを与える約束をすることではないことを簡潔に表したことばととらえてよいであろう。
　人は交通事故に遭って道路に倒れている老人を見つけたら，すぐに救急車を呼ぶし，赤ちゃんがハサミを持ち出して歩き出したら，すぐに手からハサミを取りあげる。このように，人が人を支援する時には現実的な手助けを必要とすることがある。
　しかし，支援者は魔法使いでもスーパーマンでもない。支援者が魔法使いになって，相談者にばらの花園やほしいものをいつでも与えることはできない。人が人を支援する時には，現実に起こっている問題そのものに対する解決方法を教えるのではなく，相談者自身が問題を乗り越える力を養うための支援をする必要がある場合も多い。人が人を支援するとは，支援者が相談者に寄り添い，相談者の心の声に耳を傾け，相談者の心に深くかかわることによって，相談者自身が自分の問題や悩みに取り組み，自分の中にある答えや力を導き出す手伝いをさせてもらうことである。支援者は，相談者が自分の心の中にある花園から自分自身の答えであるバラの花を見つけ出す手伝いをしたいものである。

　出所：ハナ・グリーン／佐伯わか子・笠原嘉訳『デボラの世界』みすず書房，1971年。

第2節　虐待の可能性のある家庭への支援

　保育者が虐待をする可能性のある保護者の話を傾聴し，受容し，共感することは，大変なエネルギーのいる作業である。しかし，保育者の態度によっては，保護者自身が自分の抱えてきた問題と向き合うことで虐待が収まっていくことがある。
　ここでは「虐待の可能性のある家庭への支援」について，虐待の現状や分類，保育者による問題の発見や把握，初期の対応や他機関との連携，継続的で日常的な支援の方法等について考える。虐待の可能性のある家庭への支援は，保育者がひとりで抱え込むことのできない支援でもある。保育者は個別の事例ごとに子どもだけでなく家庭にも丁寧に対応していくことが求められ，さらに，関係各機関との連携も必要とされる。
　虐待をしている相談者に対して，支援者にはどのような態度が望まれるのか，

実際の現場で何ができるのかを以下の事例を通して考えてみよう。

> **事例（2）**
>
> **たっ君のおしりに残った手跡**
>
> 　たっ君（仮名）はある日，泣きながら登園してきた。ほっぺには大人の手の跡が残っていた。母親はとても興奮して「この子はなんでこんなにうるさいの。自分勝手で私に甘えるばっかりで。だいたい要求が多くて。この子の姉はやさしくっていい子なのに，男の子って本当に育てるのが大変です。もう我慢できない」と先生に訴えた。
>
> 　たっ君は日頃から幼稚園ではあまり表情がなかったが，他の子どもと比べて，知的には高い様子がうかがわれた。時計も読め，字も書いたり読んだりできた。母親はたっ君の2歳上の姉にはやさしく接することができるのに，たっ君とはそりが合わないようで，いつもイライラしているようだった。ことばの端々から，たっ君が男の子であることが気に入らないように見えた。
>
> 　この事例では，園長先生が何度も母親と向き合って話を聞いていった。園長先生との初期の面談では，母親はわがままで勝手なたっ君の子育てがいかに大変であるかを訴えていたが，何度か話し合ううちに，母親の父（たっ君の祖父）がアルコール依存症のために家庭で暴れたり，母親の兄（たっ君の叔父）が家のお金を持ち出して大変な思いをしたり，揚句には夫（たっ君の父親）が浮気をして家に寄りつかなかったりという話をするようになった。母親にとって男というものは自分勝手な存在だと思っていることがはっきりしてきたのである。母親は自分が育ってきた家庭の問題を恥じており，この件に関しては今までだれにも打ち明けたことはなかったとのことである。
>
> 　しかし，母親が園長先生に母親自身の経験してきた男性に対する悔しい思いを語った頃から，母親はたっ君に自分の中に巣くっていた男性に対する恨みを重ねていることに気づいていった。目の前にいるかわいい元気なたっ君を受け入れることができなかったことを涙ながらに話すようになった。母親はこのような気づきののちに，たっ君に笑顔を向けることが増えていった。

　支援をする際には，相談者の話に丁寧に耳を傾け，相談者を受容し，共感していく姿勢が大切であると学んできたが，たっ君をたたいている母親の訴えを傾聴し，受容し，共感できるであろうか。

　多くの人は虐待の相談を受けると，相談者に対して責めるような気持ちになるものである。このことひとつとっても，支援をするということはとてもむずかしい。しかし，この事例のように，支援者の態度によって相談者自身が自分

の抱えてきた問題と向き合うことで虐待が収まっていくことがあることを覚えておきたいものである。

(1) 虐待の現状

虐待の数は1990（平成2）年に児童相談所で統計をとり始めた時には、相談件数は1,101件であったが、1999（平成11）年には1万1,631件、2004（平成16）年には3万3,408件、2011（平成23）年には5万9,862件と増加の一途をたどっている。そして、この数値は児童相談所の虐待相談件数であり、数字に表れてこないが虐待を受けて苦しんでいる子どもたちはもっと多い。また、虐待を受けている子どもの年齢は0歳～学齢前（乳幼児期）が全体の半数、小学生が約3分の1を占めており、逃げることもできない子どもたちが虐待を受けているのである。

(2) 虐待の分類

1) 身体的虐待

外傷が残る暴行行為を言う。たとえば、殴る、蹴る、首を絞める、たばこの火を押しつける、冬に戸外に閉め出すなどである。子どもは身体的に苦痛を覚え、虐待のために後遺症が残り、死亡することもある。

2) ネグレクト

養育放棄や子育ての怠慢、子どもの危険について重大な不注意があることを言う。子どもを保護せず、子どもを拒否したり放置したりする。たとえば、食事を与えない、風呂に入れない、怪我や病気をしても受診させない、子どもが登校を希望しているにもかかわらず学校に登校させない、監禁する、子どもを捨てる等の行為。

3) 性的虐待

子どもと性交をしたり、性的行為を強要したりすることを言う。身体に外傷が残らないことも多く、虐待者だけでなく子どももその行為を隠そうとする傾向が強くあり、発見がもっともむずかしい。異性への極端な嫌悪感が生じるな

ど，心身に重大な傷を残す。DV（ドメスティック・バイオレンス：家庭内暴力）のある父親と母親が離婚した際に，父親のもとに残った娘とその父親との間に生じることもあり，また，母親の再婚相手や同棲関係にある母親のパートナーと娘との間に性的関係が生まれることもある。また，ポルノ写真の被写体にすることも性的虐待に含まれる。

4）心理的虐待

子どもに身体的な暴行はしないが，子どもの心を深く傷つける行為を言う。たとえば，「おまえなんか死んでしまえ」，「どうして生まれてきたのだろうね」，「あなたさえいなければ」などといった子どもの存在を否定することばを子どもに投げつける。また，子どもを極端に無視したり，きょうだい間で著しい差別的な扱いをしたりする。さらに，2004（平成16）年の児童虐待の防止等に関する法律の改正で，直接子どもに暴力が加えられなくても，暴力場面を子どもが見て育つことによって生じる心理的な被害についても，心理的虐待として位置づけられた。

（3）早期発見と初期対応

次の事例から，虐待の早期発見と適切な対応の大切さを学ぼう。

事 例 (3)

入院に至った乳児虐待の事例

赤ちゃんが病院に連れてこられた当初は，体重や身長など身体的な発育が非常に遅く，生後2，3か月の状態であった。また，表情はなく，もちろん笑うこともなかった。当時たまたま実習で来ていた看護科の学生が，毎日時間を見つけては抱っこし，目を合わせて声をかけ，スキンシップに心がけていたところ，3，4週間すると，抱っこしていたその学生に赤ちゃんはにっこりと笑顔を見せた。その後は他の人との間にもよい関係性ができ，体重も身長もみるみる取り戻していった。

抱きかかえられ，声をかけられ，スキンシップをされるなどのよいコミュニケーションが赤ちゃんの心身に大きな影響を与えることを，この看護学生は身をもって経験し，「この時の赤ちゃんの笑顔を忘れられない」と語っている。

第10章 特別に配慮の必要な家庭への支援

　この事例の乳児は，生後6か月という早期に虐待から救い出されたので，回復が早かったと言える。虐待は虐待期間が長ければ長いほど回復はむずかしくなる。赤ちゃんの頃から虐待があり，小学生や中学生になってやっと虐待が発覚した時には，子どもの心身の傷が深まり，子どもが社会的不適応行動を起こし暴力行為が収まらなかったり，「自分は生きる価値がない」との思いを抱えて自傷行為をし続けたりすることは多い。

　虐待の早期発見は，虐待によって受けた子どもの心身の傷を早期に回復させることになる。虐待の早期発見とその対応は，子どもが虐待をされている時の痛みを取り除くだけではなく，心身に受けた傷の回復にとって非常に大事なことなのである。

1) 虐待への気づき

　保育者は子どもにとって家族以外の最も身近な存在のひとりである。そのため保育者は虐待の第一発見者になることも多い。虐待を受けている子どもは，幼稚園や保育所内では友だちや保育者に対して攻撃的になり，無表情であり，あるいはおどおどして情緒不安定になる。保育者は身体測定では発育状態を，また，着替えのときには体にあざや傷はないか，衣類は清潔か，食事の時には食欲があるかどうか，極端に空腹状態ではないかなどを観察する。親子関係を理解するために，送迎の時に子どもが帰りたがらず怯えている様子はないかに気を配る必要もある。日頃からジェノグラム（家族の図）を書いて，子どもの生活の場である家庭の様子を把握しておくことも忘れないようにしたい。

2) 初期対応

虐待が疑われる時の初期対応　Q&A

Q.1　虐待の早期発見は保育者の仕事だと言われていますが，本当ですか。私のクラスに虐待が疑われる子どもがいます。まずしなくてはならないことは何でしょうか。

A.1　保育士，保育所は「児童虐待を発見しやすい立場にあることを自覚し，児童虐待の早期発見に努めなければならない」と児童虐待の防止等に関する法律（児童虐待防止法）で定められているので，早期発見の努力義務が課されています。

虐待が疑われる子どもを見つけた時には，虐待の疑いを持った日時や事実を記録しておきます。そして，ひとりで抱え込んだり，悩んだりしないで主任や園長先生に相談しましょう。幼稚園や保育所で守秘義務を守りながら，情報を共有していくことが大切です。

Q.2 　虐待を発見したら通告しなくてはいけないと聞いていますが，担任の私にも通告の義務がありますか。
A.2 　保育者にも幼稚園や保育所にも通告義務があります。

Q.3 　本当に虐待があるかどうか疑わしいのですが，確証がないので通告してはいけないでしょうか。
A.3 　2004（平成16）年児童虐待防止法の改正で「虐待を受けた児童」という文言が「児童虐待を受けたと思われる児童を発見したものは」となり，虐待の確証がなくても，虐待が疑われる時には躊躇しないで通告をできるようになりました。

Q.4 　どこに通告したらよいでしょうか。
A.4 　市町村の児童家庭関連課（各市町村によって名称が異なっています），または，都道府県等の児童相談所です。児童相談所は市町村の児童家庭関連課と連携をとりますが，児童相談所の方がより専門的な機関となります。児童相談所には，家庭への立ち入り調査や，親子を分離させ一時保護し施設入所を決定するなどの措置権限があります（児童相談所全国共通ダイヤル：189）。

Q.5 　保護者に，通告者が私だと知られてしまうことが心配です。
A.5 　保護者との信頼関係などを考えて通告したことを伏せておきたいこともあるでしょう。通告を受けた市町村や児童相談所の職員等は「通告した者を特定させるものを漏らしてはならない」と法律で定められています。それでも不安であれば，通告は匿名でもできます。

（4）虐待を受けた子どもへの対応

―コラム―

生への安心感と人への基本的信頼感の獲得

　健康に育っている人は，多かれ少なかれ，「困った時にはだれかが助けてくれる」，「生きていても大丈夫」という思いを持っているので，困難にあっても困難を乗り越

> えていく力がある。この基本的な人への信頼感や生への安心感を，人は赤ちゃんの時に獲得する。
>   人間は他の動物に比べて未成熟な状態で生まれてくるため，乳幼児期には親や家族，保育者などに世話をしてもらって成長する。養育者が，赤ちゃんの欲求に応えておむつを替え，オッパイを飲ませ，目を見てやさしくことばがけをしていくことによって，赤ちゃんは「生きていても大丈夫」という生への安心感を持ち，「困った時にはだれかが助けてくれる」という人への信頼感を築いていくのである。人が乳児期に獲得した生きるための土台となるこの基本的な思いは，ほとんど一生変わらないとも言われている。
>   もし赤ちゃんがこの世で初めて接する人を見つめても，やさしいことばをかけてもらえず，おしっこをしてもおむつを替えてもらえず，おなかがすいて泣いてもおっぱいを飲ませてもらえなければ，どうなるであろうか。虐待を受けることで，生きていく土台を築くことができない子どもたちがいるのである。

　乳幼児期に虐待を受けた子どもは，人に対する基本的な信頼感や生への安全感を育むことのないまま成長することになる。そのため，虐待を受けた子どもは生きていくことへの不安感や人に対しての不信感を抱えて過ごすことにならざるを得ない。このような子どもたちは，自分の中に芽生えたさまざまな感情をありのまま自分自身で受け入れることができないばかりか，喜怒哀楽を他の人に表現することを恐れ，無表情にふるまい，笑うこともめったにないことはよく知られている。また，他の人の怒りを引き出すような言動や攻撃性を示すこともある。このような虐待の後遺症は，成長にともなってさまざまな問題を提起するようになり，社会的な不適応行動をとることもしばしば見受けられる。

　子どもたちが思春期になり，社会的に不適応行動を起こす時，人はこの子どもたちだけを非難することはできないであろう。虐待を受けている子どもたちを早期に発見し，その心身の傷をできるだけ早く治癒させていくことが大人の責務である。虐待を受けた子どもが，「虐待を受けたのは自分のせいだ」という罪悪感を持つことなく，「他の人とも安全に暮らすことができる」との思いを持てるように，支援者は子どもたちと信頼関係を築くことが必要になることは言うまでもない。また子どもたちが虐待を受けないために助けを求め，自分を守ることができるように支援することも大事である。

虐待を受けている子どもの多くは「自分の本当の気持ちを伝えればきっと助けてもらえる」とは思えず，虐待の事実を他人に話そうとしないためにその発見が遅れることがある。

　一方，子どもは，支援者が自分とどのようにかかわろうとするのかを試すこともある。支援者は子どもが安心して心の内を語り出せるように子どもとの信頼関係をつくっていくことを目指すが，多くの場合，子どもが心を開いてくるのを待たなければならない。保育者は，幼稚園や保育所だけでなく児童養護施設や乳児院などの施設に勤務することもある。虐待を受けて入所してきた子どもたちとの生活は，時として保育者が無力感を抱くこともあるので，担当者同士が支え合っていくことや関係各機関と連携していくことが必要である。このような連携が，結果的に子どもの支援につながっていくからである。

　虐待を受けている子どもの中には，発達障害を抱えている子どもも少なからずいる。子どもに発達障害があるために親が子どもに的外れな対応をして，子どもとの関係がゆがみ，虐待が加速することもある。子どもに発達障害がある場合，親も子もつらい思いをしていることを見落とすことがないようにしたい。障害のない子どもの子育てであれば，親が虐待をすることもなかったのではないかと思われる事例も多い。保育者は，子どもの抱えている発達障害への対応を身につけておくことが必要である。

（5）虐待をする親へのかかわり
1）なぜ親は虐待をするのか
　虐待をする親のさまざまな背景を学ぶ。

― エピソード ―

世代間伝達

　「私はどうしてもこの子に手を上げてしまいます。私がこの子をかわいがらなくてはと思うと，私の心はこの子が『憎たらしい』という思いでいっぱいになってしまいます。かわいがられて育つ子がいるなんて『ずるい』と感じてしまうのです。私はかわいがられたことなんかないし，親の暴力におびえて大きくなったのです」。

虐待をする母親が子どもの頃に虐待を受けていた，という事例も多い。虐待を受けて成長した人が親になった時に，自分の子どもに対して虐待をすることを「虐待の世代間伝達」と言う。自分が受けた育児体験は普段は記憶として意識されないが，自分が子育てをするようになると，自分の受けた育児体験が自分の子育ての態度や気分に現れる。このように，親は自分が育てられたように子育てをするので，自分の親に愛情をかけられて育った人は，自分の子どもにも同じように愛情をかけて接するが，反対に，虐待を受けて育った親は，いつの間にか自分の子どもにも虐待をしてしまうことがある。

　また，虐待をする親はさまざまなストレスを抱えている場合も少なくない。子育ての環境が家族や友人，地域から孤立している場合や，家族が経済，心身の健康への不安を抱えている場合も，親は子育てに対してストレスを強く感じる。さらに，子どもに障害があったり，母親が望んでいない妊娠出産である時には，自分の子どもを受け入れることができないこともある。事例で挙げたように親の生育過程に課題があり，虐待に罪悪感を持ちながらも自分の気持ちをコントロールできずに困っている親もいる。

　親子の関係は，親がまず子どもの欲求に愛情を持って応えるところから始まる。子どもはそのような親の対応によってよろこびや満足感を持ち，かわいい笑顔を親に向ける。親はそのかわいい笑顔を見て子育てによろこびを感じる。反対に，虐待をする親の中には，自己愛が強く，まず初めに子どもからの愛情表現がないと子どもの欲求に対応できない人がいる。その結果，子どもは欲求が満たされないので泣いたり，ぐずったりして親への要求が強くなる。そうなると，親は子どもから笑顔という愛情表現を受け取れず，さらに子どもを拒否するようになる。子どもは親から拒否されればされるほどますます親にしがみつき，親は拒否と罰で子どもに応じるという悪循環に陥り，虐待が日常化する。

2）保育者の保護者への対応

　虐待を起こす親の背景はさまざまである。そこで保育者は，虐待をしている親の背景をできるだけ読みとり，理解していくことが求められる。その上で，虐待をする親には事例ごとに対応を心掛けるが，保育者は虐待をしている親に

説教したり，言い聞かせたりするよりも，親の立場に共感し，信頼関係を築くことから始めなければならない。保育者は子どもに良かれと思って熱心に指導したくなるが，指導に熱が入りすぎると親は指導されたことにストレスを感じ，「よい親でない自分」に罪悪感が強くなることもある。そうなると，保育者の気持ちとはうらはらに，さらに親を虐待に追いやることも生じる。保育者は虐待をする親も心に傷を負っていることを心にとめておくことが大事である。しっかり子育てをするように励ますのではなくて，親自身が守られているという気持ちが持てるように対応すること。よい母親になるよう勧めることは，保育者の自己満足に終わる場合もあることを知っておくことが必要であろう。

保育者と保護者との信頼関係が生じてくると，親たちは自分の抱えてきたつらさや悲しみに向き合うことができ，虐待を乗り越えていく可能性が出てくる。親は保育者の提案する具体的な育児方法のアドバイスを受け入れ，罰に代わる効果的な育児方法を試みる可能性も出てくるであろう。

3）事例ごとに親に適切な相談窓口を紹介する

親への支援は，事例によっては幼稚園や保育所，保育者が抱え込まずに，親に相談窓口を紹介することも必要である。

経済的な問題を抱えている時には福祉事務所の相談窓口を紹介し，一時的には生活保護制度などを利用して生活を支えていくことができるように，具体的な援助をしなければならない。

また，夫やパートナーからのDVによる被害がある場合には，各都道府県に必ず一か所は設置されている公的機関である女性相談センター（自治体によって名称は異なる）や警察の相談窓口へもつなぐ必要がある。

孤立した子育ての環境で苦しんでいる時には，子育ての仲間づくりができるように親たちのグループを紹介し，具体的に参加しやすいように手助けすることも大切である。

さらに，世代間伝達など親の生育歴や，心の病など親自身の抱える心理的な問題があり子育てがうまくいかない時には，親にも心理的な支援が必要になるので，保健所などの相談窓口を紹介したり，医療機関の医師や保健師，臨床心

理士などとの連携を模索したりする。

(6) 虐待の見守り支援と関係各機関との連携

　虐待をしていた親が支援を受けることで虐待が収まり，家庭で子育てができるようになることが望まれる。しかし，虐待の通告によって，児童相談所が家庭を調査し，家庭での養育では子どもの心身の安全が脅かされると判定した時には，児童相談所は子どもを親から分離することがある。その場合には，児童相談所の一時保護所や病院などで保護し，子どもの状態に応じた施設に入所させる。親から子どもを分離した時にも，最終的には親子が安全に一緒に暮らしていけるように親を支援する必要がある。

　また，子どもへの虐待がある場合でも，親子分離をせずに子どもを家庭内で養育することを児童相談所が決定することもある。その時には関係各機関が連携し，「特別に支援を必要とする家庭」として子どもと保護者を見守り支援することになる。保育所は「特別に支援を要する家庭」の子どもが入所する時は，保育所に待機児童がいる場合でも，優先的に入所できるようにして見守り支援をすることになっている。

　保育者は，虐待に気づいた時も，初期対応で通告した時も，児童相談所で子どもにとって保育が必要であるとされて保育所に優先的に入所してきた時も，また，施設に入所してきた時も，虐待を受けている子どもやその家族と日々接していくことになる。保育者は子どもとの豊かな遊びや生活を進めると共に，保育時間を延長し親の育児負担を軽減しながら，虐待が起こらないように支援していくことも重要である。親が心理的に安定し，虐待が再発しないような親子関係を維持していけるかどうかの見守りは，保育所の大事な役割となっている。

　しかし，虐待の見守り支援は保育者の仕事としては限界があり，福祉事務所，児童相談所，市町村家庭関連課，学校，警察，医療機関，保健所などの地域のネットワークを活用し，関係各機関と連携していく必要がある。連携では，それまでの経緯，虐待の状況や家族関係などの背景を丁寧に記録して，守秘義務

を守りつつも必要な情報共有に努めなくてはならない。市町村の連携を図るネットワークの強化体制として，「要保護児童対策地域協議会」（子どもを守る地域ネットワーク）がある。

第3節　発達障害を抱えている子どもとその家庭支援

　人がことばを話せるようになるのは，小学校で国語の授業を受けたからではない。また，TVを見せていれば子どもがことばを習得できるものでもない。赤ちゃんの頃から家族にことばがけをしてもうことによって，人はことばを習得することができる。トイレットトレーニングも，おむつを外せばトイレでおしっこができるようになるわけではない。まず，子どもがおしっこをした感覚に気づき，その感覚を子ども自身がコントロールすることができなくてはならない。さらに，おしっこをしたと合図できる親子の関係性が成立していることも必要であり，このような発達の準備段階があって初めておむつが外せるようになるのである。子どもの順調な発達には，親や養育者が赤ちゃんの頃からよい刺激をたくさん与えるなどの丁寧なかかわりが重要である。

　しかし，親がどんなに丁寧に子育てをしても，すべての子どもが順調な発達をするとは限らない。治療や療育がなされても心身の発達に偏りがあり，そのことで社会生活に不適応を起こす可能性がある子どももいる。この状態を「障害」と呼ぶのである。保育者はこの子どもたちを「特別に支援が必要な子どもたち」として，その障害に応じて子どもとかかわり，家庭への支援も同時に行うことになる。障害を持つ子どもたちは，社会生活に不便を感じ，困り感を持つということを保育者はよく理解し，家庭に対しては子育てのむずかしさを支えていくのである。この節では障害の中でも特に発達障害を抱えている子どもとその家庭支援について学ぶ。

第10章　特別に配慮の必要な家庭への支援

> コラム
>
> ### ノーマライゼーションとは何か
>
> 　ノーマライゼーションとは，障害のある人が地域でふつうの生活をすることは当然だという福祉の基本的な考え方で，それができるように環境を整えていくことである。障害を持つ子どもがどのように行動すれば社会生活にうまく適応できるかを，子どもたちと共に，保育者も学ぶことが必要である。保育者が障害を抱える子どもたちの立場に立って子どもたちの感じ方やものの見方を理解すると，彼らの行動を少し現実に適応できるように助けることもできる。発達の遅れや偏りがあること自体が問題なのではなく，親や保育者が障害のある子どもを支援することによって，障害のある子どもたちも「楽しくしあわせだ」と感じて生きていけることを目指す。

（1）さまざまな発達障害

1）知的障害（精神遅滞）

　18歳までに適応行動ができず，知的機能の明らかな遅れがある障害を言う。乳幼児から表情が乏しく，首のすわりやハイハイが遅いなど，運動や知覚，言語，社会性などで発達の遅れが見られる。原因は，ダウン症に代表される染色体異常や先天性代謝異常などの病気，外傷，家庭や社会環境などさまざまである。

2）広汎性発達障害（自閉症）

　3歳以前に現れ，次の3領域に障害が同時に認められる症候群を言う。人とうまくつきあうことや，場の雰囲気を読んで臨機応変に振る舞うことが苦手である社会性の障害，他の人のことばを字句通りに取ったりことばの意味を取り違えたりといったことばの使い方に偏りが見られるコミュニケーションの障害，目の前に具体的に存在しないものについて頭の中で思い巡らすことがうまくいかないことや，こだわり行動となって現れる想像性の障害である。原因は脳の機能障害と言われている。

―― コラム ――

子どもたちは一人ひとりが個性的である

　聴力に問題がなくても，呼んでも振り返らずひとり黙々と自分の世界に居続ける子がいると思えば，聞いている人の都合はまるでおかまいなしではあるが，自分の興味や関心のあることについてはいつまでも話をする子がいる。クラスにはほとんど迷惑をかけないが時々しくしく泣いてしまい，時間がたつとまた静かにしている子がいるかと思えば，興味がないことにはまったく手をつけず，すぐ立ち歩き，話して聞かせても意図するところがよくわからない様子で，注意されるとパニックを起こして暴れる子がいる。文字がきれいな子がいると思えば，黒板の字を写すのがとても苦手な子もいる。また，2人で話す時には受け答えに問題がないのに，集団に入るや否やどのように行動してよいかわからず，おろおろしてしまう子，冗談を本気にし，その場の雰囲気が読めない子，言い出したらてこでも動かない頑固なところがある子，紙に好きな絵を描くように言うとどのぐらいの大きさで描いてよいかわからず固まってしまう子，しょっちゅう迷子になる子，強い偏食や音の過敏性のある子……等々である。これら一人ひとりはそれぞれに異なった状態像を示しているが，社会に適応できずに何らかの困り感を抱えているというところは一緒である。このように特別に支援が必要な子どもたちは一人ひとりがとても個性的である。

3）注意欠陥多動性障害（ADHD）

　落ち着きがなく，気が散りやすい状態を言う。自分の好きなことには集中することもできるが，必要に応じてその集中力が発揮できないのでひとつのことをしっかりやり遂げることが苦手である。物忘れやうっかりミスが多い。

　じっとしていられず立ち歩くなどの多動性があり，順番が待てなかったり，かんしゃくを起こしたり，気持ちが抑えられないなど衝動性がある。

　原因は脳の機能障害と言われている。

4）学習障害（LD）

　文部科学省の定義では，基本的には知的発達に遅れはないが，読む，書く，計算する，聞く，話す，推論する能力のうち1つまたは2つ以上に著しい困難を示す状態を言う。原因は中枢神経系の機能障害があると推定されている。

　ただし，精神医学会の診断基準では，学習障害は読む，書く，計算する能力に限定されているので，医療関係の人たちとの事例検討の際には，その範囲を

第10章 特別に配慮の必要な家庭への支援

確認しながら話し合う必要がある。

（2）発達障害のある子どもへの対応

　障害を持っていようといまいと，すべての子どもは一人ひとり「自分は大事にされている」と感じて生きていけることが大前提である。発達に偏りのある子どもたちは，小さい頃から環境にうまく対応できないことを大人に理解されないことも多く，違和感をもって生活している場合が多い。保育者は，小さなことにおびえたりパニックを起こしたりしがちな子どもたちが，安心して生活できるように支援しなければならない。子どもたちにやさしく，大事に，丁寧に接することが求められる。やさしく，大事に，丁寧にとはどのようなことであろうか。

1）一人ひとりの状態像は異なることを忘れない

　発達障害のある子どもは多くの苦手さを抱えているが，その苦手さが引き起こす状態像は，コラムで示したようにさまざまである。子どもたちの抱えているこのような苦手さは，訓練をしても容易には改善することはむずかしく，その苦手さを克服するのは大変なことである。保育者はこのような発達に偏りがあり特別な配慮が必要だと思われる子どもの様子を，丁寧に観察し保育活動に望まなければならない。そして，その子どもの得意とするところを生かしながら，子どもが社会生活にうまく適応できる工夫をしていく必要がある。また，子ども自身がその工夫を習得できるように支援しなければならない。

　以下の事例を通して，日々違和感を持ちながらも工夫しながら生活している人がいることを学ぼう。

エピソード

発達障害を持つ児童の母の努力

　この母親は，保育者との面談の中で保育者の語ることばを一字一句メモに取って聞いていた。そのような行動をする母親のことを，保育者は初めは熱心な人だと思っていた。しかし，話し合いが度重なるうちに母親から次のようなことが語られた。「私は人の話を聞いていても，娘と同じように，すぐには意味がわからないことがよくあ

> るのです。それで，人と話し合った時には，相手の話したことをできるだけノートに書いておき，家に帰ってから丁寧に読み返して理解していくのです」と。この母親の行動は，「人の話を聞き取る」という自分の苦手さに気づいて，「もっとうまく聞き取れるように」努力をするのではなく，「書く」という母親の得意とする能力を使ってその苦手さを補い，人の話を理解しようと工夫している。まずはノートに聞こえたままに書き記し，あとで何が語られたかを正確に把握しようと努力をしていたのである。苦手なところの克服ではなく，得意なところを生かして社会生活にうまく適応していく工夫なのである。

保育者は，発達の偏りのある子どもたちに対しては，小さい時からその子どもの抱えている苦手さに気づき，将来この母親のように自分自身で社会に適応するための工夫ができることを目指して，支援したいものである。そのためにはまず保育者が，子どもの得意なところを生かして子どもが生活に適応できるように工夫を始めていくことである。

2）子どもが自己肯定感を持って生きられるように支援する

発達に偏りのある子どもたちは，小学校高学年頃には，人とのさまざまな違いに気づき始めることが多い。この時に子どもたちは「他の人より努力が足りないからうまくいかない」と思い込み，自己肯定感が低くなる場合がある。音に強い過敏性があったアスペルガーのある大人の女性は，「私は小さい頃，自分は他の人と変わらないふつうの子と思っていたので，みんなこんなに大きな音がしても耳をふさいだりしないなんて我慢強いのだろう。私は努力の足りないだめな子なのだと思っていました」と語ったことがあった。

この例のように小さい頃から過敏性があった子どもであれば，その子どもは自分の感じ方がふつうであると思うのは当然のことであろう。保育者は，偏りのある子どもたちがこのように考えがちであることを知り，「どうせ，僕なんか」という気持ちを抱くことのないように配慮しなければならない。このような子どもが小さな音にびくついたり，場に不釣合いな言動をしたりしても，子どもの抱えている苦手さがあることを理解して具体的な工夫を考えて対応する必要がある。大人が，発達に偏りがある子どもの苦手さを理解しないで子どもたちを叱ることが度重なると，子どもは二次的な被害にさらされることになる。

第10章 特別に配慮の必要な家庭への支援

保育者がよい対応をすると，幼稚園や保育所，家庭などの生活にうまく適応できるようになってくる子どもは大勢いる。

偏りのある子どもは集団生活が苦手である。同じことを何度教えてもなかなか定着しないこともある。それでも保育者は，子どもに合った工夫をしながら小さな目標を立てて，得意なところを生かし，できたところをほめて丁寧にかかわることが大切である。このような保育者のかかわりが子どもの自己肯定感を高めていくことにつながるのである。スモールステップで育てていくことがうまくいくコツでもある。以下の事例はその一例である。

事例 (4)

さっちゃんに対する保育所でのかかわり

保育所の庭にある旗のところにいつも一番はじめに出ていかないと気がすまない年中組のさっちゃん（仮名）は，ある日，二番目になってしまい「一番がよかった」と大声で叫んでいた。保育者はお靴を一番きれいに並べて外に出られた人が一番とほめているが，さっちゃんはやはり旗一番にこだわってしまう。目で見たしるしが大好きなこだわりのあるさっちゃんだったが，それでも保育者たちがさまざまな一番を提示していくことで，だいぶ保育所で落ち着きが見られるようになっていった。

さっちゃんに対して保育者が困っていたのは，家ではちゃんとトイレで用が足せるのに，保育所ではトイレに行こうとせずに紙パンツに用を足すことだった。保育者は家のトイレと形の違う和式トイレの使い方がわからないのかもしれないと考え，絵で描かれている「和式トイレの使い方」をさっちゃんの目の高さの壁に貼っておいた。目で見たことを理解するのはとても得意なさっちゃんではあったが，保育者はうまくいくか半信半疑で見守っていたという。次の日，さっちゃんは保育所に来るとすぐに吸いつけられるようにその貼り紙を見て，「わかった」と言ってからは，その手順に沿ってしっかりトイレで用が足せるようになっていった。さっちゃんは保育者にたくさんほめてもらって得意顔だった。

ある寒い日に，さっちゃんはいつものように手順に沿ってトイレで用をすませると，パンツとズボンをはく前にお尻を出したまま水洗のペダルを手で押していた。小さな手なのでちょっと時間がかかっていたが，それを見ていた保育者が，「さっちゃん，寒いから先にパンツとズボンを穿きます」と言うと，さっちゃんは「だって順番が違うからだめだよ」と答えたとのこと。保育者は「そうだ，順番が違うね」とだけ言って，少し寒いかもしれないけれど，さっちゃんが混乱するよりは，今のところはこのままさっちゃんがやりやすい方法で見守ることにした。

発達に偏りがあって，特別に支援が必要な子どもたちの集団生活の目標は，クラスに適応し，ふつうの子どもと同じようにふつうに振舞い，ふつうに生活できるということではない。それはとてもむずかしい課題なのである。脳機能は今の医学ではなかなか回復しないからである。彼らの集団生活の目標は，大人になるまでに，支援をしてくれる人の手助けを受け入れていくことができ，集団生活を通して社会にかかわるスキルを身につけことができるようになること。彼らの持っている得意なところを十分に生かしながら苦手なところをうまくカバーできるような工夫を自分自身で身につけていくことができ，自己肯定感を持って自立していくことである。この目標に向かって，保育者は子どもの特性に合った取り組みを保護者と一緒に行い，今できることをスモールステップで着実に支援していくことに心がけたい。

（3）発達障害のある子どものいる家庭への支援
　福祉・医療・教育関係者は，発達障害のある子どものいる家庭を支援する必要がある。保育者もその支援者のひとりである。社会的には保育者は障害児保育を一通り学んでいると理解されていることを意識しておきたいものである。発達障害のある子どもを抱えている家庭支援の目指すところは，まず，家族が障害のある子ども一人ひとりの特性に合った対応をすることができるようになることである。そして家族全員が障害のある子どもを家族の一員として受け入れることができること。その上で，障害のある子どものみならず家族全員が安定した暮らしができることであると言われている。

1）障害を受け入れることの大変さ
　親が子どもの障害を理解し適切な対応をすることは重要なことである。しかし，子どもの障害を受容することは親にとってつらい体験でもあることを，次のエピソードから感じとってみよう。

第10章 特別に配慮の必要な家庭への支援

> ─ エピソード ─
>
> **小学校高学年になって広汎性発達障害と診断された子どもの母親の話**
>
> 「うちの子は，幼稚園では『元気がよすぎて先生の言っていることばが耳に入らないようですね』と言われました。また，小学校に入ると担任の先生からは『気持ちにむらがあって，ひとつのことに集中できず，すぐに興味が移ってしまいますね』と言われていました。その頃も母親としてはわが子に対して育てにくさを感じていましたが，姑が『子どもは元気が一番，男の子だから，中学校に行く頃にはしっかりしてくるでしょう』と言ってくれるので，男の子の子育てはそんなものかと思っていました。でも結局，広汎性発達障害と診断されました。こんな結果になるのなら，もっと早くに診断を受けて，あの子によい対応をしてあげたかった。でも認めたくない気持ちは前からありました。本当はいつも不安だったのです。認めたくない気持ちは正直言って今もあります。それに夫や姑には何て言ったらよいのでしょうか……。」

　発達に偏りのある子どもは，社会に適応することが苦手なために，違和感を抱えて日常生活を送っている。彼らがその違和感を家族に早期に気づいてもらい，家族から適切な対応を受けることは，その後の生活や成長に大きな影響を与えることになる。けれども障害を受容する際には親にはさまざまな心の葛藤が生じる。親の障害に対する受容と理解は子どもにとって大切なことだが，親の抱える葛藤に対しても保育者は丁寧に対応しなくてはならない。

　発達障害や発達の偏りのある子どもは，親が小さい頃から何となく育てにくさを感じていたり，子どもの発達に不安を感じていたりすることも多いのだが，自分の子どもが発達障害であることを受け入れるには時間がかかる場合もある。また，夫婦のどちらかが子どもに障害があることを理解しても，もう一方がそれを受け入れないこともあり，祖父母が障害について理解を示さないこともある。障害と知って家族が子育てを放棄してしまうことさえ起きる。

　家族が障害のある子どもにどのようにかかわったらよいかという具体的な方法を保育者が示したり，その家族にあったやり方を一緒に考えたりする支援はもちろん大事だが，家族が発達障害に対して抱く恐れや悲しみ，不安などの情緒的な反応に対しても支援をしていくことが必要なのである。

2）保育者が子どもに発達の偏りを感じた時の家庭に対する配慮

　保育者が子どもに発達の偏りがあると感じた時には，まずは幼稚園や保育所で子どもの得意さと苦手さに見合った工夫することが基本である。その上で，親に日常の様子を丁寧に伝えていくことも大事な支援である。その場合には，子どもの様子をよく見て実態を把握し，エピソードなどを具体的に記述しておく。担任だけでなく他の先生とも情報を共有し，その情報もまた記述しておくことが大事である。あやふやな情報を親に伝えたり，保育者が子どもの対応に困惑していることのみを告げたりするのでは，親は混乱し，不信感を抱くことにもなりかねない。「こういうお子さんでは困ります」というスタンスで話すことは，保護者にはつらいメッセージになることを十分に理解しておきたいものである。保育者は，保護者との信頼関係を丁寧につくっていく必要がある。発達に偏りのある子どもに対する保育者の適切な工夫によって，子どもは，幼稚園や保育所生活を楽しむことができるようになる。このような子どもの姿を見ることができると，保護者は次第に保育者に対して信頼を寄せていく。また，親と話し合いをする時には，子どもの家庭生活の様子や生育歴を丁寧に聞き取ること忘れてはならない。

　偏りが強い場合は，子どもが早期に療育を始められるように保育者が親に専門機関を紹介した方がよい事例もある。その時には保育者は専門機関を勧められた親の気持ちに配慮することが求められる。もし，医療機関で特別に支援が必要であると言われた時には，協力を惜しまないという姿勢でいたいものである。「保育者も一緒になって考えてくれる」と親が思えると，親は子どもや子どもの抱えている偏りに向き合う力が湧いてくることもある。

　保育者が記した日頃の集団生活での子どもの様子は，医療機関等の専門機関にとって貴重な情報になる。知的障害のない発達に偏りがある子どもの場合，医療機関のように医者と患者というような一対一の場面では，子どもが集団の中で持つ違和感を把握できないことがある。何らかの偏りがある場合，その苦手さは一対一の関係ではなく，集団生活の場面で顕著に表れるからである。そのため，幼稚園や保育所でのエピソードは，専門機関にとって子どもの偏りを

把握することのできる大事なツールになる。子どもの様子を丁寧に記した記録を保護者に確認してもらった上で、専門機関に持参してもらうこともひとつの方法である。幼稚園や保育所の様子を伝えることができないまま、子どもや親が専門機関に出向いても、専門機関には子どもの集団生活の中で生じる違和感を理解されないことがあり、専門機関を紹介したことでかえって親と幼稚園や保育所との関係性が崩れ、その後の子ども対応もうまくいかなくなることはよく見聞きするところである。

また、専門機関を勧める時には、発達障害の専門機関名を調べた上で、保護者と話し合う。また、診断は医療行為であるので、保護者面談で保育者が診断名などを軽々しく口にできないことを忘れてはならない。

―― コラム ――

発達障害の早期発見の場と支援の場

- **乳幼児健康診査**：乳幼児健診と言われるもので、母子保健法にもとづき、市町村が0歳～1歳、1歳6か月～2歳、3歳～4歳の各時期の乳幼児に実施する無料の健康診査。この健康診査の中でさまざまな領域で子どもの健康の様子を見ていくが、障害等の心配がある子どもの早期発見とその生活指導や相談にも効果を上げている。
- **発達支援センター**：発達障害者支援法にもとづき、各都道府県等は発達支援センターを設置している。発達障害の早期発見と、乳児期から大人までの障害児、障害者支援にあたっている。
- **発達障害の専門の病院と診療所**：発達障害者支援法にもとづき、都道府県等は発達障害の診断と診療を行うことができる病院または診療所の確保に努めている。
- **特別支援体制のためのネットワークづくり**：文部科学省は、都道府県や市町村等の医療、保健、福祉、教育、労働等の関係機関が連携して支援にあたるための広域特別支援連携協議会、特別支援連携協議会等のネットワークづくりを推進している。乳幼児から学校卒業後までの一貫した支援を目指している。
- **通園施設、療育指導、個別療育**：市町村や民間の知的障害児施設、デイサービスセンター（通園センター）などがある。
- 幼稚園や保育所も親にとっては日々の子どもたちの支援の場としてとらえているので、その期待に応えていく必要がある。公立の保育所では、障害児がいる場合には加配や巡回指導が行われたりする。また、私立幼稚園に対して、特別支援教育のための補助金として各県市等で私立幼稚園障害児教育費補助金が交付されている。

3）発達障害であることがわかった家族への支援

　親は障害の診断や告知を受けると，戸惑い動揺する。親は子どもを否定的したくなる気持ちと保護しようとする気持ちの間で揺れ動くことが多い。しかし，親は気持ちが揺れ動きながらも，まわりの人びとに支えられることによって子どものことをかわいいと思えるようになり，障害を受け止めていくことが可能になる。

事例 (5)

4歳の時にアスペルガーと診断された子どもを持つ母親の話

　医師から診断，告知された時には「まさか，そんなはずはない。こんな障害を持っている子なら産まなければよかった。この子と一緒に死んでしまいたい」と思いました。でも，「寝ているところを見ると思わず涙が出てきて，こんな子だから一生懸命育てなければ」と思うのです。診断を受ける前は子どもが電車内やデパートで急にパニックを起こしてわめき散らしていると，私はどうしてよいかわからず子どものことを怒鳴ってしまうこともありました。たまたま近くにいた人が「もう少しやりようがあるでしょう」と言ってあからさまに嫌な顔をしたことも一度や二度ではありません。もちろん今だってパニックを起こされるとつらいのですが，今は「子どもの怒りが収まるまで待つしかないな」と思ったり，少し気分を変える手立てをしたりできます。なぜパニックを起こしたのか，子どもがパニックを起こさないための工夫はどんなことがあるかなども考えることができるようになりました。先日，保育士さんからこの子が起こすさまざまな不適切な行動は私の育て方の失敗ではなくて，障害ゆえの本人の苦手さからくるものだと言っていただき，以前より子育てへの罪悪感が薄れ，気が楽になりました。かわいいと思えることも多くなりました。

　保育者は保護者が診断や告知を受容していくことができるように支える必要がある。子どもは小さい時に親とのよい関係性が保たれていると，さまざまな問題をその関係性を土台として立て直していくことができる。親子の良い関係性は，「私は私としてやっていける」という子どもの自己肯定感を育くんでいく。そのためにも保護者が，診断や告知を動揺しながらもしっかりと受け止めて，子どもに対して適切な対応ができることが望まれる。

　一方，発達障害のある子どもを育てていく時に，親子のよい関係性をつくり

第10章　特別に配慮の必要な家庭への支援

上げていくことがそもそもむずかしい課題であることを，保育者は理解しておかなければならない。まん丸い赤ちゃんのつぶらな瞳に見つめられ，喃語（なんご）で語りかけられ，にこにこされれば，ほとんどの親は子育てによろこびを感じることになる。けれども，発達に偏りがある子どもは，目が合わなかったり，表情がなかったり，呼んでも返事をしなかったりと，親が子育てによろこびを感じる機会が少なくなり，親子のよい関係性が成立しづらいのである。

　そこで，親があきらめずに子どもとよい関係性をつくっていくことができるように支援が必要となる。保育者は親が子どもに否定的な気持ちを抱えている時には，まずその気持ちを受け止めていく。また，親が子どもを大事に育んでいこうとする時には，保育者は子どもとのかかわり方を伝えるなどの支援をするのである。「この保育士さんは私の気持ちを理解してくれる」と親が保育者に信頼を寄せることができるようになると，親が元気になっていく可能性が高くなる。親は障害のある子だけでなく，障害のない他のきょうだいも同時に育てているので，親が元気になることは家族全体を支えることにもなるのである。

　親から子どもの障害を保育者に伝えられた時には，幼稚園や保育園でもその障害の状態に合わせた対応をする必要がある。以下の事例から保育者のあり方を考えてみる。

事　例（6）

発達障害がある幼児への支援

　やっ君（仮名）は，知的な高さとはうらはらに，運動会の練習などで集団行動をしなくてはならない時でも，勝手に砂場や遊具で遊んでしまう。保育者には「わがままはダメ」とたびたび叱られていた。やっ君も思いどおりにならないと暴言を吐いて，保育者を困らせていた。保育者は幼稚園の様子を母親に伝え，クリニックでの受診を強く勧めたので，母親は仕方なく子どもを連れてクリニックを受診した。クリニックでは，発達の偏りが多少ありそうだが，幼稚園で丁寧に対応してもらうようにとのことであった。母親はクリニックでの診断結果を幼稚園に伝えたが，保育者はやっ君の対応に困り果てていた様子であり，「このような子どもに，どうかかわったらよいかわかりません」とたびたび家族に訴えるようになっていった。一方，やっ君も保育者に対して以前よりもまして暴言を吐き，他の子どもに手をあげるようになり，ますま

> す幼稚園で生活することが困難になっていった。保育者はやっ君の送り迎えをしている祖父母に対しても同様の訴えをしたために，これ以上この幼稚園に通ってもやっ君のみならず，家族にとっても穏やかに生活できないだろうとの判断から，年長になるのを機会に転園をすることとなった。
>
> 　転園先の幼稚園は比較的小規模で子ども同士の関係も穏やかであった。保育者は前の幼稚園での様子を保護者から聞き，やっ君の得意なところをできるだけほめて，少しでもやっ君が過ごしやすいように工夫を入れていった。やっ君は転園先でも，相変わらず友だちにかかわることは苦手であり，時々強い口調でかんしゃくを起こしたが，保育者に対して暴言を吐いたり，他の子どもに手をあげたりすることはなくなっていった。集団作業の折にも輪の中で椅子に座っていることはできるようになった。かつてはほとんど手をつけなかった幼稚園での食事もとることができ，そのことを家でやっ君が自慢するようになったことは，家族中のよろこびにもなった。家族に安心感が広がっていったのは言うまでもない。

　幼稚園や保育所が医師の診断を保護者から聞いても，保育者がその子の特性に応じた工夫や対応をしなければ，またはできなければ，その診断が意味を持たないこともある。保育者のかかわりによって子どもが二次障害を抱えたり，家族がつらい思いに陥ったりすることがないようにしたいものである。理解のある保育者にめぐり合うことによって発達に偏りがある子どもや家族が安定することを目指したい。

4）小学校との連携

　先に挙げたやっ君の事例は，大きな集団である小学校入学と同時にむずかしい問題が浮上していった。やっ君は小規模で全体が穏やかな環境を提供していた幼稚園から，再び大きな集団に入ることとなったからである。やっ君が幼稚園で安定した生活を送っていても，6歳になれば次の4月からは幼稚園での生活を継続していくことはできない。やっ君は小学校でどのようにふるまったらよいかわからずに，暴言を吐くようになっていった。幼稚園と小学校との連携が問われることになったのである。

　発達障害のある子どもや，偏りのある子どもが小学校に入学する時には，保育者は親の了解のもとで，入学先の学校に子どもたちの持つ得意なところや苦手なところを伝え，どのような支援が有効であったかなどを記載していくこと

が大切である。この記録は就学後の子どもたちの生活支援にとって大切なものだからである。保育所では保育所児童保育要録、幼稚園では幼稚園幼児指導要録を作成するが、その中に記述するとよい。また、文書だけではなく、幼稚園や保育所の先生と子どもの入学先の学校との連携会議なども十分に行われることに期待したい。この幼保小の連携は今後さらに進めていくことが必要であり、小学校と中学校、中学校と高校の連携も重要性が増してきている。

　年長の子どもは、小学校に入学する前に、市町村の教育委員会が実施する就学時健診と言われる就学時健康診断を受けることになっている。教育委員会は就学にあたって子どもの心身の状態に対する助言や支援をし、特別に支援が必要な子どもにはその子どもに適した学びの場を保護者が選択できるように支援する。小学校では特別支援コーディネーターという役割の先生を中心に、通常学級に在籍している特別に支援を必要とする子どもの支援が行われるようになってきた。さらにこの子どもたちの苦手さに応じて、子どもを通常学級から取り出し個別支援をする通級制度も実施されている。また、小中学校には通常学級のほかに特別支援学級も設置され、通常学級に比べてより個別の支援が行き届くように教員が配置されている。その他、子どもの状態によっては特別支援学校への入学という選択もなされる。

　就学時健診の結果、通常学級以外の学びの場を勧められることもある。そのような時に家族は不安を持つが、保育者はその家族を支え、子どもがその子らしく生き生きと安心して学ぶことができる入学先を選択できるように家庭を支えたいものである。

第4節　今後も保育者に求められる特別に配慮の必要な家庭への支援に向けて

　本章では「虐待の可能性のある家庭への支援」、「発達障害のある子どもを抱えている家庭への支援」を取り上げ、保育者が特別に配慮の必要な家庭に対してどのように支援をしていったらよいかを学んできた。特別に配慮の必要な家

庭への支援は，それぞれの家庭が抱えている問題の背景を把握し，臨機応変に対応していかなければならない。また，保育者だけで抱え込むことのできない支援となることも多い。保育者同士での十分な情報交換や事例の検討を求められるのである。さらに，幼稚園や保育所で引き受けることができることと，他の関係機関と連携して支援することとをしっかり見きわめながら支援していく必要がある。

　今回は「虐待の可能性のある家庭への支援」，「発達障害のある子どもを抱えている家庭への支援」というテーマに絞って「特別に配慮の必要な家庭への支援」を丁寧に学んできたが，この他にも「ひとり親家庭への支援」や，東日本大震災のような自然災害や，事故や事件などの「緊急支援」などについても学びを進めていただきたい。保育者が個別の事例ごとに子どもだけでなく，家庭にも丁寧に対応していくことが，今後さらに求められていくことになるであろう。

【演習課題】
　自分の住んでいる地域の児童相談所，市町村の児童家庭関連課，女性相談センターの所在地を確認し，そこで発行している市民向けのパンフレットを読んでみよう。

〈参考文献〉
杉山登志郎『子ども虐待という第四の発達障害』学研教育社，2007年。
田中千穂子・栗原はるみ・市川奈緒子編『発達障害の心理臨床――子どもと家族を支える療育支援と心理臨床的援助』有斐閣アルマ，2005年。
保育と虐待対応事例研究会編『続　子どもと虐待と保育園――事例で学ぶ対応の基本』ひとなる書房，2009年。

〈理解を深めるための本・ビデオ〉
たむろ未知『昼の子供　夜の子供――児童相談所物語』秋田 LADY'S COMICS，2004年。
　　――漫画なので読みやすい。ぜひ一読をお勧めしたい。
乙武洋匡『五体不満足』講談社，1998年。
　　――著者は「障害は不便です。でも不幸ではありません」と言っている。ノーマライゼーションとはどのようなことかを知る上で参考になる。

第 10 章　特別に配慮の必要な家庭への支援

戸田けいこ『光とともに』［全15巻］秋田書店。
リアノー・フライシャー／山本やよい訳『レインマン』早川書房，1989年（熊谷高幸『自閉症の謎　心の謎——認知心理学からみたレインマンの世界』ミネルヴァ書房，1991年）。
　——自閉症を扱った本や映画などはたくさんあるが，この2つの作品を読み比べてみるとその状態像がさまざまであることがよくわかる。本だけでなく DVD も出ているので参考にするとよい。

(小野寺利津子)

おわりに

　日本の家庭は荒(すさ)んでいる。乳児院や児童養護施設、情緒障害児短期治療施設、児童自立支援施設などの児童福祉施設の入所者の多くは、母親や父親の離婚や精神的な病、怠惰、虐待などが主な入所理由となっている。昭和時代の貧困が主な入所理由であった時代とは大きく事情が変化し、家庭という器(うつわ)のひび割れが、子どもの養育を困難な事態へと向かわせている。

　現代は少子化の時代である。誕生する子どもがきわめて少ない時代なのに、子どもが大切に養育されない事態が散見されるのは、実に悲しい事柄である。

　これらの状況の中で、保育士が家庭を支援する役割を担うことが一層期待されている。保育士は、通所施設に位置づけられている保育所で、乳幼児と、親や家庭のメンバー以上の時間を共に過ごしている。また、保育所によっては、365日、24時間を乳幼児と共にしている保育士もいる。加えて、土曜日や日曜日に保育所で過ごす子どもがいることもめずらしくない。

　保育士は乳幼児の人生の中で最も重要な時期に、養育を任されている。幼稚園や保育所で日常を過ごす子どもは全体の5割程度であると言われている。しかし、他の5割の乳幼児がどのような日常を過ごしているのかは明確ではない。この子どもたちが幸せに暮らしていることを祈らずにはいられないが、保育所や他の児童施設を活用している乳幼児も、決して愛情や環境の面で恵まれているとは言えない。

　保育所や児童福祉施設を利用して成長期を過ごす乳幼児は、今後、増加傾向を示すと予想されている。その背景にあるのは、社会環境や経済の劣悪化である。低収入家庭や離婚家庭の増加、生活保護家庭の増加などは日増しに事態を悪化させている。

　保育所や他の児童福祉施設で就労するある保育士は、決して心身共に余裕がある訳ではなく、腰痛や膀胱炎、喉のポリープなどの疾病とつきあいながら、黙々と乳幼児の支援のための活動に取り組んでいる。近年、保育ソーシャルワ

ークという言葉が独り歩きしているが，保育所の就労環境は整っているとは言えず，担当する保育士の相談支援に関する知識や技術，経験が少ないという現状は否めない。これらの劣悪な環境に置かれている保育士に，さらなる負荷をかける保育相談支援や相談支援，家庭支援活動を期待する行政府の意向は，きわめて酷な掛け声である気がしてならない。

　たしかに，長期不況下の現代社会で家庭生活を営むことは楽ではない。特に，共働き家庭やひとり親家庭の苦労は大変なものであろう。しかし，これらの問題を延長保育や夜間保育，24時間保育でしのぐことができるかは，はなはだ疑問である。親も子どもも生身の人間である。それゆえ，できることは限られている。

　現代社会において，家庭支援は必要不可欠であることは事実である。しかし，保育士の量や質の確保は現状の保育士養成の環境下では困難をきわめる。特に，豊富な知識や技術，経験を有する保育士を確保することは，きわめてむずかしい。したがって，彼らが家庭支援を適切に行える環境（建物や設備等）や待遇（賃金・有給休暇等），研修制度（社会福祉士・精神福祉士・介護福祉士等の資格の取得も含む）などの充実は必要不可欠である。保育士も人間であり，家庭を持つ社会人である。家庭支援の必要性を問う前に，政治家や官僚は保育士の待遇や人材の育成について懸命に考える必要がある。保育士はだれでもできる仕事ではない。保育士には，保育技術や相談援助技術，豊かな社会経験，優れた人間性などが期待される。

　また，保育士は，神様でも，使い捨てられる存在の人間でもなく，現代の社会では欠かせない重要な専門職である。このことを，保育所や他の児童福祉施設の経営者，あるいは保育関係者は再度胸に刻み込む必要がある。

2013年4月

編著者

索　引

あ 行

愛情表現　255
愛着関係　76
相手をコントロール　246
アウトリーチ　85
アスペルガー　262
アセスメント（assessment）　35, 38
遊びを通して豊かな体験をする技術　77
アフターケア　139
EPA（「経済連携協定」）　4
家の恥　27
医学診断　141
育英奨学金事業　161
育児・介護休業法　135
育児休業，介護休業等育児又は家族介護を行う
　　労働者の福祉に関する法律　63
育児休業法　159
育児ストレス　113
育児体験　255
育児ノイローゼ　113
育児の孤立感　160
育児不安感　161
育児負担の軽減　119
意見・助言を伝達する技術　96
意見交換　97
医師　34
意識化の原則　43
1.57ショック　158
一時預かり事業　109, 233
1次的原理（専門的支援関係の価値原理）　41
一時的に利用　121
一時保育事業　233
一時保護　141
一時保護所　141
意図的な感情表現の原則　43
意図的な支援関係樹立の原則　43
意図的な支援方法活用の原則　43
医療機関　257
医療行為　267
医療扶助　59
インターベーション（intervention）　39
インテーク（intake）　37
ウェルビーイング　183
栄養士　34
エコロジカル（生態学的）な視点　208
エバリュエーション（evaluation）　39
FTA（「自由貿易協定」）　4
援助方針会議　141
エンゼルプラン　107, 159
延長保育　220
延長保育事業　185, 229
延長保育専用の保育室　229
園庭開放　198
エンパワメント　24
OECD　241
親子観　44
親子関係　60, 232
　　——の調整　26, 76
　　——の破綻　76
親子の再統合　118
親子分離　257
親自身の課題　200
親の育児負担　257
親の生育過程　255
親の貧困　242
親や家庭のメンバーに対する支援　75

か 行

介護扶助　59
介護保険制度　50, 62, 105
介護保険法　62
介護問題　11
　　家族の——　48

ガイドライン　112	家庭相談員　145
介入（インターベンション）　89	家庭的保育　237
カウンセラー　78	家庭的保育事業（保育ママ事業）　166
カウンセリング技術　76	家庭での養育困難の相談　145
画一的に支援　209	家庭の危機　105
核家族　8	家庭の生活力　101
核家族化　123, 185, 194	家庭の全体像　206
学習障害（LD）　260	家庭の代替機能　217
家事審判　150, 151	家庭のプライバシー　110
家事相談　150	家庭引き取り　134
家事調停　150, 151	家庭崩壊　64
家事調停委員　150	寡婦　65
仮説の信憑性　94	家父長制的家族　27
家族意識　27	関係形成のための支援　76
家族員　28	監護教育権　45
家族援助　26	機関・組織　35
家族介護負担　27	棄児　141
家族関係　33, 59	基準及び程度の原則　58
家族機能　27	機能拡充型　109
家族形態　8, 13	基本的生活習慣の支援　229
家族再生　118	基本的な権利　59
家族支援　24, 187	義務教育　72
家族システム　74	虐待事例　142
家族政策（ファミリー・ポリシー）　32	虐待の可能性　247
家族ソーシャルワーク　27	虐待の事実　254
家族の介護問題　48	虐待の世代間伝達　255
家族の拡散　30	虐待の早期発見　71
家族の孤立化　123	虐待の通告　257
家族の縮小　30	虐待のハイリスク家庭　119
家族の特異性　27	虐待不安　85
家族のニーズ　33	虐待への気づき　251
家族の分断　102	虐待をする親　255
家族保全運動　26	休日保育事業　231
家族療法　118	教育委員会　271
学校　34	教育関係　49
家庭環境　102	教育扶助　59
家庭裁判所　34, 49, 61, 150	教育を受ける権利　72
家庭裁判所調査官　151	共感　36, 246
家庭支援　25, 264	共助　137
――の方法　102	行政機関　34
家庭支援技術　74	共同親権　45
家庭児童相談室　34, 102, 118, 119, 145	居所指定権　45

索引

拒否と罰　255
緊急支援　272
緊急保育対策等5か年事業　160
勤務上の不利益　63
クライエント　78
グループワーク　78
計画性　35
経済的な問題　26
警察官送致　151
継続指導　115
継続評価の原則　43
傾聴　36, 188, 245
契約行為　59
結婚　49
結婚・離婚　8
健康診査　66
検察官送致　151
健全育成　160
権利の行使　59
権利の濫用　59
権利や責任の回復　93
権利擁護　59
公共職業安定所　66
公共の福祉　59
合計特殊出生率　7, 156
公助　137
更生　71
厚生労働白書　11
公設民営化方式　220
公的な各種の制度　102
公的な支援　106
公的な制度　49
公的年金制度　12
高等学校等就学支援金制度　72
高等裁判所　223
行動診断　141
高度経済成長期　1
広汎性発達障害（自閉症）　259
公民館　109
公立保育所　221
公立保育所の民営化　217
高齢者介護の領域　192

高齢者世帯　11
高齢者や障害者の介護・支援　137
コーピング能力　24
国際家族年　44
心のあやとり（交流）　83
心の葛藤　265
個人実施型保育　240
個人情報の保護に関する法律　17
個人の自己実現　27
子育て，家事労働の不平等　17
子育て親子　109
子育て期　33
子育て経験者　238
子育てコスト　160
子育てサークル　34, 135
子育てサロン　90, 198
子育て支援　156
子育て支援施策　159
子育て支援センター　34
子育て支援相談員　162
子育て相談・支援　135
子育ての仲間づくり　256
子育て不安　27
子育てへの意欲　203
子育てへの負担感　27
子育て母子保健　133
子育てを放棄　269
国家資格　75
孤独死　16, 125
子ども・子育て応援プラン　165, 169
子ども・子育て関連3法　179
子ども・子育て支援法　180
子ども・子育て新システム　167
子ども・子育てビジョン　107, 170
子ども会　34, 131
子ども家庭相談センター　139
子どもセンター　161
子どもとの支援関係　82
子どもに対する支援　75
子どもの権利条約　156, 158
子どもの最善の利益　221
子どもの自立　30

279

子どもの生活の質　186
子どもの地域生活　133
子どもの発達上のリスク　232
子どもの保育権　223
子どもの利益　60
個別援助技術　76
個別化の原理　42
個別支援　271
コミュニケーションの障害　259
コミュニティの調整　206
雇用期間　63
雇用の安定　240
孤立化の予防　36
孤立感　113
こんにちは赤ちゃん事業等　107

さ　行

サービスに関する苦情　148
財産管理権　45
在宅生活　149
在宅子育て　199
最低限度の生活　58, 137
最低生活保障　183
里親　51
里親委託　141
里親家庭　26
参加の原則　43
3次的原理（専門的援助関係の展開過程）　42
3世代世帯　8
ジェノグラム　251
支援関係を構築する技術　77
支援記録　82
支援計画　88
支援事業　123
支援者　34
　　──の基本的態度原理　42
支援すべき対象　33
ジェンダーへの意識　44
支援チーム　207
支援の仕組み　49
支援の目的　102
支給要件　53

私権　59
自己愛　255
自己決定の原則　42
自己肯定感　263
自己実現　183
仕事と生活の調和（ワーク・ライフ・バランス）
　憲章　19
自殺総合対策大綱　5
自助　137
次世代育成支援対策交付金　229
次世代育成支援対策推進法　168
施設型給付　179
慈善組織協会　25
事前評価　88
自治会・町内会　130
自治体間格差　224
市町村児童家庭相談援助指針　119
市町村の役割　51
市町村保健センター　146
失業　26
指定管理者制度　220
児童委員　52, 90, 132
　　主任──　34, 52, 133
　　民生──　34
児童家庭支援センター　34
児童家庭相談　138
児童家庭問題　139
児童館　109
児童虐待　19, 48
　　──に係る通告　72
　　──に係る通告義務　71
　　──の種類　69
　　──の増加　194
　　──の防止等に関する法律　69
児童指導員　34
児童自立支援施設　151
児童センター　109
児童相談所　34, 52, 102, 115
　　──からの通告　151
　　──への送致　72
児童手当法　50
児童のケア　70

児童の権利に関する宣言 *158*
児童の親権 *70*
児童福祉司 *34*
児童福祉施設 *51, 79*
児童福祉審議会 *141*
児童福祉法 *50*
児童扶養手当法 *50*
　　特別—— *50, 57*
児童養護施設 *34*
シフト制 *240*
司法関連 *49*
死亡数・出生数 *19*
市民活動 *17*
社会関係 *29*
社会構造 *208*
社会資源 *35, 191*
　　——の活用 *205*
　　——の紹介 *90*
　　地域の—— *17*
　　民間の—— *105*
社会診断 *141*
社会性の障害 *259*
社会的な不適応行動 *253*
社会的に孤立 *106*
社会的養護 *26*
社会にかかわるスキル *264*
社会による子育て *184*
社会福祉 *137*
社会福祉援助技術 *104*
社会福祉協議会 *34, 148*
社会福祉行政機関 *138*
社会福祉士 *75*
社会福祉支援システム介入の原則 *42*
社会福祉主事 *143*
社会保障 *137*
修学支援制度 *144*
就学時健康診断 *271*
住居の問題 *26*
住宅扶助 *59*
集団援助技術 *76*
集団生活 *94, 228, 264*
重度障害児 *57*

受給資格者 *54*
授業料の無償化 *72*
主訴 *38*
主体性（identity） *42*
　　——尊重の原理 *42*
　　——の保障 *93*
出産扶助 *59*
主任児童委員 *34, 52, 133*
守秘義務 *198*
　　——の厳守 *111*
受容 *36, 245*
　　——の原則 *43*
障害児施設 *34*
障害児保育 *264*
障害児保育事業 *228*
障害を受容 *265*
少子・高齢化 *123*
少子化 *131*
少子化傾向 *215*
少子化社会対策基本法 *168*
少子化社会対策大綱 *168*
少子化対策プラスワン *162, 220*
少子高齢化社会 *6*
少年鑑別所 *72*
少年事件 *148*
少年審判 *150, 151*
少年相談 *151*
少年の刑事事件 *71*
少年の健全な育成 *71*
少年犯罪 *71*
少年法 *71*
少年保護 *71*
消費者物価指数 *55*
職業許可権 *45*
職業能力 *65*
職場適応障害 *26*
食料自給率 *16*
助産師 *112*
女性センター *145*
女性の社会進出の促進 *207*
女性の社会的な地位の確立 *207*
女性の就業ニーズ *167*

281

自立(律)性尊重の原則　42
私立保育所　222
新エンゼルプラン　160
人格形成の基礎　186
親権　13, 45, 118
親権者の同意　141
親権制限制度　60
親権喪失　60, 151
親権停止　60
親権停止または管理権喪失および取消し　151
親権の行使　45
人権擁護　93
親権を行う者　20
人口置換水準　156
心身障害の問題　145
新生児　67
　──の訪問指導　67
申請主義　106
申請保護の原則　58
親族関係　60, 134
新待機児童ゼロ作戦　165, 170
身体障害者　26
診断　267
信頼関係(ラポール)　86, 189, 256
心理支援技術　92
心理診断　141
心理的安定　36
心理的虐待　250
心理的ニーズ　36
スーパーバイザー　98
スキンシップ　84
ストーカー対策　149
ストレス　194, 256
ストレングス視点　24
スモールステップ　263
性格・心身の発達の相談　145
性格の矯正　71
生活環境　102
生活困窮者　132
生活困難者　144
生活サイクル　229
生活支援　238

生活上の諸問題　33
生活の場の確保　121
生活の保持・向上　24
生活扶助　59
生活保護制度　58
生活保護法　50, 58
生活を支援する技術　78
正規の職員・従業員　3
生業扶助　59
制限の原則　43
青少年問題　26
成人(成年)　60
精神保健福祉士　75
性的虐待　249
成年後見制度　60
セクシャルハラスメント　18
世帯構成　8
世帯単位の原則　58
専業主婦　161
全国保育士会倫理要領　184
潜在的利用者　33
センター型　108, 109, 199
選択意志尊重の原則　42
専門家　17
専門機関　25
専門職的自己の活用の原則　43
専門的支援関係の過程重視の原理　42
早期対応　125
早期発見　125
葬祭扶助　59
喪失感　95
想像性の障害　259
相続　59
相談・面接　86
相談援助　49
　児童家庭──　118
相談援助技術　103, 198
相談機関　33
相談支援　29, 49, 184
　保護者への──　188
　──の遂行(介入)　89
　──の展開　190

282

索 引

――の内容　198
相談者を受容　248
相談内容　145
相談窓口　256
早朝保育　220
総務省統計局　3
ソーシャルワーク　78, 198
措置制度　115
措置と契約　153
措置による指導　115

た　行

第1次産業　16
第1次ベビーブーム　6, 158
待機児童ゼロ作戦　164
　　新――　165, 170
待機児童対策　235
体調不良児対応型　230
第2次ベビーブーム　7, 158
ダウン症　259
多職種の連携　207
団塊の世代　215
短期計画　88
男女間における暴力に関する調査　21
男女共同参画社会　159
男女共同参画社会基本法　14
男女の格差　44
単身世帯　13
団体　25
地域援助技術　76
地域子育て拠点支援事業　107
地域子育て支援　194
地域子育て支援事業　199, 235
地域子育て支援センター　123, 199
地域コミュニティ活動　131
地域ネットワーク　113
地域の社会資源　17
地域のネットワーク　257
地域の文化の理解　131
地域密着型　233
小さなデモクラシー　44
チームアプローチ　99, 192

父親不在の家庭　26
知的障害（精神遅滞）　259
地方裁判所　223
注意欠陥多動性障害（ADHD）　260
中期計画　88
懲戒権　45
長期計画　88
長時間保育　232
調整能力　29
チルドレンファースト　170
通級制度　271
通常学級　271
通常保育事業　226
通所支援　102, 114
DV（ドメスティック・バイオレンス）　20, 48, 146
適応行動　259
適応障害者　26
トイレットトレーニング　258
統制された情緒関与の原則　43
特定保育事業　233
特別支援学級　271
特別児童扶養手当　57
特別児童扶養手当法　50
特別障害者　57
特別障害者手当　57
特別な配慮の必要な家庭　272
特別の措置　71
特別保育事業　221, 229
届出義務　239
届出保育施設　235
ドメスティック・バイオレンス（DV）　20, 48, 146
共働き世帯　13

な　行

喃語　269
ニーズ　33
　家族の――　33
　女性の就業――　167
　利用者の――　33
ニート　5

283

二次障害 270
2次的原理（支援者の基本的態度原理） 42
二次的な被害 262
日常生活自立支援事業 149
日常生活動作の自立 141
日本型福祉社会 27
日本国憲法第24条 44
日本司法支援センター（法テラス） 152
乳児 67
乳児院 34, 102
乳児家庭全戸訪問事業（こんにちは赤ちゃん事業） 111, 112
乳児家庭等に対する短期集中支援型 113
乳児の悩み 79
乳児保育 220
乳児保育事業 227
入所支援 102, 121
乳幼児期 253
乳幼児の健康の保持・増進 66
認可外保育施設 163, 235, 238
認可外保育施設指導監督基準の指針 239
認可保育所 225
人間関係 131
　　——が希薄化 194
　　——の構築や交流 199
　　——の調整 36
人間形成 24
人間理解 245
妊産婦 67
　　——の訪問指導等 67
認証保育所 235
　　——の基準 235
認定子ども園 166
　　幼保連携型—— 180
認定子ども園法 179
認定保育室 235
認定保育ルーム 235
ネグレクト 249
ネットワーク 35, 191
脳の機能障害 260
ノーマライゼーション 41, 92, 228

は 行

バーンアウト（燃え尽き症候群） 210
配偶者 20
　　——からの暴力の防止及び被害者の保護に関する法律 67
　　——の死 30
　　——のない女子 65
配偶者暴力相談支援センター 69, 146
配偶者からの暴力の防止及び被害者の保護に関する法（通称DV法） 146
売春防止法 146
賠償請求を認容 223
バイスティック（Biestek, F. P.）の7原則 41
ハイリスク家族 26
働き方の見直し 241
働き盛り 239
発達障害 254, 261
発達相談 90
発達の偏り 266
発達の準備段階 258
発達を促進する技術 77
パニック 261
母親クラブ 136
母親のストレス 105
ハローワーク 144
犯罪性のある人 72
判定会議 141
万能感 209
ピアカウンセリング 35
被害者の保護 68
被害防止 134
東日本大震災 131
非行 72
　　——の相談 145
非審判的態度の原則 43
非正規労働者 179
必要即応の原則 59
秘密保持の原則 43
病院 34
病後児対応型 230
病後時デイサービスモデル事業 230

病児・病後児保育事業　185, 230
病時・病後児保育サービス　230
病児対応型　230
平等主義・機会均等　41
ひろば型　108
貧困家庭　124
貧困率　241
ファミリー・サポート・センター　107
ファミリーサポート事業　218
フィードバック　91
夫婦関係　60, 90
夫婦の不和　26
フォーマル・インフォーマルな福祉サービス　96
福祉サービス運営適正化委員会　148
福祉サービス機関　91
福祉サービスの第三者評価事業　148
福祉サービス利用援助事業　148
福祉事務所　34, 49, 143
福祉問題発生　27
福祉六法　143
父子家庭　55, 65
婦人相談所　145
普通教育を受けさせる義務　72
不適切な養育状態にある家庭等に対する中期支援型　114
負のスパイラル　210
扶養義務　55, 58, 60
プランニング（planning）　38
プロセス（展開過程）　36
ヘップワース（Hepworth, D. H.）　40
ベテラン保育士　221
変化の可能性の尊重の原理　42
保育環境を整え，構成する技術　77
保育技術　76
保育教諭　180
保育研修　200
保育サービス　161, 166
保育士　17, 34, 53, 112, 184
　　──の加配　228
保育士不足　222
保育時間　82

保育事業　236
　一時──　233
　延長──　185
　家庭的──　166
　休日──　231
　休日・夜間──　185
　障害児──　228
　通常──　226
　特定──　233
　特別──　221, 229
　乳児──　226, 227
　病児・病後児──　188, 230
　夜間──　232
保育者の専門性　48
保育所　34
　──の長時間利用や休日利用　186
　──の民営化　220
　公立──　220
　私立──　222
　認可──　225
　認証──　235
　未認可──　238
　民営──　165
保育所，幼稚園，学校生活の相談　145
保育所実施型保育　237
保育所児童保育要録　271
保育所保育指針　184
保育所保育指針解説書　76
保育に欠ける　28
　「──」家庭　185
保育ママ　165
放課後児童クラブ　166
放課後児童健全育成事業　109
法定代理権　45
法テラス　152, 206
訪問型　230
訪問支援　102, 110
ホームヘルパー　12
ホームヘルプサービス　149
保健師　112, 256
保健指導　67
保健所　34, 146

保健制度　62
保健センター　34, 114, 123
保護・更生　146
保護観察　151
保護者　50, 67
　　――の自己満足　256
　　――の代替　185
　　――への相談支援　188
保護者・子ども参加型　201
保護者支援　246
保護者指導　118
保護者同士の居場所づくり　201
保護処分　71
保護命令　68
母子及び寡婦福祉法　64
母子家庭　65, 66
　　――の支援　137
母子寡婦　144
母子指導員　34
母子自立支援員　66, 144
母子生活支援施設　34
母子世帯　11, 144
母子保健手帳　67
母子保健法　66, 112

ま 行

マザー・テレサ（Mother Teresa）　36
マルトリートメント（不適切な子育て）　30
未婚の母　26
身近な相談場所　189
未熟児　67
　　――の訪問指導　67
未成年後見制度　60
未成年後見人　20
未成年の子の非嫡出子の親権　45
未認可保育所　238
見守り支援　257
見守る　86
民営保育所　165
民間事業者　220
民間の社会資源　105
民生委員　132

民生児童委員　34
民設民営化方式　220
民法　45, 50, 59
無差別平等　58
無認可のベビーホテル　229
モニタリング（monitoring）　39
問題家族　27

や 行

夜間・休日保育事業　185
夜間保育事業　232
夜間保育促進事業　232
養育医療　67
養育監護　55
養育支援　119
養育支援訪問事業　109, 112
養育者の孤立化　119
養育者の精神的問題　130
要介護状態　62
養護相談　141
要支援状態　62
幼児の悩み　79
幼稚園　34
幼稚園就園奨励事業　161
幼稚園幼児指導要録　271
要保護児童　134
要保護児童対策協議会　36, 103
要保護児童対策地域協議会　139, 258
要保護児童の養育　137
幼保連携型認定こども園　179

ら・わ 行

ラーセン（Larsen, J. A.）　40
ライフサイクル　30, 32
ライフスタイル　173
リーダーシップ　87
リーマン・ショック　167
離婚　13, 49
理想の家族像　29
「理想的な」家族像　46
リフレッシュ　213
療育センター　193

良質な成育環境　*171, 179*
利用者　*32*
　　——のニーズ　*33*
　　潜在的——　*33*

臨床心理士　*34, 256*
倫理観　*97*
ワーク・ライフ・バランス　*135, 170, 241*

■執筆者一覧（＊は編著者，執筆順）

＊大塚 良一（おおつか りょういち）	編著者紹介参照	第1章
五十嵐 裕子（いがらし ゆうこ）	浦和大学子ども学部准教授	第2章
＊小野澤 昇（おのざわ のぼる）	編著者紹介参照	第3章，第5章
＊田中 利則（たなか としのり）	編著者紹介参照	はじめに，第4章，おわりに
坂井 元（さかい はじめ）	日本体育大学児童スポーツ教育学部教授	第6章
藤 京子（ふじ きょうこ）	東京未来大学福祉保育専門学校非常勤講師	第7章
向井 美穂（むかい みほ）	十文字学園女子大学人間生活学部教授	第8章
坪井 瞳（つぼい ひとみ）	浦和大学子ども学部専任講師	第9章
小野寺 利津子（おのでら りつこ）	育英短期大学非常勤講師	第10章

〈編著者紹介〉

小野澤 昇（おのざわ・のぼる）
　1949年　生まれ
　　　　　社会福祉法人はるな郷知的障害者更生施設こがね荘施設長，関東短期大学初等教育科助教授，東京成徳短期大学幼児教育科教授を経て，
　現　在　育英短期大学保育学科長・教授，臨床心理士，福祉心理士。
　主　著　『保育士のための社会福祉』（編著，大学図書出版），『子どもの養護』（共著，建帛社），『新しい時代の社会福祉施設論（改訂版）』（共著，ミネルヴァ書房），『保育士のための福祉施設実習ハンドブック』（編著，ミネルヴァ書房）。

田中 利則（たなか・としのり）
　1953年　生まれ
　　　　　社会福祉法人富士聖ヨハネ学園棟長，武蔵野短期大学幼児教育学科助教授を経て，
　現　在　ソニー学園・湘北短期大学保育学科教授，社会福祉士，介護支援専門員。
　主　著　『養護原理』（共編著，大学図書出版），『養護内容』（共編著，大学図書出版），『子育て支援』（共編著，大学図書出版），『養護内容の基礎と実際』（共著，文化書房博文社）。

大塚 良一（おおつか・りょういち）
　1955年　生まれ
　　　　　埼玉県社会福祉事業団寮長，武蔵野短期大学幼児教育科教授を経て，
　現　在　東京成徳短期大学幼児教育科准教授，社会福祉士，介護福祉士，介護支援専門員。
　主　著　『知的障害者を支えるこれからのグループホーム──埼玉県内の生活ホーム・グループホーム徹底調査』（単著，新風舎），『地域から社会福祉を切り開く』（共著，本の泉社），『続地域から社会福祉を切り開く』（共著，本の泉社）。

　　　　　　　　　子どもの生活を支える
　　　　　　　　　家庭支援論

　　　2013年5月30日　初版第1刷発行　　　〈検印省略〉
　　　2017年3月30日　初版第2刷発行
　　　　　　　　　　　　　　　　　　　　　定価はカバーに
　　　　　　　　　　　　　　　　　　　　　表示しています

　　　　　　　　　　　　　　　　小 野 澤 　　昇
　　　編 著 者　　　　　　　　　田 中 利 則
　　　　　　　　　　　　　　　　大 塚 良 一
　　　発 行 者　　　　　　　　　杉 田 啓 三
　　　印 刷 者　　　　　　　　　江 戸 孝 典

　　　　　　発行所　株式会社　ミネルヴァ書房
　　　　　　　　607-8494 京都市山科区日ノ岡堤谷町1
　　　　　　　　電話代表　(075)581-5191
　　　　　　　　振替口座　01020-0-8076

　　　Ⓒ 小野澤・田中・大塚ほか，2013　　共同印刷工業・清水製本
　　　　　　　　ISBN978-4-623-06643-8
　　　　　　　　　Printed in Japan

橋本真紀・山縣文治編
よくわかる家庭支援論［第2版］　　B 5 判・234頁・本体2,400円

畠中宗一編
よくわかる家族福祉［第2版］　　B 5 判・216頁・本体2,200円

福田公教・山縣文治編著
児童家庭福祉［第4版］　　A 5 判・186頁・本体1,800円

小野澤　昇・田中利則編著
保育士のための福祉施設実習ハンドブック　　A 5 判・244頁・本体2,400円

小野澤　昇・田中利則・大塚良一編著
子どもの生活を支える社会的養護　　A 5 判・280頁・本体2,500円

山縣文治・林　浩康編
よくわかる社会的養護［第2版］　　B 5 判・220頁・本体2,500円

小池由佳・山縣文治編著
社会的養護［第2版］　　A 5 判・192頁・本体1,800円

小野澤　昇・田中利則・大塚良一編著
子どもの生活を支える社会的養護内容　　A 5 判・320頁・本体2,600円

小木曽宏・宮本秀樹・鈴木崇之編
よくわかる社会的養護内容［第3版］　　B 5 判・250頁・本体2,400円

──── ミネルヴァ書房 ────
http://www.minervashobo.co.jp/